Erfolgskonzepte Praxis- & Krankenhaus-Management

EBOOK INSIDE

Die Zugangsinformationen zum eBook inside finden Sie
am Ende des Buchs.

Ihre Erfolgs-Konzepte für Klinik und Praxis

Als Arzt sind Sie auch Führungskraft und Manager: Teamführung, Qualitätsmanagement, Kodier- und Abrechnungsfragen, Erfüllung gesetzlicher Vorgaben, patientengerechtes Leistungsspektrum, effiziente Abläufe, leistungsgerechte Kostensteuerung …

Zusätzliche Kompetenzen sind entscheidend für Ihren Erfolg.

Agieren statt reagieren

Gestalten Sie zielgerichtet die Zukunft Ihres Unternehmens - als Organisator, Stratege und Vermarkter.

Mehr Informationen zu dieser Reihe auf http://www.springer.com/series/7617

Götz Bierling

Harald Engel

Anja Mezger

Daniel Pfofe

Wolfgang Pütz

Dietmar Sedlaczek

Arztpraxis - erfolgreiche Übernahme

Betriebswirtschaft, Steuer, Gesellschaftsrecht, Berufs- und Zulassungsrecht

 Springer

Götz Bierling
Karlsruhe
Deutschland

Harald Engel
Wuppertal
Deutschland

Anja Mezger
Karlsruhe
Deutschland

Daniel Pfofe
Gerlingen
Deutschland

Wolfgang Pütz
Berlin
Deutschland

Dietmar Sedlaczek
Berlin
Deutschland

Erfolgskonzepte Praxis- & Krankenhaus-Management
ISBN 978-3-662-54569-0   ISBN 978-3-662-54570-6   (eBook)
DOI 10.1007/978-3-662-54570-6

Die Deutsche Nationalbibliothek verzeichnet diese Publikation in der Deutschen Nationalbibliografie; detaillierte bibliografische Daten sind im Internet über http://dnb.d-nb.de abrufbar.

Umschlaggestaltung: deblik Berlin
Fotonachweis Umschlag: © Troels Graugaard/istockphoto.com, ID: 22723201

Gedruckt auf säurefreiem und chlorfrei gebleichtem Papier

Springer ist Teil von Springer Nature
Die eingetragene Gesellschaft ist Springer-Verlag GmbH Deutschland
Die Anschrift der Gesellschaft ist: Heidelberger Platz 3, 14197 Berlin, Germany

Vorwort

Jeder Arzt gelangt im Laufe seines Berufslebens an den Punkt, ob er den Weg in die eigene Niederlassung wagen soll oder nicht. Oftmals wird bei dieser Überlegung die Übernahme einer bestehenden Praxis ins Visier genommen, da dies meist einfacher erscheint als eine Neugründung. Trotzdem sollte sich ein jeder Arzt darüber im Klaren sein, dass auch eine Praxisübernahme ein durchaus komplexer Vorgang ist. So gilt es auch hier wichtige Punkte zu beachten, um den Weg in die Niederlassung erfolgreich zu beschreiten.

So sollten bis zur Eröffnung der Praxis alle wichtigen Fragen rund um die Praxisübernahme geklärt sein. Auch die eigenen Ziele und Visionen gilt es im Vorfeld klar und deutlich zu strukturieren. Eine nicht nur frühzeitige sondern vor allem auch fachmännische Beratung kann sich dabei als hilfreicher Weggefährte in die Niederlassung erweisen.

Dieses Buch richtet sich daher an alle Ärzte, die den Weg in die Selbstständigkeit gewählt haben und eine eigene Praxis übernehmen möchten.

Die Praxisübernahme ist aufgrund der in den vergangenen Jahren immer umfassender gewordenen rechtlichen Rahmenbedingungen und Veränderungen im Gesundheitswesen ein durchaus verworrener Vorgang geworden. Die Entscheidung, eine eigene Praxis zu führen, bedeutet für den Praxisübernehmer vor allem unternehmerisch aufzutreten.

So hat der Gesetzgeber im Jahr 2015 das Versorgungsstärkungsgesetz (VSG) verabschiedet und damit jüngst die Regelungsdichte im Vertragsarztbereich noch weiter erhöht. Dieses Gesetz soll die Versorgung der Versicherten in den gesetzlichen Krankenversicherungen verbessern. Hierfür wurde unter anderem die Praxisneugründung in überversorgten Gebieten stärker reglementiert. Einem Arzt bleibt daher oftmals nur die Möglichkeit der Übernahme einer bereits bestehenden Praxis. Gerade durch diese Vorgehensweise sollen Überversorgungen vermieden werden.

Mit dem Versorgungsstärkungsgesetz werden aber auch völlig neue betriebswirtschaftliche, steuerrechtliche und gesellschaftsrechtliche Fragestellungen aufgeworfen. Diese sind sehr weitreichend und werden für den übernehmenden Arzt besondere Bedeutung haben.

Der Praxisübernehmer muss sich somit im Wege der Praxisübernahme verstärkt mit für ihn nicht vertrauten Themen beschäftigen, wobei ihm dieses Buch eine erste Orientierungshilfe bieten soll.

Ein besonders attraktiv wirkender Grund für eine Praxisübernahme ist, dass der Praxisübernehmer von gut ausgestatteten Räumen, mit Abläufen und Patienten vertrauten Mitarbeitern und einem bestehenden Patientenstamm profitiert.

Aber auch die ansteigende Anzahl abgabewilliger Ärzte ist ein Grund für die Übernahme einer bestehenden Praxis. So ist der Anteil bereits niedergelassener Ärzte im abgabewilligen Alter bislang stetig gestiegen. Man kann aufgrund dessen also von einem aktuell idealen Käufermarkt für Praxisübernehmer sprechen.

Wer eine Praxis übernimmt, profitiert also nicht nur von bereits funktionsfähig eingerichteten Räumlichkeiten, einem eingespielten Team und etablierten Patientenstamm. Auch auf bislang erfolgsversprechende Vorgehensweisen oder Zahlen des Vorgängers kann zurückgegriffen werden. Dies stellt zwar keine hundertprozentig verlässliche Prognose für die Zukunft dar, für den Praxisübernehmer bildet dies allerdings ein gewisses Fundament, auf welchem er aufbauen kann.

Dieses Buch widmet sich darüber hinaus ausführlich dem Versorgungsstärkungsgesetz und den damit verbundenen Gesetzesänderungen. Es zeigt auf, wie sich auf die Praxisübernahme vorbereitet werden kann. Darüber hinaus beschäftigt es sich auch mit betriebswirtschaftlichen und steuerrechtlichen Themen.

Die Autoren dieses Buches sind Juristen, Steuerberater und Betriebswirte, welche seit vielen Jahren Ärzte gerade auch im Hinblick auf eine Praxisübernahme beraten und vertreten. Sowohl Rechtsanwälte als auch Juristen aus der Kassenärztlichen Vereinigung haben dieses Buch gemeinsam erarbeitet, damit dem Leser die Sichtweise beider Seiten vermittelt wird.

Das Autorenteam gewährleistet damit höchste Aktualität unter Einbindung von praxisbewährten Strategien für eine erfolgreiche Praxisübernahme.

Die Autoren:
Götz Bierling, Harald Engel, Anja Mezger, Daniel Pfofe, Wolfgang Pütz, Dietmar Sedlaczek
Im Februar 2017

Autoren

Götz Bierling

Götz Bierling ist seit über 30 Jahren als Rechtsanwalt und Fachanwalt für Arbeitsrecht in erster Linie in Fragen des Arbeits- und Medizinrechts tätig und hat zahlreiche Vorträge zum ärztlichen Zulassungsrecht gehalten, sich aber auch in Fragen des Arzthaftungsrechts als Mitherausgeber von „Hygiene und Recht" in Fachkreisen einen Namen gemacht. Neben niedergelassenen Ärzten vertritt er Krankenhäuser auch in arbeitsrechtlichen Fragen. Aufgrund der engen Zusammenarbeit mit einem auf Heilberufe spezialisierten Steuerbüro ist er mit den speziellen steuerrechtlichen Themen vertraut. Herr Bierling ist zudem Gesellschafter der Arztrechtsnetz EWiV, ein Zusammenschluss von Rechtsanwälten, die medizinische Leistungserbringer in allen Fragen des Gesundheitswesens beraten.

Harald Engel jun.

Harald Engel jun. wurde 1968 in Wuppertal geboren. Er studierte Rechtswissenschaften in Bochum und Betriebswirtschaftslehre in Wuppertal. Als Fachanwalt für Medizinrecht liegt sein Tätigkeitsschwerpunkt insbesondere in der Beratung von Ärzten und Angehörigen anderer Heilberufe. 20 Jahre lang war Harald Engel jun. sowohl als Lehrbeauftragter für Strafrecht an der Universität in Bochum als auch als Ausbilder von Rechtsreferendaren im Verwaltungsrecht an den Landgerichten Wuppertal und Düsseldorf tätig. Seit 2010 ist er geschäftsführender Gesellschafter der Arztrechtsnetz EWiV, ein Zusammenschluss von Rechtsanwälten, die medizinische Leistungserbringer in allen Fragen des Gesundheitswesens beraten.

Anja Mezger

Anja Mezger ist seit über drei Jahren als Rechtsanwältin in Karlsruhe tätig. Seit dem Jahr 2015 führt sie auch den Titel als Fachanwältin für Medizinrecht. Sie befasst sich in erster Linie mit Arbeits- und Medizinrecht und vertritt und berät dabei Vertragsärzte und mittelständische Unternehmen. Im Bereich Medizinrecht befasst sie sich in erster Linie mit der Vertragsgestaltung ärztlicher Kooperationen, Arbeitsverträgen und Praxisabgabeverträgen. Einen weiteren Schwerpunkt ihrer Tätigkeit bilden die Beratung und Vertretung in allen Fragen des Vergütungsrechts der Heilberufe sowie des ärztlichen Zulassungsrechts. Frau Mezger ist zudem Gesellschafterin der Arztrechtsnetz EWiV, ein Zusammenschluss von Rechtsanwälten, die medizinische Leistungserbringer in allen Fragen des Gesundheitswesens beraten.

Daniel Pfofe

Daniel Pfofe ist seit über 15 Jahren als Rechtsanwalt und seit über 10 Jahren als Steuerberater auf dem Gebiet des Gesellschafts-, Steuer- und Medizinrechts tätig. Seine Schwerpunkte sind die oft herausfordernden Themengebiete, die sich im Zusammenspiel der einzelnen Rechtsgebiete ergeben. Er vertritt Ärzte und Kliniken sowohl gerichtlich als auch außergerichtlich sowie vor den Finanz- und Zulassungsbehörden. Seit 2010 ist er geschäftsführender Gesellschafter der Arztrechtsnetz EWiV, ein Zusammenschluss von Rechtsanwälten, die medizinische Leistungserbringer in allen Fragen des Gesundheitswesens beraten. Neben zahlreichen Vorträgen ist er zudem seit über 10 Jahren Lehrbeauftragter für Gesellschaftsrecht an der Dualen Hochschule Baden-Württemberg und publiziert regelmäßig in Fachzeitschriften. Er bildet sowohl Anwälte als auch Steuerberater in seinen Spezialgebieten fort.

Wolfgang Pütz

Wolfgang Pütz wurde 1981 in Trier geboren. Er studierte Rechtswissenschaften an der Universität Trier und der Ruhr-Universität Bochum mit den Schwerpunkten Sozialrecht und Strafrecht. Er arbeitete mehrere Jahre als Rechtsanwalt im Bereich Medizinrecht, Sozialrecht, Strafrecht und Vertragsrecht in Bochum. Herr Pütz wechselte 2013 zur Kassenärztlichen Vereinigung Berlin und ist dort derzeit als Hauptabteilungsleiter Bedarfsplanung und Zulassung tätig. Er verantwortet in erster Linie das Zulassungswesen und die Bedarfsplanung in der Bundeshauptstadt. Als Prozessvertreter hat er zahlreiche Verfahren im vertragsärztlichen Zulassungsrecht in allen Instanzen betreut. Herr Pütz hält regelmäßig Vorträge zu zulassungsrechtlichen Themen.

Dietmar Sedlaczek

Dietmar Sedlaczek hat nach Abschluss seines Jurastudiums und Referendariats ab dem Jahr 1992 Erfahrungen als Rechtsanwalt bei der Deutschen Bank, den Finanzämtern in Bielefeld und Detmold sowie bei der Oberfinanzdirektion Münster sammeln können. Von 1998 bis 2001 war Herr Sedlaczek Richter am Finanzgericht Münster. Nach weiterer Tätigkeit als Steuerberater und Rechtsanwalt ist Herr Sedlaczek seit 2007 Partner der SPS Steuern und Recht® GmbH in Berlin. Als Fachanwalt für Medizinrecht ist er spezialisiert auf die Fachberatung im Gesundheitswesen. Er ist zudem Gesellschafter der Arztrechtsnetz EWiV, ein Zusammenschluss von Rechtsanwälten, die medizinische Leistungserbringer in allen Fragen des Gesundheitswesens beraten.

Inhaltsverzeichnis

Der Unternehmer

© Springer-Verlag GmbH Deutschland 2017
G. Bierling, H. Engel, A. Mezger, D. Pfofe, W. Pütz, D. Sedlaczek, *Arztpraxis – erfolgreiche Übernahme*,
Erfolgskonzepte Praxis- & Krankenhaus-Management, DOI 10.1007/978-3-662-54570-6_1

Es ist allgemein bekannt, dass es einen großen Unterschied zwischen Arbeitnehmern und Arbeitgebern gibt. Welchen Inhalt und Umfang dieser Unterschied hat, ist regelmäßig allerdings nicht bekannt. Eine Überzeugung hat sich allerdings in den meisten Köpfen festgesetzt, wonach der Arbeitgeber als Unternehmer reich, unabhängig und erfolgreich und der Arbeitnehmer als Gehaltsempfänger weisungsgebunden, abhängig und meist zu schlecht bezahlt ist.

Diese Meinung ist oft der Grund für viele Menschen, den Schritt in die Selbständigkeit zu wagen. Jeder, der diesen Weg geht, muss sich allerdings bewusst werden, dass er „Neuland" betritt, denn er wird mit vielen Themen konfrontiert werden, mit denen er sich als Arbeitnehmer niemals auseinandersetzen musste und die ihm auch niemand beigebracht hat. Beispielsweise seien hier die Auswahl und die Anleitung von Mitarbeitern genannt. Zwar hat jeder eine eigene Vorstellung darüber, wie Mitarbeiter geführt werden sollten. Regelmäßig hat der in die Selbständigkeit Tretende diesbezüglich allerdings keinerlei Ausbildung erhalten. Seine Führungsart hängt daher im Wesentlichen von seiner Persönlichkeit und seinen persönlichen Erfahrungen ab. Letztendlich entscheidet damit der Zufall darüber, ob eine

solche Personalführung erfolgreich ist. Auch wird er mit Problemen konfrontiert werden, mit welchen er nicht gerechnet hat. So kann zum Beispiel ein Problem bei der Finanzierung der Praxis durch die Bank auftreten. Gegebenenfalls überzeugt das vorgelegte Konzept die Bank nicht oder sie fordert Sicherheiten, die der Unternehmer nicht bieten kann. Auch hier ist der Unternehmer nunmehr gefordert, eine Lösung zu finden, um seine Idee zu realisieren. Als Unternehmer muss er plötzlich „nicht nur" seinen fachlichen Bereich beherrschen, sondern sich unter anderem auch mit Finanzen, Steuern, Personalführung, Organisation und Kunden auseinandersetzen. Er allein trägt die Verantwortung für Erfolg und Misserfolg. So kann er sich nicht auf die Position zurückziehen, dass dies nicht sein Job sei, für den er nicht bezahlt werde. Die oben genannten Beispiele sollen gerade verdeutlichen, dass der Arbeitgeber im Gegensatz zum Arbeitnehmer nicht seine Arbeitsleistung, sondern den Erfolg schuldet. Denn nur ein erfolgreiches Unternehmen erwirtschaftet die Gewinne, die ein Unternehmer braucht, um seine private Lebensführung zu bestreiten.

Selbständig zu sein bedeutet, eine Vision zu haben, diese umzusetzen und auftretende

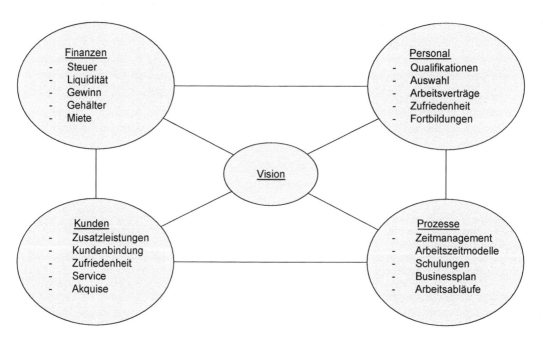

Abb. 1.1 Balanced Scorecard

Hindernisse und Probleme zu überwinden. Hieran scheitern bereits viele Unternehmer, weil sie sich trotz fachlich guter Qualifikationen keine Vorstellung über die Vielschichtigkeit ihrer unternehmerischen Aufgaben machen. Dabei spielt es keine Rolle, ob man als Freiberufler eine Arztpraxis oder als Gewerbetreibender einen kleinen Handwerksbetrieb oder ein Industrieunternehmen führt. Zwar ist die Arbeit ebenso unterschiedlich wie die Spielregeln der jeweiligen Branche. Aber ein Punkt ist immer gleich, so bedarf es eines Unternehmers, der handelt, um sein Ziel zu erreichen. Einen groben Überblick über die Komplexität und Vielschichtigkeit eines Unternehmens bietet die sogenannte Balanced Scorecard (◘ Abb. 1.1).

Danach unterteilt sich jedes Unternehmen in die Bereiche Finanzen, Personal, Kunden und Prozesse. Diese sind durch die Vision des Unternehmers untrennbar miteinander verbunden. Da jeder dieser einzelnen Bereiche miteinander verbunden ist und demzufolge die Veränderung eines jeden Bereichs Konsequenzen für andere Bereiche hat, darf keiner der Bereiche isoliert betrachtet werden. Denn der Unternehmer läuft sonst Gefahr, wesentliche Veränderungen in anderen Bereichen zu missachten. Mangelt es beispielsweise bereits an einem freundlichen Praxispersonal, so fallen unter Umständen nicht nur einige, sondern sogar mehrere (Stamm-)Patienten weg, was sich in stark sinkenden Patientenbehandlungen niederschlägt, die wiederum zu weniger Umsatz führen, eine Umstrukturierung der Arbeitsprozesse innerhalb der Praxis bedeuten und letztlich – und im schlimmsten Fall – sogar den Abbau von Praxispersonal bedeuten kann.

Alleine oder gemeinsam

© Springer-Verlag GmbH Deutschland 2017
G. Bierling, H. Engel, A. Mezger, D. Pfofe, W. Pütz, D. Sedlaczek, *Arztpraxis – erfolgreiche Übernahme*,
Erfolgskonzepte Praxis- & Krankenhaus-Management, DOI 10.1007/978-3-662-54570-6_2

Dass niedergelassene Ärzte immer Einzelkämpfer sind, ist eine Annahme, die schon lange nicht mehr zutreffend ist. Die Vorteile der Arbeit im Team weiß dabei nicht nur der medizinische Nachwuchs zu schätzen. Die Mehrheit der Medizinstudenten, für die eine Niederlassung in Betracht kommt, möchte später mit Kollegen unterschiedlichster Fachrichtungen kooperieren. Vor allem für Ärztinnen ist die Vereinbarkeit von Familie und Beruf ein wichtiger Gesichtspunkt, der für eine Arbeit im Team spricht.

Doch statt einem allgemeinen Trend hinterherzujagen und noch bevor man sich an das Durchsuchen sämtlicher Praxisbörsen, das Anzapfen sämtlicher Kontakte oder die Beauftragung von diversen Headhuntern macht, sollte man zuerst einmal in sich gehen und für sich einige grundlegende Fragen klären, allen voran die folgende:

Was genau will ich eigentlich? Arbeite ich lieber allein oder im Team und wenn ja, wie genau?

Die nachfolgenden Ausführungen sollen dem Praxisübernehmer dabei helfen, die Frage für sich zu beantworten, ob die Praxisübernahme einer Einzelpraxis das richtige wäre oder vielleicht doch eher die freiberufliche Arbeit in einer Berufsausübungsgemeinschaft (BAG), einem Medizinischen Versorgungszentrum (MVZ) oder in einer Praxisgemeinschaft.

Ist man der Typ „Einzelkämpfer", weil man – mit Ausnahme der Praxismitarbeiter – auf nichts und niemanden Rücksicht nehmen will, nach eigenem Gutdünken schalten und walten und so unabhängig wie möglich sein will, ist die Entscheidung recht einfach. Denn dann ist die Übernahme einer Einzelpraxis genau das richtige.

Ist man der klassische „Teamplayer", bieten sich gleich zwei Möglichkeiten:

Zum einen die Übernahme eines Anteils an einer Berufsausübungsgemeinschaft beziehungsweise einer Gemeinschaftspraxis (seit einer Gesetzesänderung im Jahre 2007 spricht das Recht der gesetzlichen Krankenversicherung beinahe ausnahmslos von Berufsausübungsgemeinschaften, wenn auch beide Begriffe identisch sind), also eines Praxisanteils, und zum anderen der Einstieg in ein Medizinisches Versorgungszentrum. Was in diesem Zusammenhang nämlich vielleicht nicht allgemein bekannt ist, ist die Tatsache, dass es in einem Medizinischen Versorgungszentrum nicht nur die Möglichkeit gibt,

als angestellter Arzt, sondern auch als freiberuflicher Vertragsarzt „an" einem Medizinischen Versorgungszentrum zu arbeiten.

Aber wie so oft im Leben gibt es nicht nur ein Schwarz oder Weiß, sondern für die Unentschlossenen unter den Praxisübernehmern zum Glück – um es mit den Worten des unvergessenen Loriot auszudrücken – auch ein „freundliches Steingrau" und zwar in Gestalt der Übernahme einer Einzelpraxis zusammen mit einem Teil an einer Praxisgemeinschaft, der Gründung einer solchen oder anderen Schattierungen einer derartigen Organisationsgemeinschaft, wie zum Beispiel einer Apparategemeinschaft, bei welcher lediglich medizinische Geräte geteilt werden.

Bei einer Berufsausübungsgemeinschaft (Gemeinschaftspraxis) findet, wie der Name schon sagt, eine gemeinsame Ausübung des ärztlichen Berufs, ein gemeinsamer Auftritt und ein gemeinsames Handeln im Namen der Gesellschaft „nach außen" und damit gegenüber Dritten, beispielsweise Patienten, statt. Dies gilt unabhängig davon, welche Gesellschaftsform die Berufsausübungsgemeinschaft gewählt hat. Hier kommen neben der häufigsten Form als Gesellschaft bürgerlichen Rechts eine Partnerschaftsgesellschaft (PartG) oder, je nach Ausgestaltung des von der zuständigen Landesärztekammer geregelten ärztlichen Berufsrechts, auch weitere Gesellschaftsformen in Betracht. Genannt sei hier zum Beispiel die Partnerschaftsgesellschaft mit beschränkter Berufshaftung (PartG mbB) oder die Genossenschaft.

Bei einer Organisationsgemeinschaft übt demgegenüber jeder strikt getrennt von anderen Kollegen seinen Beruf aus und handelt gegenüber Dritten selbständig. Man tritt daher auch allein „nach außen" auf, teilt sich aber mit anderen Kollegen sachliche (zum Beispiel medizinische Großgeräte) und/oder personelle Mittel, um so als Kostengemeinschaft Synergieeffekte zu nutzen und Kosten sparen zu können. Bei einer Praxisgemeinschaft, dem häufigsten Fall der Organisationsgemeinschaft, könnte man daher auch von einer Art „Ärzte-WG" sprechen.

Jeder wirtschaftet also allein für sich und auf eigenes (unternehmerisches) Risiko, kann also grundsätzlich frei entscheiden, teilt sich aber den Kostenblock und hat sozusagen, sofern dies gewollt ist, doch Kontakt mit Kolleginnen und Kollegen (wobei selbstverständlich die ärztliche Schweige-pflicht untereinander zu wahren ist).

Sofern man sich selbst nicht ganz klar und ein-deutig – bereits aufgrund der eigenen Natur – in eine der vorgenannten Kategorien einordnen kann, so sollte man sich die Vor- und Nachteile vergegenwär-tigen, die jede der vorgenannten Möglichkeiten hat, und diese untereinander abwägen. So bieten Koope-rationen zahlreiche Vorteile:

Man teilt sich Investitions- und Betriebskosten sowie Ressourcen, wie Personal, Räumlichkeiten oder Geräte, aber auch das wirtschaftliche Risiko. Außerdem besteht die Möglichkeit zu fachlichem (Erfahrungs-) Austausch mit Kollegen, man kann sich den Verwaltungsaufwand teilen, seinen Patien-ten gegebenenfalls auch ein breiteres Leistungs-spektrum bieten, verfügt über größere Marktmacht, beispielsweise in Bezug auf die Abnahme größerer Mengen, und kann sich nicht nur im Hinblick auf die Vereinbarkeit von Familie und Beruf, sondern auch im Hinblick auf eine optimale Work-Life-Balance zusammen mit den Kollegen flexibel die Arbeits-zeiten aufteilen. Aber nicht nur die Kollegen unter-einander, sondern auch die Patienten können von ärztlichen Kooperationen profitieren. So können unter Umständen längere Wartezeiten vermieden, Behandlungen mehrerer Ärzte besser koordiniert und damit auch Doppeluntersuchungen vermieden werden. Letzteres freut selbstverständlich auch die Krankenkassen.

Aber auch die Einzelpraxis, die nach wie vor die am häufigsten gewählte Option der Niederlassung darstellt, hat viele Vorteile zu bieten:

So kann auch der Praxisinhaber flexibel seine Arbeits- und Freizeit gestalten. Er kann seine Praxis nach den eigenen Vorstellungen organisie-ren und den medizinischen Zuschnitt der Praxis festlegen, aber auch jederzeit wieder abändern. Er ist wirtschaftlich und organisatorisch weitest möglich unabhängig und muss sich mit nieman-dem abstimmen und grundsätzlich niemandem Rechenschaft ablegen. Möchte er nicht völlig allein arbeiten, so kann er sich in Form einer Praxisge-meinschaft oder eines Praxisnetzes organisieren. Er kann aber auch Ärzte anstellen und sich so teil-weise die Vorteile einer Berufsausübungsgemein-schaft oder eines Medizinischen Versorgungszen-trums sichern.

Im Umkehrschluss daraus hat der Praxisinhaber als Einzelunternehmer auch alle Kosten für Personal, Praxisräumlichkeiten, Geräte etc. allein zu tragen. Er hat – Chance und Risiko zugleich – die volle und alleinige Verantwortung für seinen wirtschaftlichen Erfolg und muss im Falle von Urlaub, Krankheit und sonstiger Abwesenheit seine Vertretung selbst organisieren.

Hat man sich nun gegen die Übernahme einer Einzelpraxis und für eine Kooperation entschieden, muss man eine weitere Entscheidung fällen und sich auf eine Kooperationsform festlegen.

Bei einer Berufsausübungsgemeinschaft werden auch die Patientenakten gemeinsam geführt und insbesondere auch entsprechend der Behand-lungsverträge zwischen der Praxis und dem Patien-ten geschlossen. Die Partner teilen sich neben den Patienten von den Praxisräumen über das Personal, die Praxisausstattung, die Praxisverwaltung bis hin zur Abrechnung, die für die gesamte Praxis erstellt wird, alles. Auch können sich die Partner unterein-ander problemlos vertreten.

Nachteilig an einer Berufsausübungsgemein-schaft, die weit überwiegend in Form einer Gesell-schaft bürgerlichen Rechts (GbR) organisiert ist, sind demgegenüber die Haftungsrisiken. Man haftet nämlich nicht nur für eigenes Verhalten und Ver-schulden, wie zum Beispiel bei einem ärztlichen Behandlungsfehler, sondern kann als Mitgesellschaf-ter – als sogenannter Gesamtschuldner – auch von solchen Patienten herangezogen werden, die aus-schließlich von einem anderen Kollegen behandelt wurden. Zu beachten ist dabei insbesondere, dass diese Haftung nicht etwa mit dem eigenen Ausschei-den aus der Berufsausübungsgemeinschaft endet. Vielmehr gilt im Wege der sogenannten Nachhaf-tung grundsätzlich noch eine Einstandspflicht nach Ablauf von fünf Jahren nach dem Ausscheiden. Diese Risiken lassen sich jedoch gut über entspre-chende und vor allem aufeinander abgestimmte Berufshaftpflichtversicherungen der Partner einer Berufsausübungsgemeinschaft in den Griff bekom-men. Diese Haftungsrisiken können zudem durch die Wahl der Partnerschaftsgesellschaft als Gesell-schaftsform reduziert und durch die Wahl der neuen Gesellschaftsform der Partnerschaftsgesellschaft mit beschränkter Berufshaftung (PartG mbB) ausge-schlossen werden, sofern diese vom einschlägigen

Berufsrecht und dem zuständigen Zulassungsausschuss akzeptiert wird.

Ein weiterer Nachteil kann selbstverständlich auch sein, dass man sich mit seinen Kollegen abstimmen und zumindest wichtige Entscheidungen gemeinsam, gegebenenfalls sogar einstimmig, treffen muss. Zwingend erforderlich ist ein Gesellschaftsvertrag, in dem es verschiedene gesellschaftsrechtliche Punkte zu regeln gilt, welcher auch gelebt werden muss und nach dem man sich im Zweifel auch zu richten hat. Die Berufsausübungsgemeinschaft muss vom Zulassungsausschuss genehmigt, der Gesellschaftsvertrag der zuständigen Ärztekammer vorgelegt werden. Auch gibt es verschiedene steuerliche Gesichtspunkte zu klären und zu regeln, um nicht unnötig vom Finanzamt herangezogen zu werden.

Zuletzt ist zu beachten, dass bei einer Berufsausübungsgemeinschaft die Anzahl der angestellten Ärzte begrenzt ist. Hier können je Vertragsarzt maximal drei bis vier Ärzte (bei Vertragsärzten, die überwiegend medizinisch-technische Leistungen erbringen) angestellt werden. Nicht als angestellte Ärzte in diesem Sinne zählen Assistenten und Vertreter.

Bei einem Medizinischen Versorgungszentrum handelt es sich um eine ärztlich geleitete und zentral verwaltete Einrichtung, bei der die Anzahl angestellter Ärzte im Gegensatz zu einer Berufsausübungsgemeinschaft grundsätzlich unbeschränkt ist.

Inhaber der Zulassung ist nicht der einzelne Vertragsarzt, sondern das Medizinische Versorgungszentrum, welches auch den Behandlungsvertrag mit dem Patienten schließt. Nur Vertragsärzte, Krankenhäuser, Kommunen und einige weitere Träger dürfen ein Medizinisches Versorgungszentrum gründen. Neben der Rechtsform der Gesellschaft bürgerlichen Rechts können hier weitere Gesellschaftsformen, wie zum Beispiel auch die GmbH mit all ihren Vor- und Nachteilen, gewählt werden. Die Wahl der richtigen Gesellschaftsform sollte dabei aber umso sorgfältiger erfolgen, als hier weit mehr steuerliche Fragen aufgeworfen werden (wie zum Beispiel die Frage der Gewerbesteuerpflicht), die einer sorgfältigen Lösung zugeführt werden müssen.

Das Medizinische Versorgungszentrum führt im Vergleich zu einer Einzelpraxis zu ähnlichen Kostenersparnissen wie eine Berufsausübungsgemeinschaft. Auch bei einem Medizinischen Versorgungszentrum

können Arbeitszeiten flexibel gestaltet werden. Gerade für junge Ärzte ohne Erfahrungen im ambulanten Sektor bietet es einen einfachen Einstieg in diesen, da die Abrechnung zentral vom Medizinischen Versorgungszentrum für alle Ärzte erstellt wird und man damit etwas leichter in die komplexen, von denen einer Klinik völlig unterschiedlichen, Abrechnungsstrukturen „hineinwachsen" kann. Bei einem Medizinischen Versorgungszentrum sind Kooperationen mit nicht ärztlichen Gesundheitsberufen unproblematisch möglich. Das Medizinische Versorgungszentrum bedarf allerdings einer exakten Aufbau- und Ablauforganisation, die ihrerseits Kosten verursacht und dazu beiträgt, dass es zugleich auch deutlich unflexibel wird. Zudem muss die Gewinnverteilung klar geregelt sein. Auch muss eine Genehmigung des Zulassungsausschusses eingeholt werden.

Bei der Praxisgemeinschaft trägt grundsätzlich jeder sein wirtschaftliches Risiko allein, was aber durch die Teilung der Kosten abgemildert wird. Der Beruf wird allein ausgeübt, die Patienten daher grundsätzlich allein behandelt und die Leistungen jeweils allein abgerechnet. Die Patientenakten müssen demgemäß also strikt getrennt aufbewahrt und vor dem Zugriff des jeweils anderen Arztes geschützt werden. Die Entscheidungsfreiheit ist grundsätzlich groß. Im Gegensatz zur Berufsausübungsgemeinschaft, einem Medizinischen Versorgungszentrum oder auch einer Einzelpraxis muss die Gründung einer Praxisgemeinschaft vom Zulassungsausschuss nicht genehmigt, sondern nur gegenüber der Kassenärztlichen Vereinigung angezeigt werden. Auch hier sollte ein entsprechender Gesellschaftsvertrag geschlossen werden. Dieser wird nicht zuletzt auch oft dem Finanzamt gegenüber als Nachweis für Betriebsausgaben benötigt.

Da der Gesetzgeber aber die gemeinsame Berufsausübung und nicht lediglich das gemeinsame Haushalten im Sinne einer Praxisgemeinschaft fördern will, erhalten auch nur Praxen in Form einer Berufsausübungsgemeinschaft, eines Medizinischen Versorgungszentrums sowie Praxen mit angestellten Ärzten einen Kooperationszuschlag je nach und entsprechend dem Kooperationsgrad in einer Höhe zwischen 10 und 20 Prozent auf das Regelleistungsvolumen.

Zudem rücken besonders Praxisgemeinschaften verstärkt in den Fokus der sogenannten Plausibilitätsprüfung, wenn sich die Partner einer Praxisgemeinschaft – bei Fachidentität grundsätzlich zulässig, aber zu häufig – gegenseitig vertreten.

Im Rahmen der Plausibilitätsprüfung untersucht die Kassenärztliche Vereinigung, inwieweit die Abrechnungen der Praxen auffällig, da implausibel sind. Anhand sogenannter Zeitprofile, die bei vielen Leistungen im Einheitlichen Bewertungsmaßstab (EBM) hinterlegt sind, wird dabei untersucht, ob es in rein zeitlicher Hinsicht möglich ist, dass ein Arzt die abgerechneten Leistungen auch tatsächlich alle vollständig erbracht haben kann. Ein Tag hat eben nur 24 Stunden beziehungsweise bei der Kassenärztlichen Vereinigung nur 12 und ein Quartal nur 780 Stunden.

Hier wird je nach Häufigkeit (Anteil identischer Patienten über 20 Prozent bei versorgungsbereichsidentischen Praxen und über 30 Prozent bei versorgungsbereichsübergreifenden Praxen) der gegenseitigen Vertretung beziehungsweise der Patientenidentität vermutet und damit unterstellt, dass die Kooperationsform der Praxisgemeinschaft missbraucht wird und in Wirklichkeit eine Berufsausübungsgemeinschaft vorliegt. Dies hat zur Folge, dass die Partner versuchen müssen, die Kassenärztliche Vereinigung vom Gegenteil zu überzeugen.

Hintergrund unter Honorargesichtspunkten ist dabei insbesondere, dass zwar Praxisgemeinschaften den Kooperationszuschlag nicht erhalten, diese dafür aber als zwei „normale" und damit voneinander völlig unabhängige Einzelpraxen auch jeden Behandlungsfall jeweils vollständig abrechnen können (zum Beispiel bei Grundpauschalen). Dies stellt insoweit gegenüber einer Berufsausübungsgemeinschaft, in der alle Ärzte gemeinsam einen Patienten behandeln und entsprechend auch nur ein Behandlungsvertrag zwischen der Praxis und dem Patienten geschlossen wird und auch nur ein Behandlungsfall beziehungsweise „Schein" abgerechnet werden kann, einen (wirtschaftlichen) Vorteil dar. Es sollte also genau darauf geachtet werden, nicht zu viele Patienten über Vertretungsscheine nebeneinander zu behandeln und die Kooperationsformen der Praxisgemeinschaft und der Berufsausübungsgemeinschaft sauber zu trennen, um nicht mit Honorarrückforderungen, zu denen eine festgestellte Implausibilität der Abrechnung führen kann, rechnen zu müssen.

Mit anderen Worten: Bei der Wahl zwischen den Kooperationsformen der Praxisgemeinschaft und der Berufsausübungsgemeinschaft gibt es nur ein Schwarz oder Weiß und kein (un-)freundliches Steingrau.

Wo bekommt der niedergelassene Arzt sein Geld her?

© Springer-Verlag GmbH Deutschland 2017

G. Bierling, H. Engel, A. Mezger, D. Pfofe, W. Pütz, D. Sedlaczek, *Arztpraxis – erfolgreiche Übernahme*,

Erfolgskonzepte Praxis- & Krankenhaus-Management, DOI 10.1007/978-3-662-54570-6_3

Die Vergütung niedergelassener Ärzte gliedert sich im Wesentlichen in zwei Bereiche, nämlich in die der gesetzlichen Krankenversicherung (GKV) und die der privaten Krankenversicherung (PKV). Neben diesen beiden Einnahmemöglichkeiten ergibt sich für niedergelassene Ärzte des Weiteren die Verdienstmöglichkeit durch das Anbieten zusätzlicher individueller Gesundheitsleistungen (sogenannte IGeL). Diese Leistungen rechnet der niedergelassene Arzt direkt mit dem jeweiligen Patienten ab. Die Bereiche der gesetzlichen Krankenversicherung und der privaten Krankenversicherung könnte man sich bildlich daher als die tragenden Säulen einer Arztpraxis vorstellen. Aber um im Bild zu bleiben, hängt die Festigkeit dieser Säulen nicht allein von dem Patientenaufkommen in dem einen oder anderen Bereich ab. Auf dem Gebiet der vertragsärztlichen Leistungen führen steigende Behandlungsfälle nicht unbedingt auch zu einer Mehrvergütung. Dazu sind Honorarabrechnungen derartig kompliziert, dass ein Kompass nicht genügt, um sich in der Abrechnungsarithmetik und -thematik auch nur einigermaßen zurechtzufinden. Der privatärztliche Bereich hat andere Tücken: Einerseits lässt sich die Anzahl von Privatpatienten nicht ohne Weiteres vermehren, andererseits bleiben diese oft das Honorar schuldig oder es wird nur eine private Krankenversicherung „light" abgeschlossen, die sich darauf beschränkt, nur die im Kassenarztrecht geltende Vergütung abzudecken; die Differenz zwischen kassenärztlicher Vergütung zum privatärztlich gesetzlichen Gebührenrahmen (GOÄ) vom (Privat-) Patienten beizutreiben, ist alles andere als vergnüglich. Wer im Ausland wohnhafte Patienten behandelt, ohne zuvor eine das Honorar in etwa abdeckende Vorschusszahlung zu verlangen, wird – das zeigt leider die Erfahrung – oft genug einen Grund haben, sein allzu menschliches Verhalten solchen Patienten gegenüber zu bereuen. In den anderen Fällen ist der Service von privatärztlichen Verrechnungsstellen nicht zu unterschätzen. Allerdings scheuen auch diese den Aufwand, wenn es um die wirklich ärgerlichen und hartnäckigen Fälle geht, bei denen das oft nicht leicht verdiente Arzthonorar nur im Klagewege beigetrieben werden kann.

Im Ergebnis kann ein Vertragsarzt in der Regel auch nicht damit rechnen, dass die von ihm erbrachten vertragsärztlichen Leistungen ohne jegliche Abstaffelung oder Quotierung im Honorarbescheid zur Auszahlung kommen. Aber im Rahmen der gesetzlichen Vorgaben, beeinflusst von dem Abrechnungsverhalten der Kollegen in der einzelnen Arztgruppe, kann der Vertragsarzt damit rechnen, zumindest einen wesentlichen Teil seiner im jeweiligen Quartal erbrachten ärztlichen Leistungen auch letztlich vergütet zu erhalten. Dies wiederum muss in einem anderen Zusammenhang für die reibungslose Erfüllung des – ungekürzten – privatärztlichen Honoraranspruchs nicht unbedingt gelten.

3.1   Vertragsärztliche Vergütung

Wie an anderer Stelle empfohlen, ist einem leistungswilligen Arzt dringend zu raten, mindestens ein, wenn nicht sogar zwei Existenzgründungsseminare zu besuchen. Dies erscheint gerade im Hinblick auf das von Jahr zu Jahr komplizierter werdende Honorarabrechnungswesen auch durchaus sinnvoll.

3.1.1   Systematik der Honorarverteilung

Am Anfang muss die Erkenntnis stehen, dass für die – ungeschmälerte –Honorierung vertragsärztlicher und psychotherapeutischer Arbeit in der gesetzlichen Krankenversicherung, Quartal für Quartal, nicht genug Geld vorhanden ist. Diese missliche Lage des Gesundheitssystems hat zu vielen Wortschöpfungen geführt. Diese Begrifflichkeiten müssen schon deshalb erläutert werden, weil der Wortsinn oft in die Irre führt (Beispiel: „extrabudgetäre Leistungen") und selbst Leistungen, die dem Arzt einst ungeschmälert („freie Leistungen") zugutekommen sollten, letztendlich doch im Wege der Quotierung gekürzt werden.

Die Kassenärztliche Vereinigung stellt zunächst die mit den Krankenkassen alljährlich neu ausgehandelte morbiditätsbedingte Gesamtvergütung (MGV) zur Verfügung. Gleichsam außerhalb dieses Budgets haben sich die Krankenkassen verpflichtet, den Ärzten sogenannte extrabudgetäre Leistungen zu vergüten, soweit sie Präventionsleistungen, ambulante Operationen, antragspflichtige Psychotherapie etc. erbringen.

Die morbiditätsbedingte Gesamtvergütung (MGV) wird seit 2013 hälftig auf die Gruppe der

Hausärzte und hälftig auf die Gruppe der Fachärzte verteilt und zwar unter Beachtung eines Honorarverteilungsmaßstabes (HVM). Hiervon ausgenommen ist nur der versorgungsübergreifende Bereich der Laborleistungen.

Während der Honorarverteilungsmaßstab das verteilungsfähige Budget definiert, errechnen sich die spezifischen ärztlichen Leistungen nach dem Einheitlichen Bewertungsmaßstab (EBM). Der Einheitliche Bewertungsmaßstab bezeichnet die einzelnen für den Vertragsarzt abrechnungsfähigen Leistungen. Diese sind auch mit einem Zeitprofil hinterlegt und können bei einer überproportionalen Inanspruchnahme im Verhältnis zu anderen vergleichbaren Arztpraxen eine Plausibilitäts- und Wirtschaftlichkeitsprüfung nach sich ziehen. Es ist nun Aufgabe des Honorarverteilungsmaßstabes, die von den Vertragsärzten im Einzelnen erbrachten und abgerechneten Leistungen mit den zur Verfügung stehenden finanziellen Mitteln der Gesamtvergütung möglichst gleichmäßig – in der Regel nach den rechtlichen Vorschriften der Honorarverteilung – zu vergüten. Aber nicht einmal die morbiditätsbedingte Gesamtvergütung steht uneingeschränkt zur Honorarverteilung zur Verfügung. Zunächst ist mit einem gewissen Prozentsatz ein Strukturfonds zu bedienen. Danach werden Beträge für Laborleistungen und Leistungen des organisierten Notfalldienstes vorweg abgezogen. Die verbleibende morbiditätsbedingte Gesamtvergütung wird entsprechend dem Trennungsfaktor auf den haus- und fachärztlichen Versorgungsbereich aufgeteilt. Erst hieraus ergibt sich das „versorgungsbereichsspezifische" Verteilungsvolumen. Aber auch der jeweilige Versorgungsbereich kennt Vorwegabzüge:

- sei es für die überbezirkliche Durchführung der vertragsärztlichen Versorgung,
- Rückstellungen aufgrund der Teilnahme an der ambulanten spezialfachärztlichen Versorgung,
- oder Kurativ-Ärzte und ihre Leistungen.

Der fachärztliche Versorgungsbereich erfährt weitere Vorwegabzüge, nämlich hier die Vergütung von pathologischen und zytologischen sowie von humangenetischen Leistungen. Für diese Leistungen wird zur Gewährleistung einer ausreichenden Kalkulationssicherheit ein „leistungsspezifisches Volumen" auf der Basis der arztindividuellen

Honoraranforderungen gebildet. Für die fachärztliche Grundversorgung existiert eine Pauschale (PFG), welche auch für sogenannte Schwerpunktinternisten gilt. Geschmälert wird die morbiditätsbedingte Gesamtvergütung auch durch Kostenpauschalen und weitere zwei Prozent des Volumens, das für die Vergütung außerhalb des praxisbezogenen Regelleistungsvolumens an Leistungen abgerechnet wird, damit diese wenigstens noch abgestaffelt vergütet werden können. Die verbleibenden arztgruppenspezifischen Verteilungsvolumina werden, nach Abzug der Vergütung für Praxisbesonderheiten und auch für Kooperationsformen, für jede Arztgruppe in einen Vergütungsbereich nach dem Regelleistungsvolumen und einen weiteren nach dem qualifikationsgebundenen Zusatzvolumen und schließlich einen Vergütungsbereich für freie Leistungen aufgeteilt.

- **Was bedeuten RLV, QZV und freie Leistungen?**

Nach den Grundsätzen der Honorarverteilung erhält jeder Vertragsarzt einer Arztgruppe ein arztgruppenspezifisches Regelleistungsvolumen (RLV). Es errechnet sich aus der Multiplikation des zum jeweiligen Zeitpunkt gültigen arztgruppenspezifischen Fallwerts und der kurativ-ambulanten Fallzahl des Vertragsarztes im entsprechenden Vorjahresquartal. Einfluss auf das Regelleistungsvolumen hat auch der nach Altersklassen definierte Mobilitätsfaktor der Praxis, der sich erhöht, je mehr Patienten das 60. Lebensjahr überschritten haben. Soweit ein Vertragsarzt der Gruppe von Ärzten angehört, die eine Gebiets- beziehungsweise Schwerpunktbezeichnung nach den Regeln des Honorarverteilungsmaßstabes (HVM) führen dürfen, erhalten diese darüber hinaus ein qualifikationsgebundenes Zusatzvolumen (QZV).

Der Honorarverteilungsmaßstab erlaubt Ausnahmen von der grundsätzlichen Ermittlung des Regelleistungsvolumens / qualifikationsgebundenen Zusatzvolumens mittels der RLV-relevanten Fallzahl aus dem Vorjahresquartal. Gerade bei Jungpraxen erfolgt die Berechnung des Regelleistungsvolumens / qualifikationsgebundenen Zusatzvolumens mittels der RLV-relevanten Fallzahl aus dem aktuellen Abrechnungsquartal. Dies gilt insbesondere bei Neuaufnahme der vertragsärztlichen Tätigkeit (für die ersten vier Quartale ab Zulassungsbeginn). Bei der Bemessung des Regelleistungsvolumens ist die tatsächliche Fallzahl zugrunde zu legen. Hierzu bedarf es keines Antrags, da die Hinterlegung dieser Ausnahme von Amts wegen erfolgt. Das macht allerdings nur dann Sinn, wenn die Praxis zu wachsen verspricht.

Es kann nicht oft genug darauf hingewiesen werden, sich mit der Art und Weise der Honorarabrechnung der Zielpraxis im Einzelnen auseinanderzusetzen, und zwar immer bezogen auf die abgerechneten Werte des Einheitlichen Bewertungsmaßstabes. Dabei kann sich durchaus herausstellen, dass die betreffende Zielpraxis wiederholt im Rahmen der Plausibilitätsprüfung auffällig wurde oder nur die kompliziertesten therapeutischen Maßnahmen abgerechnet worden sind, die nicht unbedingt im normalen Praxisverlauf so häufig vorkommen mögen, wie sie aber in der Vergangenheit von der Zielpraxis abgerechnet und auch vergütet worden sind.

Soweit beispielsweise ein an sich besonders erfreuliches Patientenaufkommen die Leistungsmengen des Regelleistungsvolumens und des qualifikationsgebundenen Zusatzvolumens überschreitet, so erfolgt die Vergütung nur abgestaffelt. Das heißt, sie wird nach einer quartalsweise ermittelten Quote vergütet. Dabei sind Quoten von beispielsweise 9,81 Prozent durchaus an der Tagesordnung. Im Beispielsfall bedeutet die Honorarüberschreitung von Regelleistungsvolumen / qualifikationsgebundenem Zusatzvolumen in Höhe von 86.928,71 Euro bei einer Quote von 9,81 Prozent (nur) 8.527,50 Euro. Es muss sich jeder Arzt entscheiden, ob er wenigstens auf die quotierte Vergütung, Quartal für Quartal, nicht verzichten möchte.

Das Regelleistungsvolumen einer Berufsausübungsgemeinschaft (BAG) wird für jeden der BAG-Partner separat berechnet, jedoch der Berufsausübungsgemeinschaft als eine (Gesamt-) Summe zugewiesen. Insofern setzt sich also das Regelleistungsvolumen für die Berufsausübungsgemeinschaft zusammen aus der Summe der Regelleistungsvolumina für jeden einzelnen Arzt.

Der Begriff „freie Leistungen" ist insofern irreführend, als es sich dabei zwar um Leistungen außerhalb des Regelleistungsvolumens handelt; nach den Grundsätzen der Honorarverteilung wären aber auch die freien Leistungen einer Mengensteuerung

unterzogen. Steigen die freien Leistungen in dem Maße, in dem die Arztkollegen den Anteil ihrer freien Leistungen steigern – ohne Quotierung – würde das Regelleistungsvolumen und qualifikationsgebundene Zusatzvolumen geschmälert, was die Rechtsprechung aus Gründen einer gerechten Lastenverteilung innerhalb der Arztgruppen hingenommen hat. Ob die Vergütung der freien Leistungen dem Arzt genug Anreiz bietet, diese Leistungen weiterhin zu erbringen, wird von der Höhe der zwar quotierten, aber doch absolut erzielbaren Vergütung abhängen.

- **Extrabudgetäre Leistungen**
Wie eingangs beschrieben, handelt es sich hier um Leistungen außerhalb der morbiditätsbedingten Gesamtvergütung. Es betrifft Leistungen des ambulanten Operierens, Schutzimpfungen und die Disease Managementprogramme (DMP). Ist aber der Honorarzuwachs etwa durch eine Jobsharing-Zulassung gedeckt, kann diese Deckelung nicht durch extrabudgetäre Leistungen durchbrochen werden.

3.1.2 Direktverträge mit den gesetzlichen Krankenkassen

Der Vertragsarzt oder Psychotherapeut kann auch mit gesetzlichen Krankenkassen direkt abrechnen, sofern er über eine entsprechende Abrechnungsgenehmigung verfügt. Beispiele hierfür sind Selektivverträge zwischen Betriebskrankenkassen, den allgemeinen Ortskrankenkassen oder auch MediNet. Sie betreffen einzelne Berufsgruppen wie Orthopäden und Urologen. Auch das Konzept der hausarztzentrierten Versorgung beruht auf Selektivverträgen zwischen besonders qualifizierten Hausärzten und den Krankenkassen.

Auch im Rahmen der integrierten Versorgung können Krankenkassen mit Vertragsärzten Direktverträge abschließen. Die Abrechnung erfolgt dann zwischen dem einzelnen Arzt und der entsprechenden Krankenkasse direkt, erfahrungsgemäß sehr aktuell und damit erheblich schneller, als es bei den Kassenärztlichen Vereinigungen der Fall ist. Man muss sich nur gesundheitspolitisch im Klaren sein, dass die Summe aller Honorare, die auf Grundlage von Direktverträgen fließen und von den gesetzlichen Krankenkassen aufgebracht werden müssen, naturgemäß der morbiditätsbedingten Gesamtvergütung fehlt. Insofern bleibt es nicht aus, dass die mit den Kassenärztlichen Vereinigungen abgerechneten Leistungen um den Umfang der durch Selektivverträge aufzubringenden finanziellen Mittel ein geringeres Budget gegenüber der Kassenärztlichen Vereinigung zur Folge haben (müssen).

In jedem Fall ist es zu empfehlen, sich bei den einzelnen gesetzlichen Krankenkassen darüber zu informieren, welche Direkt- beziehungsweise Selektivverträge für das eigene Facharztgebiet bestehen. Allein der Umstand, dass die Zielpraxis über solche Vertragsbeziehungen mit einzelnen Krankenkassen verfügt, heißt nicht, dass der Kaufinteressent in diese Vertragsbeziehung ohne weiteres eintreten könnte. Diese Verträge sind an die jeweilige Person gebunden und daher nicht übertragbar.

An das Honorarvolumen der Zielpraxis kann der Praxisübernehmer also nur dann anknüpfen, wenn er sich rechtzeitig mit den Krankenkassen in Verbindung setzt, um so gegebenenfalls über dieselbe Abrechnungsbefugnis und damit Honorargrundlage verfügen zu können, wie es bei der Zielpraxis vor Praxisübergabe der Fall ist. Erfahrungsgemäß sind die Vergütungen aus den Direktverträgen höher als vergleichbare Leistungen, die mit den Kassenärztlichen Vereinigungen abgerechnet werden können. Der Praxisübernehmer muss dann aber auch bereit sein, einen etwaigen Mehraufwand für Qualitätssicherungsmaßnahmen und etwa Dokumentationen in Kauf zu nehmen. Sofern die Zielpraxis Umsätze aufgrund einer Ermächtigung erzielt, ist zweierlei zu prüfen:

Handelt es sich dabei um Leistungen, die fachgebietskonform sind? Ist diese Ermächtigung vielleicht nur befristet und außerdem höchstpersönlicher Art, das heißt also an die Person des Ermächtigten gebunden?

Zusammenfassend kann dem Praxisübernehmer nicht dringend genug ans Herz gelegt werden, sich mit den Honorarabrechnungen der Kassenärztlichen Vereinigung am besten der letzten acht Quartale zu einer Abrechnungsberatung in der zuständen Kassenärztlichen Vereinigung zu bemühen, um

- die Besonderheiten der Praxis in Erfahrung zu bringen,
- Aufschluss über das Abrechnungsverhalten des jeweiligen Arztes in Erfahrung zu bringen und
- Praxisbesonderheiten zu erkennen, die nicht ohne weiteres vom Praxisübernehmer aus den Abrechnungsunterlagen herausgelesen werden können.

Weiterhin ist für den neu niedergelassenen Arzt zu überlegen, ob er den Status einer Neupraxis in Anspruch nehmen möchte und damit die Zuweisung des Regelleistungsvolumen-Fallwertes, multipliziert mit der Durchschnittsfallzahl seiner Arztgruppe. Auch hier ist dringend zu empfehlen, sich zeitnah mit der Abrechnungsberatung in Verbindung zu setzen, um entscheiden zu können, entweder einen Entwicklungszeitraum von weiteren acht Quartalen zu beanspruchen oder – bei entsprechender Entwicklung – die tatsächlich erreichten Umsätze auch vergütet zu erhalten.

Bei längerer Krankheit oder Abwesenheit des Praxisabgebers im Vorjahresquartal, beziehungsweise auch bei Schließung einer Praxis in der Nachbarschaft, können die Kassenärztlichen Vereinigungen auf Antrag dem Nachfolger Ausnahmen gewähren. Will man dagegen als neu niedergelassener Arzt in eine Berufsausübungsgemeinschaft eintreten, wird das Regelleistungsvolumen (RLV) anhand der RLV-relevanten Fallzahl aus dem aktuellen Quartal berechnet. Für die anderen Praxispartner gilt die reguläre Fallzahl aus dem Vorjahresquartal.

Wenn die tatsächliche Fallzahl während des Neupraxisstatus in einem Quartal geringer ausfällt als im Vorjahresquartal, gilt für die Abrechnung immer die tatsächliche Fallzahl. Insofern können sich der Antrag und die Entscheidung für die Anwendung der aktuellen Quartalsfallzahlen durchaus auch nachteilig auswirken, wenn in der eigentlich zu erwartenden Wachstumsphase die Fallzahlen der Praxis im Abrechnungsquartal im Vergleich zum Vorjahresquartal wider Erwarten rückläufig sind.

3.2 Die privatärztliche Vergütung

Neben der vertragsärztlichen Vergütung steht die Liquidation aus privatärztlichen Leistungen, wozu auch die individuellen Gesundheitsleistungen zählen. Grundlage für die Abrechnung privatärztlicher Leistungen ist der zwischen dem Patienten und dem Arzt geschlossene Arztvertrag, der der Rechtsnatur nach ein Dienstvertrag ist. Da auch der Beruf des Arztes der Berufsfreiheit unterliegt, hat er die Freiheit, das Entgelt für die beruflichen Leistungen selbst festzusetzen oder mit dem jeweiligen Vertragspartner auszuhandeln. Der ärztliche Honoraranspruch besteht allerdings nur gegenüber Privatpatienten, das heißt solchen Patienten, für die kein sonstiger sozialrechtlicher Kostenschuldner (gesetzliche Krankenkassen, Sozialhilfe) eintrittspflichtig ist. Dabei spielt es keine Rolle, ob der Patient selbst privatversichert ist oder nicht. Anders verhält es sich, wenn es sich um einen Patienten handelt, der bei einer gesetzlichen Krankenversicherung nur freiwillig versichert ist und von der Möglichkeit Gebrauch macht, sich privat behandeln zu lassen; er wählt dann anstelle der Sach- oder Dienstleistung die Kostenerstattung für privatärztlich empfangene Leistungen. Selbst den gesetzlich Versicherten ist es freigestellt, die Behandlungskosten selbst zu tragen. Die Behandlung als Privatpatient muss allerdings ausdrücklich und zu Beweiszwecken, am besten schriftlich, vereinbart sein.

Der Privatpatient schuldet die nach dem Behandlungsvertrag vereinbarte Vergütung. Die Höhe der Vergütung wird allerdings durch die gesetzlich zwingend anzuwendende Gebührenordnung für Ärzte (GOÄ) bestimmt. Die Gebührenordnung für Ärzte führt unter anderem ärztliche Leistungen auf, die der Arzt in der Regel insoweit berechnen kann, als er sie selbständig erbracht hat oder sie unter seiner Aufsicht nach fachlicher Weisung erbracht wurden. Neben diesen Gebühren dürfen aber keine Kosten der Praxis geltend gemacht oder etwa der Einsatz von medizinischen Geräten gesondert berechnet werden. In besonderen Fällen ist es möglich, Gebühren auch für nicht im Gebührenverzeichnis aufgeführte Leistungen zu berechnen, und zwar in analoger (also entsprechender) Anwendung. Der Arzt ist aber gut beraten, eine solch analoge Anwendung gut zu begründen, zumal dann, wenn der (Privat-) Patient den Streit über die sachgerechte Anwendung einer Analogie den ihn behandelnden Arzt mit seiner privaten Krankenversicherung austragen lässt. Welche Gebühren nach der Gebührenordnung für Ärzte der Arzt letztendlich in Rechnung stellen darf, ermisst sich zunächst nach dem Gebührenrahmen und zwar in dem 1- bis 2,3-fachen Gebührensatz. Gebühren, die über den 2,3-fachen Gebührenrahmen hinausgehen, muss der Arzt verständlich und nachvollziehbar schriftlich begründen. Infolgedessen hat sich der 2,3-fache Gebührenwert als Regelgebühr herausgestellt. Nach einer Statistik des Verbandes der Privaten Krankenversicherer haben 93,46 Prozent aller Ärzte Gebühren in Höhe des 2,3-Fachen des Gebührensatzes berechnet, nur 4,56 Prozent berechneten nach einer geringeren Steigerungsrate und nur 1,98 Prozent dagegen das 2,4- bis 3,5-fache.

Unter gewissen Voraussetzungen kann der privatärztlich tätige Arzt eine von der Gebührenordnung für Ärzte abweichende Gebührenvereinbarung mit dem Patienten vereinbaren. Diese Vereinbarung ist formbedürftig. Sie muss schriftlich erfolgen und neben der Nummer und der Bezeichnung der Leistung, dem Steigerungssatz und dem vereinbarten Betrag auch die Feststellung enthalten, dass eine Erstattung der Vergütung durch Erstattungsstellen möglicherweise nicht in vollem Umfang gewährleistet ist. Sofern die Vereinbarung noch weitere Erklärungen enthält, ist sie formnichtig. Der Arzt hat zudem zahlungspflichtigen Patienten einen Abdruck der Vereinbarung auszuhändigen. Mündlich getroffene Honorarvereinbarungen sind demgemäß unwirksam. Über die Höhe der vereinbarten Steigerungsrate lässt sich keine allgemeine Aussage treffen. Es wird verlangt, einen überdurchschnittlichen Steigerungssatz in der Honorarvereinbarung zu begründen; sie darf im Übrigen nach der Musterberufsordnung der Ärzte ohnehin nicht unangemessen sein. Keine Honorarvereinbarung ist möglich für medizinische Leistungen (zum Beispiel Laboratoriumsuntersuchungen, Strahlendiagnostik).

Aus der Praxiserfahrung kann auch für jede privatärztliche Behandlung nur dringend der Abschluss eines schriftlichen Behandlungsvertrages empfohlen werden. Wie eingangs angeregt, sollte von einem nicht in Deutschland wohnhaften Patienten ein Vorschuss abverlangt werden, der in etwa der Höhe des zu erwartenden Honoraranspruchs entspricht, wenn sich nicht der Behandler um seinen Honoraranspruch geprellt sehen will. Nur der Vollständigkeit halber ist zu erwähnen, dass auch nicht medizinisch gebotene Behandlungen eine Honorarvereinbarung nicht ausschließen. Insofern gelten die Beschränkungen, denen der Vertragsarzt unterliegt, im privatärztlichen Bereich nicht.

Abschließend ist es schwer vorauszusagen, ob es dem Praxisübernehmer gelingt, auch die Privatpatienten seines Vorgängers an sich zu binden. Um hier einen möglichst reibungslosen Übergang im Sinne des Praxisübernehmers zu erreichen, sollte eine mindestens sechsmonatige Tätigkeit in der zu übernehmenden Praxis stattfinden, um dem Praxisübernehmer so die Chance zu bieten, das Privatklientel auch für sich zu gewinnen und dauerhaft an die Praxis zu binden.

Der Facharzt

© Springer-Verlag GmbH Deutschland 2017
G. Bierling, H. Engel, A. Mezger, D. Pfofe, W. Pütz, D. Sedlaczek, *Arztpraxis – erfolgreiche Übernahme*,
Erfolgskonzepte Praxis- & Krankenhaus-Management, DOI 10.1007/978-3-662-54570-6_4

Wer als Arzt die Heilkunde ausüben will, muss sich zunächst um seine Approbation bemühen. Als Allgemeinarzt, Chirurg oder Internist darf sich nur derjenige Arzt bezeichnen, der auch eine (Gebiets-) Anerkennung für das jeweilige Gebiet nachweisen kann („Facharzt für … "). Das Fünfte Buch des Sozialgesetzbuchs (SGB V), das das Recht der gesetzlichen Krankenversicherungen regelt, schreibt für den Zugang zur vertragsärztlichen Versorgung den erfolgreichen Abschluss einer Facharztweiterbildung vor, sofern es sich nicht um einen praktischen Arzt alter Prägung handelt.

4.1   Weiterbildungsordnung

Während am Ende der ärztlichen Ausbildung die Approbation steht, endet die Weiterbildung (erst) mit der Anerkennung einer Gebietsbezeichnung. Zwar darf sich nach erfolgreicher Ausbildung der approbierte Arzt als solcher bezeichnen, will er sich dagegen als Facharzt qualifizieren, muss er eine spezifische Weiterbildung durchlaufen. Diese dient der Spezialisierung und Vertiefung seines medizinischen Fachwissens auf einem eingegrenzten Fachgebiet. In welchem Umfang mehrere Gebietsbezeichnungen geführt werden dürfen, ist nicht unumstritten. Es wird aber die wohl (herrschende) Meinung vertreten, es müsse erlaubt sein, soweit es sich um nah verwandte Gebiete und um Fächerkombinationen handelt, die sich zu einer einheitlichen Fachpraxis mit funktionellen, aufeinander bezogenen Einzeltätigkeitsgebieten ausgestalten lassen. Als Beispiel wird in diesem Zusammenhang die Innere Medizin und Onkologie genannt. So halten sich die landesgesetzlichen Weiterbildungsordnungen im Wesentlichen an die Musterweiterbildungsordnung (MWBO) der Bundesärztekammer.

Eine erfolgreich durchlaufene Weiterbildung schließt mit der Anerkennung einer Facharzt-, Schwerpunkt- oder Zusatzbezeichnung durch die zuständige Ärztekammer ab. Die Entscheidung über die Anerkennung einer Facharzt- oder Schwerpunktbezeichnung oder Zusatzqualifikation trifft die zuständige Ärztekammer aufgrund der vorgelegten Zeugnisse und einer ergänzenden Prüfung vor dem Prüfungsausschuss. Nur wer die innerhalb eines Schwerpunktes vorgeschriebenen Weiterbildungsinhalte und -zeiten abgeleistet und in einer Prüfung die dafür erforderliche Kompetenz nachgewiesen hat, erhält als Facharzt eine Schwerpunktbezeichnung; entsprechendes gilt für die Zusatzweiterbildung.

Auch kann eine Weiterbildung im Ausland erfolgen. Handelt es sich bei dieser um eine der deutschen Weiterbildungsordnung gleichwertige Weiterbildung, so erwirbt der betreffende Arzt einen Anspruch auf Anrechnung dieser Zeit. Allerdings muss auch der deutsche Bewerber, dessen ausländische Weiterbildungszeit in vollem Umfang anerkannt wird, zusätzlich eine mindestens 12 Monate andauernde Weiterbildungszeit auf dem angestrebten Facharztschwerpunkt in der Bundesrepublik Deutschland ableisten. Diese Vorschrift verfolgt das Ziel, den Bewerber mit der Praxis der Krankenversorgung und den maßgebenden arzt- und sozialversicherungsrechtlichen Regeln vertraut werden zu lassen. Danach hat der Bewerber gegen die Ärztekammer einen Anspruch, eine Anerkennungsurkunde ausgestellt zu erhalten. Das gilt nur dann nicht, wenn wesentliche Unterschiede nicht durch die Berufspraxis ausgeglichen werden. Hierüber muss die Ärztekammer einen Bescheid erlassen, verbunden mit dem Angebot, sich einer Eignungsprüfung zu unterziehen. Die Ärztekammer ist verpflichtet, auf Anfrage Auskunft zur Weiterbildungsordnung und zum Verfahren der Anerkennung zu geben.

4.2   Schwerpunkt

Ein Schwerpunkt wird durch eine auf der Facharztweiterbildung aufbauende Spezialisierung auf seinem Gebiet beschrieben. Wer die innerhalb eines Schwerpunktes vorgeschriebenen Weiterbildungsinhalte und -zeiten abgeleistet und in einer Prüfung die dafür erforderliche fachliche Kompetenz nachgewiesen hat, erhält eine Schwerpunktbezeichnung. Die in der Schwerpunktkompetenz vorgeschriebenen Weiterbildungsinhalte beschränken auf der anderen Seite nicht die Ausübung der eigentlichen fachärztlichen Tätigkeit im Gebiet.

In allen Berufsordnungen der Bundesländer sind die zurzeit 33 Gebiets-, Facharzt- und Schwerpunktkompetenzen zusammengefasst. Die Schwerpunktbezeichnungen dürfen allerdings nur zusammen mit der zugehörigen Facharztbezeichnung geführt werden.

Wie bei den Grundsätzen der Honorarverteilung dargestellt, gliedert sich die vertragsärztliche Versorgung in die hausärztliche und die fachärztliche Versorgung. An der hausärztlichen Versorgung nehmen teil:

- Allgemeinärzte
- Kinderärzte
- Internisten ohne Schwerpunktbezeichnung, welche die Teilnahme an der hausärztlichen Versorgung gewählt haben
- Ärzte, die bis zum 31.12.1995 die Bezeichnung „Praktischer Arzt" erworben haben, oder solche mit vergleichbaren Ausbildungsnachweisen
- Ärzte, die am 31.12.2000 an der hausärztlichen Versorgung teilgenommen haben (Hausarzt)

4.3 Zusatzbezeichnungen

Die Zusatzbezeichnungen, die regelmäßig in den Weiterbildungsordnungen der Landesärztekammern aufgeführt sind, dürfen nur zusammen mit der Bezeichnung „praktischer Arzt" oder einer Facharztbezeichnung geführt werden. Zusatzbezeichnungen, die bestimmten Gebieten zugeordnet sind, dürfen nur zusammen mit den zugeordneten Facharztbezeichnungen geführt werden. Ist eine Zusatzweiterbildung integraler Bestandteil einer Facharztweiterbildung, so hat derjenige, der solche Facharztbezeichnungen führt, das Recht, außerdem diese Zusatzbezeichnung zu führen. Hat ein Arzt die Anerkennung für mehrere Zusatzbezeichnungen erhalten, dann darf er sie auch nebeneinander führen.

Aus Sicht des Praxisübernehmers macht es unbedingt Sinn, sich um dieselben Schwerpunkte beziehungsweise Zusatzbezeichnungen zu bemühen, über welche der Praxisabgeber verfügt. Auf diese Weise ist soweit wie möglich gesichert, den vorhandenen Patientenstamm nicht nur angemessen zu versorgen, sondern ihn im Ergebnis auch zu übernehmen.

4.4 Fortbildung

Die Pflicht, sich fachlich fortzubilden, ist in den jeweiligen ärztlichen Berufsordnungen der Länder geregelt. Für Vertragsärzte ergibt sich die Fortbildungspflicht aus dem Fünften Buch des Sozialgesetzbuches. Die Fortbildung ist durch Zertifikate (der jeweiligen Ärztekammer) nachzuweisen. Die Fortbildungsverpflichtung gilt modifiziert auch für angestellte Ärzte, die Mitglieder eines Medizinischen Versorgungszentrums sind und entsprechend für ermächtigte Krankenhausärzte.

Der Vertragsarzt hat den Fortbildungsnachweis alle fünf Jahre gegenüber der Kassenärztlichen Vereinigung zu erbringen. Wenn er in dem zurückliegenden Fünfjahreszeitraum seiner Fortbildungspflicht nicht nachgekommen sein sollte, ist die Kassenärztliche Vereinigung gesetzlich verpflichtet, das an ihn zu zahlende Honorar aus der Vergütung vertragsärztlicher Tätigkeit für die ersten vier Quartale, die auf den Fünfjahreszeitraum folgen, um 10 Prozent zu kürzen, ab dem darauffolgenden Quartal um 25 Prozent. Weigert sich der Vertragsarzt beharrlich, sich fortzubilden, so kann dies als grober Verstoß gegen seine vertragsärztlichen Verpflichtungen bewertet werden und zur Entziehung seiner vertragsärztlichen Zulassung führen. Aus haftungsrechtlichen Gründen muss jeder approbierte Arzt ohnehin gewährleisten, bei Diagnosen und Therapien den jeweils aktuellen medizinischen Facharztstandard zu verwirklichen. In ständiger Rechtsprechung wird dieser Grundsatz angewendet, von den gerichtlich bestellten medizinischen Sachverständigen geprüft und vom Gericht regelmäßig abgefragt, ob der Facharztstandard vom behandelnden Arzt im konkreten Einzelfall auch tatsächlich eingehalten worden oder fahrlässig oder gar grob fahrlässig nicht eingehalten worden ist.

Wie sieht die geeignete Praxis aus?

© Springer-Verlag GmbH Deutschland 2017
G. Bierling, H. Engel, A. Mezger, D. Pfofe, W. Pütz, D. Sedlaczek, *Arztpraxis – erfolgreiche Übernahme*,
Erfolgskonzepte Praxis- & Krankenhaus-Management, DOI 10.1007/978-3-662-54570-6_5

Nachdem der Praxisübernehmer eine für sich bereits erste wichtige Frage geklärt hat, nämlich ob er sich – dem eigenen Typ entsprechend – nach einer geeigneten Praxis oder nach einem geeigneten Praxisanteil umschauen wird, geht es in diesem Kapitel etwas mehr ins Detail. Denn nun muss der Praxisübernehmer die weiteren beziehungsweise weiterführenden Fragen für sich klären, wie genau eigentlich die für ihn geeignete Praxis beziehungsweise der geeignete Praxisanteil aussehen soll.

Dafür muss er sich zunächst darüber im Klaren sein, wie genau die Praxis / der Praxisanteil aussehen muss, soll oder darf, mit anderen Worten, welche Grenzen seinen Wünschen gesetzt werden müssen.

Geklärt werden sollte nämlich zunächst, welche gesetzlichen oder weiteren Vorgaben der Praxisübernehmer erfüllen und beachten muss und welche er davon seinerseits auch erfüllen kann oder eben nicht. Erst wenn der Rahmen des rechtlich, aber auch wirtschaftlich, Möglichen geklärt ist, sollten die eigenen Wünsche formuliert werden, um sich so unnötige Enttäuschungen zu ersparen. Denn jedenfalls im vertragsärztlichen Bereich muss der Praxisübernehmer alle Voraussetzungen einer vertragsärztlichen Zulassung erfüllen und diese auch nachweisen können, so beispielsweise seinen Eintrag in das Arztregister, seine Approbation oder seine Anerkennung als Facharzt, gegebenenfalls auch die Berechtigung zum Führen einer Schwerpunkt- oder Zusatzbezeichnung. Hierzu gehört nämlich auch, dass der Praxisübernehmer grundsätzlich dieselbe(n) oder dementsprechende Facharztbezeichnung(en) im Sinne des jeweiligen Berufsrechts (vertragsarztrechtlicher Bereich) besitzen muss oder soll wie der Praxisabgeber.

Eine Ausnahme von diesem Grundsatz gilt lediglich innerhalb der Gruppe der Hausärzte (genauer der im hausärztlichen Versorgungsbereich tätigen Ärzte). Hier können nach den Vorgaben des Rechts der gesetzlichen Krankenversicherung Fachärzte für Allgemeinmedizin, Kinderärzte und Internisten ohne Schwerpunktbezeichnung, die den hausärztlichen Versorgungsbereich gewählt haben, sowie praktische Ärzte Praxisübernehmer sein.

Ob es sich um eine „entsprechende" Facharztbezeichnung handelt, kann aber gerade bei vor längerer Zeit erworbenen Facharzt- beziehungsweise Schwerpunktbezeichnungen problematisch sein, wenn sich die Bezeichnungen und die zum Führen der Bezeichnung notwendigen Weiterbildungsinhalte mittlerweile verändert haben. So wird zum Beispiel die Vergleichbarkeit eines Facharztes für Orthopädie und Unfallchirurgie und eines Facharztes für Chirurgie zum Teil unterschiedlich beurteilt. Die Frage, inwieweit eine nach altem und neuem Weiterbildungsrecht erworbene Bezeichnung vergleichbar ist, regelt die jeweilige Landesärztekammer eines jeden Bundeslands in den Übergangsbestimmungen ihrer Weiterbildungsordnungen selbst. Gegebenenfalls müssen dann noch Tätigkeitsnachweise auf dem einen oder anderen Gebiet beigebracht und ein entsprechendes Anerkennungsverfahren durchlaufen werden.

Vorsicht ist beispielsweise auch auf dem Gebiet der Inneren Medizin geboten. Unter dem Begriff der fachärztlichen Internisten sind im Rahmen der Bedarfsplanung, hier genauer gesagt der sogenannten spezialisierten fachärztlichen Versorgung, alle Fachärzte für Innere Medizin in einer Arztgruppe im Sinne des Bedarfsplanungsrechts zusammengefasst, die nicht an der hausärztlichen Versorgung teilnehmen – und zwar ohne Rücksicht darauf, ob sie beispielsweise im Bereich Pneumologie, Gastroenterologie oder Kardiologie tätig sind. Dasselbe gilt auch für andere Facharztgruppen, in denen innerhalb einer Arztgruppe mehrere Facharztbezeichnungen existieren, so zum Beispiel auch innerhalb der Arztgruppe der Chirurgen, unter die nicht nur Fachärzte für allgemeine Chirurgie, sondern unter anderem auch Fachärzte für Kinderchirurgie, Viszeralchirurgie oder für Plastische und Ästhetische Chirurgie fallen.

Nicht nur theoretisch kann also durchaus ein Kardiologe eine nephrologische Praxis oder ein Plastischer Chirurg eine kinderchirurgische Praxis übernehmen oder umgekehrt.

So müssen die Zulassungsausschüsse jedoch schon aus Gründen der Fortführung der Versorgung der gesetzlich versicherten Patienten (Versorgungskontinuität) darauf achten, möglichst dieselbe oder zumindest einen dem möglichst nahekommenden Bewerber im Nachbesetzungsverfahren zu begünstigen – sofern ein solcher Bewerber eben vorhanden ist.

Bei Praxen mit weitergehenden Spezialisierungen, gerade im Hinblick auf Schwerpunktbezeichnungen und/oder Zusatzweiterbildungen im Sinne des jeweiligen Berufsrechts, sollte der Praxisübernehmer darüber hinaus auch diese Qualifikationen besitzen, muss dies aber nicht. Auf diese Weise kann die Fortführung der Praxis am selben Ort im Hinblick auf die oben bereits erwähnte Versorgungskontinuität für die Patienten – und darauf hat jeder Zulassungsausschuss tunlichst zu achten – am einfachsten, aber auch am sichersten gewährleistet werden. Nebenbei erhöhen sich dadurch auch die Chancen des gewünschten Praxisübernehmers, die Zulassung letztlich auch zu erhalten.

Zuletzt sollte der Praxisübernehmer auch alle übrigen Qualifikationen besitzen, die von einem Arzt derselben Fachgruppe im Hinblick auf den zumindest anerkannten, wenn nicht sogar neuesten Stand der medizinischen Wissenschaft erwartet werden können. Dies gilt schon allein deshalb, weil der Praxisübernehmer sich so am ehesten sicher sein kann, den dann käuflich erworbenen Goodwill der Praxis voll nutzen zu können. Verfügt er über eine Zusatzbezeichnung oder Ähnliches nicht, über die der Praxisabgeber aber verfügt, muss die hierauf entfallene Vergütung zunächst einmal vom erhofften Gewinn abgezogen werden. Verfügt der Praxisübernehmer hingegen über eine andere Zusatzbezeichnung, so muss er erst einmal entsprechende Patienten generieren und sich insoweit einen Patientenstamm erarbeiten, der dann – gegebenenfalls erst zu einem späteren Zeitpunkt – Gewinne abwerfen wird.

Sobald nun also die rechtlichen – und damit in erster Linie fachlichen – Voraussetzungen festgestellt sind, sollten auch die persönlichen Erwartungen des Praxisübernehmers an den Praxisabgeber herausgearbeitet werden, um so herausfinden zu können, wie die eine Praxis oder der eine Praxisanteil unter vielen, die/der gesucht, gefunden und übernommen werden soll, auszusehen hat oder aussehen sollte.

Der Praxisabgeber und der Praxisübernehmer sollten sich auch hier idealerweise im Wesentlichen ähnlich und einig sein, was beispielsweise Behandlungsstil und -weise sowie den Umgang mit Kollegen oder Praxispersonal anbelangt. Solche „soft facts" erlangen vor allem auch dann besondere Bedeutung, wenn beide Seiten vor oder nach der geplanten Übernahme zusammenarbeiten wollen oder ein Anteil an einer Berufsausübungsgemeinschaft oder einem Medizinischen Versorgungszentrum abgegeben werden soll, wobei auch gilt, die Persönlichkeiten

der anderen Gesellschafter zu berücksichtigen. In den letzteren beiden Fällen sollte sich der Praxisbeziehungsweise Anteilsübernehmer dann selbstverständlich in fachlicher und auch in charakterlicher Ausrichtung in das Team der übrigen Gesellschafter problemlos einfügen, zumal von deren gesellschaftsrechtlicher Zustimmung im Regelfall auch die Entscheidung abhängt, ob ein Praxisanteil übernommen werden kann oder nicht. Nicht zuletzt berücksichtigt auch der Zulassungsausschuss die (fehlende) Zustimmung der anderen Gesellschafter bei seiner Abwägungsentscheidung. Wenn möglich, wird der Zulassungsausschuss keiner Berufsausübungsgemeinschaft beziehungsweise keinem Medizinischen Versorgungszentrum einen Gesellschafter „aufdrücken", mit dem diese partout nicht zusammenarbeiten möchten. Dies kann auch nicht im Sinne einer optimalen Versorgung der (gesetzlich versicherten) Patienten sein.

Auch in zwischenmenschlicher Hinsicht sollten also beiden Seiten „gut miteinander können". Der potenzielle Praxisübernehmer sollte gründlich „auf Herz und Nieren" überprüft werden, um mögliche Reibungspunkte schnell identifizieren und ausräumen oder noch rechtzeitig die Reißleine ziehen zu können. Die Reißleine sollte nämlich spätestens dann gezogen werden, bevor sich unter Umständen – sogar irreparable – Schäden in Form von bereits vorgenommenen Dispositionen, vor allem in finanzieller Hinsicht, realisiert haben, die gegebenenfalls gar nicht oder nur schwer wieder rückgängig gemacht werden können. Man denke zum Beispiel an Verträge, die eine langjährige (finanzielle) Bindung bewirken, die entweder nur mit Verlust gekündigt oder erst im Hinblick auf eine bereits scheinbar konkret gewordene Übernahme eingegangen worden sind, wie zum Beispiel Leasingverträge für medizinische Großgeräte (MRT/CT) oder Arbeitsverträge mit neuem Personal.

Nicht zuletzt muss der Praxisübernehmer selbstverständlich aber auch in wirtschaftlicher Hinsicht in der Lage sein, den vereinbarten Kaufpreis zu zahlen.

Wo finde ich die geeignete Praxis?

© Springer-Verlag GmbH Deutschland 2017
G. Bierling, H. Engel, A. Mezger, D. Pfofe, W. Pütz, D. Sedlaczek, *Arztpraxis – erfolgreiche Übernahme,*
Erfolgskonzepte Praxis- & Krankenhaus-Management, DOI 10.1007/978-3-662-54570-6_6

Nachdem nun alle Details geklärt sind, wie die Praxis oder der Praxisanteil aussehen soll oder muss, stellt sich die Frage, wo genau eine solche Praxis beziehungsweise ein solcher Praxisanteil gesucht und gefunden werden kann.

Bei der Suche einer geeigneten Praxis oder eines geeigneten Praxisanteils sollte der Fokus im Zweifel nicht nur auf ein einziges Objekt gelegt und unter Umständen und je nach Marktlage zu viel Geld in die Hand genommen werden. Dem Praxisübernehmer stehen bei der Suche nach der geeigneten Praxis beziehungsweise des geeigneten Praxisanteils einige Möglichkeiten zur Verfügung:

6.1   Praxisbörsen

Praxisbörsen gibt es in vielfältiger Art. So können Inserate (möglichst mit Chiffre) bei ärztlichen Fachzeitschriften deutschlandweit, zum Beispiel Deutsches Ärzteblatt, oder landesweit, zum Beispiel Ärzteblatt Baden-Württemberg/Bayern/Berlin, gefunden werden.

Viele Möglichkeiten, teils kostenlos, teils kostenpflichtig, bietet auch das Internet, so beispielsweise unter www.praxisboerse.de, www.praxistransfair.de oder aber auch unter www.praxisboerse-hausarzt.de.

6.2   Kassenärztliche Vereinigungen

Praxisbörsen werden auch bei den meisten Kassenärztlichen Vereinigungen angeboten. Beispielsweise bietet die Kassenärztliche Vereinigung Baden-Württemberg auf ihrer Website unter anderem eine Börse mit Praxisangeboten an, unabhängig von den Ausschreibungen im Nachbesetzungsverfahren, die dieses aber in keinem Falle ersetzen.

Zudem sollte sich ein übernahmewilliger Arzt unbedingt schnellstmöglich auf die bei den Kassenärztlichen Vereinigungen geführten Wartelisten setzen lassen. Dies ist nicht nur im Rahmen eines Nachbesetzungsverfahrens höchst ratsam, da es sich bei der Länge der Zeit, in der sich ein Arzt auf der Warteliste befindet, um ein vom Zulassungsausschuss

zu berücksichtigendes und abzuwägendes Kriterium handelt.

Sofern ein übernahmewilliger Arzt die Kassenärztliche Vereinigung insoweit ermächtigt hat, darf diese darüber hinaus dessen Kontaktdaten an einen übergabewilligen Arzt weitergeben, der dann die aufgelisteten Ärzte und mögliche Kandidaten einer Praxisübernahme gezielt ansprechen kann.

Darüber hinaus bieten die meisten Kassenärztlichen Vereinigungen auch Praxisübergabe- und Existenzgründerseminare an, im Rahmen derer auch mögliche Kontakte geknüpft werden können.

Die Niederlassungsberatungen der Kassenärztlichen Vereinigungen helfen hier im Übrigen auch sonst gerne weiter und verfügen oft über sehr hilfreiche und kostenlose Angebote an Serviceleistungen, Informationsbroschüren oder andere für ihre Mitglieder und solche, die es werden wollen beziehungsweise müssen (bei der Mitgliedschaft in einer Kassenärztlichen Vereinigung handelt es sich für Vertragsärzte um eine verfassungsgemäße öffentlich-rechtliche Pflichtmitgliedschaft, von der auch keine ausnahmsweise Befreiung möglich ist).

Es sollte also nicht gezögert werden, frühzeitig an seine Kassenärztliche Vereinigung heranzutreten und diese mit ins Boot zu holen.

6.3   Kommunen

Wenn man sich als Praxisübernehmer bereits aus Gründen der Familienplanung oder aus anderen Gründen dafür entschieden hat, sich in einem bestimmten räumlichen Bereich niederlassen zu wollen, warum dann nicht einfach auf die entsprechende Gemeinde, Stadt, Gebietskörperschaft etc. zugehen? Nicht nur in akut unterversorgten Gebieten ist es für Kommunen von zentraler Bedeutung, einen Hausarzt, aber vielleicht auch bestimmte andere Facharztgruppen, vor Ort zu haben.

Während die Hälfte der Kommunen überhaupt keine Aktivitäten planen und passiv bleiben, entwickeln immerhin einige wenige Kommunen eine langfristige Strategie. Warum also nicht auf die völlig Planlosen gegebenenfalls mit einem bereits vorhandenen Konzept, das es nur noch umzusetzen gilt, zugehen (Fragen kostet ja nichts) oder etwaige vorhandene Angebote nutzen, die sich vielleicht finanziell sogar noch lohnen können?

6.4 Netzwerke

Vielfältige Möglichkeiten, eine geeignete Praxis zu finden oder in Kontakt mit möglichen Interessenten treten zu können, bieten auch Netzwerke, so beispielsweise die einschlägigen Facharztverbände und/oder – ganz naheliegend – Berufskollegen, beispielswiese solche, die in Qualitätszirkeln oder Peer-Verfahren, Praxisnetzen oder Ähnlichem organisiert sind. Nicht zuletzt bieten zum Teil auch größere Hersteller und/oder Händler von Praxisbedarf oder medizinischen Geräten sowie Dienstleistungsanbieter im Heilberufler-Bereich als Dienstleistung eine Plattform, auf der sich Praxisabgeber und Praxisübernehmer finden können. Auch bei den einschlägigen ärztlichen Fortbildungs- und Weiterbildungsinstituten oder -akademien sind oft Praxisbörsen angesiedelt, die zum Teil sogar kostenlos in Anspruch genommen werden können.

6.5 Sonstiges

In vielen Fällen sind die vor- beziehungsweise nachgenannten Möglichkeiten bereits erfolgreich, sodass die unter Umständen mit erheblichen Kosten oder Beschränkungen verbundenen weiteren Möglichkeiten nicht ergriffen werden müssen.

Wer sichergehen will, kann zusätzlich oder sollte bei drohender Erfolglosigkeit unbedingt Makler, Headhunter oder auch Finanzdienstleister einschalten, die aus dem Kreis ihrer Bestandskunden abgabewillige Ärzte kennen und wegen der möglichen Finanzierung des Praxis(anteils)kaufpreises ein lebhaftes Interesse am „Matching" haben. Sie bieten darüber hinaus zudem auch oft Seminare für Praxisabgeber oder Existenzgründer im Heilberufler-Bereich an.

In jedem Fall sollten jedoch die Vermittler auf Seriosität hin überprüft und die entsprechenden Vermittlungsverträge vollständig und genau durchgelesen und geprüft werden.

Diese enthalten nämlich oft sogenannte Alleinvermittlungsklauseln, wonach sich der übernahmewillige Arzt für eine bestimmte Zeit, oftmals für sechs Monate, verpflichtet, nur diesen einen Vermittler in Anspruch zu nehmen.

Wer einen solchen Vertrag unterschreibt, beschränkt seine Möglichkeiten einer Eigeninitiative je nach Ausgestaltung der Klausel dann natürlich stark oder verbietet sie sogar gänzlich. Bei Zuwiderhandlung, also zum Beispiel Kündigung vor Ablauf der bestimmten Zeit, privatem Finden einer Praxis oder eines Praxisanteils oder bei Einschaltung eines oder mehrerer weiterer Makler, sehen diese Verträge dann oft auch empfindliche Sanktionen vor, wie zum Beispiel die Berechtigung, die Provision gleichwohl fordern zu können, und/oder das Verwirken einer mehr oder minder empfindlichen Vertragsstrafe.

Außerdem sollte auch besonderes Augenmerk auf die Honorargestaltung im Vermittlervertrag gelegt werden:

Während sich einige Vermittler allein ein Erfolgshonorar versprechen lassen und damit ihr Honorar grundsätzlich nur im Falle des Abschlusses eines – wirksamen – Vertrages zwischen Praxisübernehmer und Praxisabgeber beanspruchen können, verlangen andere bereits ein Grundhonorar allein für ihre Bemühungen der Vermittlung.

Sämtliche Kosten, die im Zusammenhang mit der Suche nach einer geeigneten Praxis oder einem geeigneten Praxisanteil stehen, wie beispielsweise Maklerkosten, Kosten für Zeitungsinserate, Fahrtkosten zu Praxisbesichtigungen, anfallende Gebühren, wie zum Beispiel der Kassenärztlichen Vereinigung oder des Zulassungsausschusses, stellen übrigens aus steuerlicher Sicht Betriebsausgaben dar, die im Falle der Praxisübernahme oder von der Steuer abgesetzt werden können. Es kann also nur dringend empfohlen werden, entsprechende Belege aufzubewahren und sich, beispielsweise im Hinblick auf Fahrtkosten, Aufzeichnungen zu machen, wann, wo und was genau mit wem und warum gemacht beziehungsweise wohin gefahren worden ist. Nur dann können diese Kosten auch erfolgreich steuergünstig berücksichtigt werden.

Der Praxischeck

© Springer-Verlag GmbH Deutschland 2017
G. Bierling, H. Engel, A. Mezger, D. Pfofe, W. Pütz, D. Sedlaczek, *Arztpraxis – erfolgreiche Übernahme*,
Erfolgskonzepte Praxis- & Krankenhaus-Management, DOI 10.1007/978-3-662-54570-6_7

Der künftige Praxisinhaber muss sich bereits im Vorfeld mit einigen wichtigen Fragen bezüglich der neuen Praxis auseinandersetzen. In erster Linie muss er für sich selbst herausfinden, was er wirklich will. So unterschiedlich Menschen sind, so unterschiedlich sind auch ihre Ziele. Während der eine Existenzgründer die Fesseln der Weisungsgebundenheit als Arbeitnehmer abstreifen will, um sich selbst und seine Ideen zu verwirklichen, verfolgt ein anderer das Ziel, mit der Selbständigkeit möglichst viel Geld zu verdienen. Wiederum ein anderer möchte mit der Selbständigkeit auch private Zwecke, wie Kinder und Familie, mit dem Beruf in Einklang bringen. Auch kann das Ziel sein, durch die Selbständigkeit in erster Linie Anerkennung und Wertschätzung zu erfahren. So ist zum Beispiel die Lage der künftigen Praxis oder auch die Ausstattung für den Erfolg dieser jeweiligen Ziele von besonderer Bedeutung. Vor allem aber hat das im Juni 2015 in Kraft getretene Versorgungsstärkungsgesetz (VSG) für zahlreiche Reglementierungen, gerade im Hinblick auf die Zulassungsbeschränkungen, gesorgt. Dieses gilt es daher bei der Planung im Auge zu behalten.

7.1   Lage

Ein durchaus beachtenswerter Punkt stellt die Lage der zukünftigen Praxis dar. Auf diese sollte also jeder Praxisübernehmer ein besonderes Augenmerk haben. Denn vor allem aufgrund der Lage können zum Beispiel perspektivisch neue Patienten dazugewonnen werden.

7.1.1   Einzugsgebiet

Die Lage der Praxis ist für den Erfolg dieser somit durchaus von Bedeutung.

Die Wahl der Praxis in einer bereits durch andere Praxen dicht besiedelten Region erscheint beispielsweise eher nachteilig (die Praxisübernahme in solchen Regionen ist aufgrund der Zulassungsbeschränkungen bereits sowieso schon stark reglementiert).

Demgegenüber versprechen Ballungszentren viele Patienten, darunter auch viele Privatpatienten, was deren Attraktivität durchaus verständlich macht. Allerdings ist aber auch hier auf bereits niedergelassene Ärzte und deren Leistungsspektrum zu achten. Denn der Konkurrenzkampf in einer solchen Region sollte bei der Planung der eigenen Niederlassung keinesfalls außer Acht gelassen werden.

Aber auch ländlichere Gebiete können für die Übernahme einer dort ansässigen Praxis durchaus attraktiv sein. Allerdings sollte aber auch hier wieder auf wichtige Faktoren, wie zum Beispiel die Dichte von möglichen Patienten oder anderen Praxen, geachtet werden.

Besondere Bedeutung erlangen vor diesem Hintergrund vor allem die Reglementierungen des Versorgungsstärkungsgesetzes. So kann es durchaus verlockend sein, sich in unterversorgten Gebieten niederzulassen, da dort zum Beispiel die Gebühr für die Zulassung entfällt.

In übersorgten Regionen sollte der Weg der Praxisübernahme allerdings behutsamer beschritten werden. Denn bis zum Inkrafttreten des Versorgungsstärkungsgesetzes konnte ein Zulassungsausschuss es bislang ablehnen, ein Nachbesetzungsverfahren einer Praxis in die Wege zu leiten, wenn eine Region überversorgt war. Durch die Neuregelung des Versorgungsstärkungsgesetzes hat sich dies aber geändert. So kann der Zulassungsausschuss nun die Nachbesetzung eines Arztsitzes, also zum Beispiel die Praxisübernahme, in einem überversorgten Gebiet ablehnen, falls keine Ausnahmen in Betracht kommen oder Gründe dagegen sprechen.

Ein genereller Ausschluss von Nachbesetzungen in überversorgten Gebieten existiert allerdings nicht. So kann der Zulassungsausschuss unter Berücksichtigung besonderer Gegebenheiten, wie zum Beispiel der Bedarf von Praxen spezieller Fachrichtungen und besonders großer Bedarf von Ärzten in Ballungszentren, auch Sitze in überversorgten Gebieten vergeben.

7.1.2   Konkurrenzsituation

Nachdem sich der Praxisübernehmer mit der Lage und dem Einzugsgebiet gründlich beschäftigt hat, sollte er sich in einem nächsten Schritt auf Kollegen und andere Arztpraxen in der Umgebung konzentrieren.

Wie sieht es mit Praxen und ähnlichen Leistungsangeboten in der Nähe aus? Wie kann ich mich von den anderen Praxen abheben? Unter anderem diese Fragen sollte sich ein jeder Arzt auf dem Weg in die Niederlassung stellen. Denn nur, wer sich von der Masse abhebt und Leistungen anbietet, die sonst selten oder gar nicht angeboten werden, macht sich einen Namen. Ein Patientenstamm kann so zum Beispiel deutlich schneller ausgebaut/aufgebaut werden und der Praxis zum Erreichen gesetzter Ziele verhelfen.

7.1.3 Potenziale

Der nicht-ärztliche Gesundheitsmarkt in Deutschland erlebt schon seit längerem einen Boom. Vor allem der Besuch von Discountern zeigt einige Regalmeter mit Gesundheitstees, Tabletten, Vitaminpräparaten und ähnlichen Produkten. Daraus kann man schließen, dass große Teile der Bevölkerung bereit sind, für Gesundheitsvorsorgen Geld auszugeben.

Solch ein Potenzial sollte auch in der eigenen Arztpraxis genutzt werden. Dieses gilt umso mehr, als der Arzt, vor allen Dingen der Hausarzt, sehr viel besser als ein Discounter in der Lage ist, zu beurteilen, welche Präventions- und individuellen Gesundheitsleistungen (IGeL), aber auch welche Vorsorgeuntersuchungen für den Patienten in seiner individuellen Krankheits- und Lebenssituation sinnvoll sind.

Der gezielte Hinweis auf Vorsorgemaßnahmen oder Vorsorgeuntersuchungen sowie Präventionsleistungen führt in der Regel dazu, dass der Patient sich durch seinen Arzt besser betreut fühlt als ohne diesen Hinweis.

Wie der Eingangssatz zeigt, sind weite Teile der Bevölkerung willig, für den Erhalt der Gesundheit und Prävention Geld auszugeben. Warum also ausgerechnet Ärzte den Patienten hier nicht hilfreich zur Seite stehen sollen, erschließt sich auch bei genauerer Betrachtung nicht.

Es zeigt sich aber angesichts begrenzter Ressourcen insbesondere in der gesetzlichen Krankenversicherung, dass sinnvolle Vorsorgemaßnahmen von der Krankenkasse nicht oder nicht vollständig bezahlt werden oder auch Vorsorgeuntersuchungen zu spät von der Kasse bezahlt werden.

Vor dem Hintergrund, dass die Übernahme von Vorsorgeleistungen durch die gesetzlichen Krankenkassen einer gesetzlichen Dynamik unterliegt, ist es sinnvoll, gerade diesen Bereich durch individuelle Gesundheitsleistungen, die privat gezahlt werden, zu ergänzen. Hier besteht ein Feld, die Ertragssituation der künftigen Praxis zu verbessern. Denn Präventionsleistungen können nach der Gebührenordnung für Ärzte (GOÄ) abgerechnet werden, sofern sie nicht Bestandteil des Einheitlichen Bewertungsmaßstabes sind. Außerdem erhöht sich für die überwiegende Anzahl der Patienten die Wahrnehmung der Praxis als serviceorientiert und an der Gesundheit der Patienten interessiert.

7.2 Ausstattung

Vor allem eine bereits gut ausgestatte Praxis wirkt auf den potenziellen Praxisübernehmer besonders attraktiv. Denn in der Regel bedeutet dies für ihn einen unter Umständen geringeren finanziellen sowie zeitlichen Aufwand. Eine Praxis, die voll funktionsfähig und einsatzbereit erscheint, erleichtert den Start in die Selbständigkeit ungemein.

Der Praxisübernehmer sollte bei der in Frage kommenden Praxis also genauestens darauf achten, ob die bereits bestehende Ausstattung dem heutigen technischen und auch seinem Standard entspricht. Ist diese auch in naher Zukunft noch verwendbar oder wäre es auf lange Sicht eventuell doch günstiger, Geräte und Möbel direkt bei Praxisübernahme neu anzuschaffen? Diese Kriterien sollte der Praxisübernehmer bereits im Vorfeld unter Beachtung aller Gesichtspunkte genauestens abwägen.

7.2.1 Möbel

So sollte auch die Innenausstattung beziehungsweise das Mobiliar der Praxis von besonderem Interesse sein. Dieses bildet das Vertrauensgut, auf welches die Patienten besonders viel Wert legen. Ist eine Praxis also ansprechend gestaltet, so schafft sie nicht nur für die Mitarbeiter ein angenehmes Arbeitsumfeld, sondern ist gerade auch für die nicht außer Acht zu lassende Patientenbindung mehr als dienlich.

Bei der Praxisübernahme sollte also darauf geachtet werden, dass eine moderne und den Vorstellungen des Praxisübernehmers entsprechende

Praxis erworben wird. Sind Lage und Räumlichkeiten der Praxis ideal, die Möblierung und Gerätschaften hingegen kaum ansprechend, dann erscheint eine Erneuerung/Neuanschaffung dieser als durchaus sinnvoll/notwendig, auch wenn dies zuerst einen zusätzlichen Kostenfaktor darstellt.

Viele Praxisübernehmer verkennen die Wichtigkeit und vor allem die positive Auswirkung der Ausstattung der Praxis auf deren Betrieb.

Bei der Praxisgestaltung sollte vor allem auf ein einheitliches und modernes Konzept geachtet werden. Veraltete und aus der Mode gekommene Einrichtungsgegenstände erwecken bei den Patienten oftmals kein gutes Gefühl. So können diese die Praxis allein aus solchen Gründen bereits gar nicht oder nicht mehr aufsuchen. Es ist daher üblich, dass auch der erste Eindruck für Patienten darüber entscheidet, ob die Praxis in Zukunft aufgesucht wird. Ein moderner und gepflegter Eindruck erweckt bei den Patienten häufig den Eindruck fachlicher Kompetenz.

Die Praxisräume sollten daher jederzeit gepflegt, hell und freundlich gehalten werden. Vor allem das Wartezimmer, welches die Patienten in der Regel zuerst betreten, ist das Aushängeschild der Praxis. Dort halten die Patienten sich häufig eine nicht unerhebliche Zeit auf. Wichtig ist also, diesen Raum besonders ansprechend zu gestalten, sei es durch freundliche Bilder, helle Farben, angenehme Musik oder auch das Bereitstellen von Getränken.

Ein ansprechend gestaltetes Wartezimmer ist daher ein Gewinn für jede Arztpraxis.

7.2.2 EDV

In modernen Praxen ist der Einsatz von EDV nicht mehr wegzudenken. Bei der Praxisübernahme sollte daher darauf geachtet werden, dass diese auf dem neuesten technischen Stand ist. Ist dies nicht der Fall, so muss man sich bewusst sein, dass in Zukunft weitere Investitionen getätigt werden müssen. Auf veraltete elektronische Geräte oder Computer sollte daher eher verzichtet werden.

Systeme und Computer, die auf dem neuesten Stand sind, ermöglichen den Mitarbeitern zudem einen effizienten Arbeitsablauf. Auch sind so Transparenz und die Möglichkeit des schnellen und vollumfänglichen Nachvollziehens früherer Behandlungsmaßnahmen gewährleistet. Prozesse, die während des alltäglichen Praxisbetriebes anfallen, können so deutlich schneller bearbeitet werden.

Die Benutzung moderner Programme und Computer dient auch der ausführlichen und korrekten Dokumentationspflicht, welcher jeder Arzt nachzukommen hat. Da bei der Praxisübernahme regelmäßig der Patientenstamm mit übernommen wird, ist eine fortlaufende und aktualisierte Dokumentation von Behandlungsmethoden oder Diagnosen für die Praxis von großer Wichtigkeit.

Der Praxisübernehmer sollte auch nicht außer Acht lassen, dass er die Praxis in einigen Jahren eventuell selbst an einen geeigneten Nachfolger übergeben möchte. Eine veraltete und unter Umständen nicht sorgsam geführte Patientenakte wäre dann beispielsweise für die Kaufpreisverhandlung nachteilig.

7.2.3 Geräte

Ein jeder Arzt benötigt zur Ausübung seiner ärztlichen Tätigkeit funktionsfähiges Praxisinventar, so zum Beispiel medizinische Geräte und Instrumente. Gerade deshalb sollte bei der Praxisübernahme besonders auf den technischen Zustand der zugehörigen Geräte geachtet werden.

So sind bereits vorhandene Geräte meist günstiger als Neuanschaffungen. Allerdings sind diese u. U. auch schon einige Jahre in Betrieb, was unter anderem Verschleiß mit sich bringen kann. Unter diesen Umständen bleibt eine Neuanschaffung mancher Geräte nicht aus oder sollte zumindest in Betracht gezogen werden.

Wie schon die Ausstattung der Praxis, so werden auch Hochwertigkeit und Modernität der Geräte von den Patienten als ein weiteres Indiz für fachliche Kompetenz und Seriosität empfunden.

Entsprechen die Geräte dem technischen und auch zeitlichen Standard und sollte auch eine Übernahme dieser in Betracht kommen, so sollte sich der Praxisübernehmer beim Praxisabgeber darüber informieren, ob diese eventuell gemietet oder gar geleast sind.

Ist dies der Fall, so ist eine genaue Durchsicht der jeweiligen Verträge geboten. Vor allem eine Lösung von Leasingverträgen ist nicht ohne weiteres möglich und bedeutet eine längere Bindung an die Geräte, als unter Umständen gewünscht/geplant.

7.3 Personal

Unerlässlich für jede erfolgreiche Praxis ist das dazugehörige Personal.

Dieses ist mit der Praxis, der dort befindlichen Ausstattung und den Patienten bestens vertraut. Es erleichtert dem Praxisübernehmer den Einstieg in das bis dato noch unbekannte Umfeld und bildet einen wichtigen Faktor bei der Praxisübernahme, welcher nicht zu vernachlässigen ist. Der Praxisübernehmer sollte daher frühzeitig die neuen Mitarbeiter kennenlernen und deren Vertrauen gewinnen. Denn der Wechsel des Inhabers einer Einzelpraxis, aber auch der Eintritt eines neuen Gesellschafters, stellt sich für die nicht ärztlichen Angestellten in der Regel als ein erheblicher Einschnitt in ihre Arbeitswelt dar. Bisher vertraute Verhaltensweisen des alten Praxisinhabers werden vom Praxisübernehmer in der Regel nicht übernommen. Häufig will der Praxisnachfolger auch modernere Verfahren einführen, verstärkt auf die EDV setzen, neue Geräte anschaffen und unter Umständen auch eine ganz neue Praxissoftware einsetzen. Schließlich weiß das Personal nicht, ob das persönliche Verhältnis zu dem Praxisübernehmer genauso gut sein wird wie zu dem Praxisabgeber.

Das Autorenteam konnte in der Praxis bereits feststellen, dass in den Fällen, in denen der Praxisübernehmer zeitig vor dem Übergabestichtag mit dem nicht ärztlichen Personal in Kontakt getreten ist, eine drastische Reduzierung der arbeitsrechtlichen Streitigkeiten nach der Praxisübernahme zu verzeichnen war.

Es soll aber auch ein anderer, für den Praxisübernehmer negativer Aspekt nicht verschwiegen werden. Die eine oder andere lang gediente Kraft in einer Arztpraxis meint, sich den Weisungen des neuen Inhabers mit der Aussage widersetzen zu können, der alte Praxisinhaber habe das auch nicht gemacht. In diesem Fall ist nach einer ersten freundlichen Ansprache unter Umständen eine klare – verschriftlichte – Weisung an das Personal, wie zu verfahren ist, nötig. Wird eine derartig klare schriftliche Weisung dann ebenfalls nicht beachtet, kann bei einem gleichartigen Verstoß auch eine fristlose Kündigung ausgesprochen werden. Nach den Erfahrungen der Autoren ist eine derartige Notwendigkeit in der Regel aber nicht gegeben, in Einzelfällen jedoch unumgänglich, um dem über Jahre in der Praxis des Vorgängers arbeitenden Personal klarzumachen, dass der neue Praxisinhaber weisungsbefugt ist und diese Weisungen auch zu beachten sind.

7.3.1 Qualifikation

Es ist nur menschlich, dass mit zunehmendem Lebensalter die Fähigkeit und die Bereitschaft, sich fortzubilden, sinken. Dies ist auch bei den Angestellten zu sehen. Bereits der Aus- und Fortbildungsstand der Mitarbeiter kann unter Umständen ein Gesichtspunkt sein, der den Wert der Praxis minimiert, vor allem dann, wenn moderne Methoden nicht unter Einsatz des Personals umgesetzt werden können, da die fachliche Qualifikation nicht gegeben ist. Denn sich verändernde Behandlungsmethoden haben auch sich verändernde Arbeitsprozesse zur Folge.

So sollte das Personal regelmäßig geschult und fortgebildet werden. Es ist daher von besonderer Bedeutung für den Praxisbetrieb, das Personal, wenn dies noch nicht der Fall ist, auf den höchstmöglichen Fortbildungsstandard zu bringen und dort auch zu halten. Richtig geschultes Personal ist jedem Praxisinhaber eine große Hilfe, auf welche nicht verzichtet werden sollte. Je nach Positionierung der Mitarbeiter kann es auch hilfreich sein, die Fortbildungskosten zu übernehmen. Unter Umständen hilft aber auch in solchen Fällen, also bei fehlender Bereitschaft sich weiterzubilden, nur die schriftliche Anweisung und bei Missachtung gegebenenfalls die ordentliche oder außerordentliche Kündigung des jeweiligen Mitarbeiters.

7.3.2 Altersstruktur

Weiterhin sollten die Mitarbeiter, was dem demografischen Faktor geschuldet ist, nicht überaltert sein. Es besteht sonst die Gefahr, dass nach der Praxisübernahme das Personal alsbald das Renteneintrittsalter erreicht und zu früh nach neuen Mitarbeitern gesucht werden muss. Auch im Hinblick auf die Patientenbindung ist es wichtig, bisherige Mitarbeiter so lange wie möglich in der Praxis zu halten, da diese das Vertrauen vieler Patienten genießen.

Für den Praxisübernehmer ist es daher von Bedeutung, dass er auf die fachliche und persönliche Kompetenz des Personals nachhaltig zurückgreifen kann und so deren Bindungswirkung zu den Patienten aufrechterhält.

Er sollte sich also bei der Entscheidung der Praxisübernahme gerade mit dem dort bereits beschäftigten Personal intensiv auseinandersetzen.

7.3.3 Patientenbindung

Die Übernahme einer bereits bestehenden Praxis durch einen neuen Arzt bedeutet vor allem für die bisherigen Patienten eine große Veränderung. Denn diese haben, teilweise über viele Jahre hinweg, gerade wegen des in den bislang praktizierenden Arzt gesetzten Vertrauens und das ihnen bekannte Personal die Praxis aufgesucht.

So ist es nicht unüblich, dass einige Patienten dem Personal in neue Praxen folgen.

Um die Patienten auch nach der Praxisübernahme zu halten, ist das Beibehalten des ursprünglichen Personals für eine erfolgreiche Patientenbindung durchaus hilfreich.

Die Patienten bewerten die Praxis ganz anders als der Inhaber. So sind für sie, gerade neben dem Erfolg der Behandlung, vor allem auch weitere Aspekte, wie zum Beispiel das vertraute Personal, der Empfang oder gar die Einrichtung der Praxis, besonders wichtig. Das Personal sorgt dafür, dass die Patienten nach wie vor Vertrauen in die Praxis haben. „Arbeitet das Personal auch für den neuen Arzt, so kann dieser doch gar nicht so schlecht sein."

7.4   Wirtschaftliche Situation

Einen weiterhin gewichtigen Aspekt stellt die wirtschaftliche Situation der Praxis bei Übernahme dar.

7.4.1 Ertrag

Der Praxisübernehmer sollte nicht nur auf den bislang erzielten Ertrag achten, denn auch das Potenzial der Praxis bildet einen wichtigen Faktor. Er sollte sich daher immer vor Augen halten, dass der Ertrag sich stets ändern kann.

Für solche Veränderungen können Faktoren wie zum Beispiel die Lage der Praxis, Konkurrenzpraxen in der Umgebung oder auch Abwanderung der Patienten verantwortlich sein. Es besteht somit ein stetiger Wechsel der äußeren Faktoren, auf welche nicht unter allen Umständen Einfluss genommen werden kann.

Zahlen und/oder Werte, die bei der Praxisübernahme vorlagen oder bestanden, unterliegen stets einem Wandel und sind gerade nicht statischer Natur. Eine sichere Zukunftsprognose bilden sie somit gerade nicht. Dies sollte sich jeder Praxisübernehmer deutlich vor Augen halten. Im Umkehrschluss können durch den stetigen Wandel allerdings zu Beginn nicht allzu lukrativ wirkende Praxen in Zukunft durchaus von Erfolg gezeichnet sein.

So sei als Fazit festzuhalten, dass ein Fokussieren auf den Ertrag der zu übernehmenden Praxis nicht immer erfolgversprechend ist. Der Praxisübernehmer sollte Gewissheit darüber haben, was genau er übernehmen möchte und was er letztlich auch übernimmt. Es ist ohnehin ratsam, eine solche Risikoprüfung grundsätzlich mit gebotener Sorgfalt und durch Unterstützung von Fachleuten mit spezifischen Kenntnissen, wie Rechtsanwälte und Steuerberater sie haben, durchzuführen. Das Analysieren von Stärken, Schwächen und Risiken der zu übernehmenden Praxis spielt eine wichtige Rolle bei der Wertfindung des begehrten Objektes.

7.4.2 Scheinzahl/Privatpatienten

Als Praxisübernehmer sollte man sich nicht unbedingt nach Praxen mit hohen Patientenstämmen umschauen. Häufig irrtümlich wird dies als Indiz für finanzielle Sicherheit der Praxen gesehen, doch vor allem hier wird Fleiß gerade nicht immer belohnt.

So kann es sein, dass Arzt A, der 100 Patienten behandelt, von denen 10 privat versichert sind, am Ende des Monats finanziell deutlich schlechter dasteht als Arzt B, der einen Patientenstamm von lediglich 50 Patienten behandelt, von denen jedoch 40 privat versichert sind. Anhand dieses Beispiels soll deutlich werden, dass es gerade nicht um die Masse geht.

Die richtige Balance zwischen gesetzlich und privat versicherten Patienten zu finden, ist daher für jeden Praxisinhaber ein Muss.

7.4.3 Alleinstellungsmerkmal

Unter einem Alleinstellungsmerkmal (unique selling proposition) versteht man grundsätzlich einen Aspekt, durch welchen sich ein Unternehmer vom gesamten Marktumfeld unterscheidet. Es kann ein Produkt, eine Leistung oder auch einen Herstellungsprozess beinhalten, welcher das Unternehmen einzigartig macht.

Im Bereich der ärztlichen Versorgung ist unter diesem Begriff allerdings eher eine Art Positionierungsmerkmal des Arztes und seiner Praxis zu verstehen. Es sollen besondere Kompetenzen, die ein Arzt innehat beziehungsweise vorweist, umschrieben werden.

So können unter den Begriff des Alleinstellungsmerkmals im Bereich der ärztlichen Versorgung vor allem Aspekte wie besondere Sprechstundenzeiten, eine besondere Atmosphäre der Praxis und der Praxisräume oder auch ein spezieller Service fallen.

7.5 Dokumentation

Auch in einer Arztpraxis besteht eine Vielzahl von laufenden Verträgen. Dies beginnt bereits mit dem Mietvertrag über die Praxisräume, es folgen Telekommunikationsverträge, Arbeitsverträge, Leasingverträge über Praxisgeräte, Serviceverträge, Softwareverträge und sonstige Verträge.

Die wenigsten Praxen verfügen über einen Vertragsordner, in dem alle Verträge sortiert aufgehoben werden. Häufig findet man die Vertragsunterlagen an den unterschiedlichsten Stellen in der Praxis, einige Verträge sind auch gar nicht aufzutreiben.

Im Rahmen der Praxisübernahme ist es für den Praxisübernehmer von besonderer Bedeutung, genau zu wissen, welche Verträge er übernehmen muss und welche er übernehmen kann.

Er sollte daher schon frühzeitig von dem Praxisabgeber Einsicht in alle geschlossenen Verträge verlangen. Dabei ist besonders, um ein unschönes Erwachen zu vermeiden, auf Vollständigkeit, Inhalt und Aktualität dieser zu achten.

7.5.1 Arbeitsverträge

Gerade wenn das Personal übernommen werden soll, hat der Praxisübernehmer auf die Vollständigkeit und Aktualität der Arbeitsverträge zu achten. Denn diese sind möglicherweise gar nicht mehr oder nicht vollständig vorhanden.

Auch kann es sein, dass es solche schriftlichen Verträge noch nie gab. Selbst wenn die ursprüngliche Fassung des Arbeitsvertrages noch gefunden wird, sind die inzwischen vorgenommenen Gehaltserhöhungen oder Anpassungen der Arbeitszeit nirgends schriftlich dokumentiert, sondern zumeist nur zwischen dem alten Inhaber und dem Mitarbeiter selbst abgesprochen. Hier sollte allein schon aus Gründen der Rechtssicherheit für den bisherigen Inhaber, aber insbesondere auch für den Praxisübernehmer, darauf geachtet werden, dass die derzeit geltenden Vereinbarungen in einer Ergänzung zu den entsprechenden Verträgen niedergelegt werden.

Gerade bei mündlichen Vereinbarungen besteht bei Unstimmigkeiten zwischen den Vertragsparteien die Gefahr, dass mündlich getroffene Vereinbarungen oder Zusagen nicht eingehalten werden. Für den Praxisübernehmer kann es also unangenehme Folgen haben, sollte er von Änderungen in Arbeitsverträgen keinerlei Kenntnis haben.

7.5.2 Mietverträge

Dies gilt insbesondere für die Einzelheiten des Mietvertrages. So können zum Beispiel mündlich vereinbarte Laufzeiten beziehungsweise Kündigungsfristen streitig werden.

Insbesondere stellen sich für die Praxisübergabe unerwartete Probleme ein, weil die möglicherweise im ursprünglichen Mietvertrag vereinbarte Verpflichtung des Vermieters, einen Nachfolger zu akzeptieren, durch die kurzfristige Kündigungsmöglichkeit unterlaufen werden kann. Gerade an diesem Punkt sollte auch fünf Jahre vor der geplanten Praxisübergabe der Rat eines Anwalts gesucht werden, damit derartige Risiken erkannt und durch Zusatzvereinbarungen mit den anderweitigen Vertragspartnern aus der Welt geschafft werden können.

7.5.3 Leasingverträge

Ein besonderes Augenmerk sollte der Praxisübernehmer auf vorhandene Leasingverträge haben. Im Einzelfall sollte stets geprüft werden, ob man in solch bestehende Verträge mit einsteigen will oder eben nicht.

So sind vor allem lange Laufzeiten und eventuelle Begleichungen diverser Restbeträge von zum Beispiel medizinischen Geräten eine große finanzielle Belastung. Eine solche zusätzliche Belastung kann kein Praxisübernehmer zu Beginn seiner Selbständigkeit gebrauchen.

7.5.4 Sonstige Verträge

Neben den soeben genannten Verträgen existiert noch eine Vielzahl von weiteren Verträgen, welche der Praxisabgeber eingegangen ist und die der Praxisübernehmer für den sinnvollen Betrieb seiner Praxis braucht. So seien beispielsweise Telekommunikationsverträge, Stromverträge oder auch EDV-Wartungsverträge genannt. Für all diese Vertragsverhältnisse gilt, dass der Praxisübernehmer sich rechtzeitig einen Überblick verschaffen und mit allen Vertragspartnern Verhandlungen aufnehmen sollte.

7.6 Fortführungsfähigkeit, Sitz in Gefahr?

Aufgrund der Neuregelung des Nachbesetzungsverfahrens wird die Weitergabe einer Praxis nur dann für zulässig gehalten, wenn überhaupt eine übergabetaugliche Praxis vorhanden ist und der Praxisabgeber seine vertragsärztliche Tätigkeit beendet.

Es soll nicht lediglich die Zulassung übertragen – was an sich sowieso schon unzulässig wäre – sondern das Unternehmen „Praxis" fortgeführt werden. Eine solche Unternehmensfortführung kann allerdings nur dann erfolgen, wenn im Vorfeld überhaupt ein Unternehmen bestand. Es stellt sich also die Frage: „Wann ist eine solche fortführungsfähige Praxis überhaupt vorhanden?".

Antwort darauf bietet die vom Bundessozialgericht entwickelte „Praxissubstratrechtsprechung".

Diese sagt aus, dass nur, wenn ein hinreichendes Praxissubstrat vorhanden ist, die Fortführung einer Praxis möglich ist. So gilt also in einem nächsten Schritt festzustellen, wann ein solch hinreichendes Praxissubstrat vorliegt. Dieses liegt immer dann vor, wenn Praxisräume, Praxisinventar, Patientenkarteien und hinreichend Patienten vorhanden sind.

Zusätzlich zum hinreichenden Praxissubstrat müssen aber auch Versorgungsgründe bezüglich der Fortführung der Praxis bestehen. Hier liegt der Schwerpunkt der Diskussion um das Nachbesetzungsverfahren. Denn auf eine Definition der Versorgungsgründe wurde vom Gesetzgeber verzichtet. Dies räumt den Zulassungsgremien bei diesem sogenannten unbestimmten Rechtsbegriff einen deutlichen Beurteilungsspielraum ein.

Die meisten Zulassungsausschüsse gehen daher davon aus, dass Praxen, die ausreichend Patienten behandeln, auch zur Versorgung benötigt werden.

Dies bedeutet also, dass eine ausgelastete Praxis stets aus versorgungstechnischen Gründen benötigt wird.

Somit sollte zum Zeitpunkt der Praxisübernahme der Umfang der Teilnahme an der Versorgung ermittelt werden. Belegt dieser eine Auslastung der Praxis, so liegen Versorgungsgründe vor, die eine Nachbesetzung rechtfertigen. Die in dieser Praxis behandelten Patienten müssten im Falle der Ablehnung des Nachbesetzungsverfahrens sonst in anderen Praxen weiterbehandelt werden. Dabei würde das Risiko bestehen, dass diese an ihre Kapazitätsgrenzen stoßen und unter Umständen Patienten unbetreut zurückbleiben.

Stehen bei sehr großen Praxen, die häufig auch als Versorgerpraxen bezeichnet werden, gar keine Praxen in der Umgebung zur Verfügung, die diese Patienten aufnehmen können, käme es bei der Ablehnung der Nachbesetzung unweigerlich zu einem schweren Sicherstellungsproblem für die Kassenärztliche Vereinigung.

Einige Zulassungsausschüsse prüfen neben der Auslastung der Vertragsarztpraxis insbesondere, ob Praxisbesonderheiten vorliegen, also spezielle Leistungsangebote gegeben sind, die andere Praxen nicht vorhalten. Auch hieran wird erneut deutlich, wie wichtig die Individualität der Praxis ist.

7.6.1 Der richtige Facharzt

Die Auswahl der verschiedenen Facharztberufe in Deutschland ist gewaltig. So soll aufgrund der Vielzahl der verschiedenen Fachrichtungen hier nur ein Teil exemplarisch aufgeführt werden.

Vor allem die Fachrichtungen der Radiologen, Orthopäden, Augenärzte und Internisten sind besonders beliebt. Dafür spricht nicht nur schon allein die Höhe des Einkommens. Auch zeigen Studien unter Medizinstudenten die immer größer werdende Beliebtheit solcher Fachrichtungen.

Deutlich geringer hingegen ist das Interesse an Fachrichtungen wie der der Allgemeinmediziner, Kinderärzte oder Neurologen. Grund dafür könnte unter anderem auch das im Gegensatz zu den zuvor genannten Fachrichtungen geringere Einkommen sein.

Wichtig für die Zulassung eines Facharztes ist die Bedarfsplanung. Aufgrund dieser wird ermittelt, wie viele Ärzte einer Facharztgruppe für einen gewissen Bereich erforderlich sind.

Sollte sich daraus ergeben, dass sich in einer Region bereits mehrere Ärzte einer Fachgruppe niedergelassen haben, so ist diese für Neuzulassungen gesperrt. Dies bedeutet, dass vor allem in Ballungszentren durchaus einige Regionen bereits gesperrt sind.

Allein deshalb bleibt daher auch hier lediglich die Möglichkeit der Übernahme bereits bestehender Facharztpraxen.

7.6.2 Teilnahme an der kassenärztlichen Versorgung

An der kassenärztlichen Versorgung nehmen zugelassene Ärzte, Medizinische Versorgungszentren sowie ermächtigte Ärzte und Einrichtungen teil. Um die Zulassung kann sich jeder Arzt bewerben, der seine Eintragung in das Arztregister nachweisen kann. Die einzelnen Arztregister werden dabei von der Kassenärztlichen Vereinigung für den jeweiligen Zulassungsbezirk geführt. Näheres regeln darüber hinaus die Zulassungsverordnungen.

Die Zulassung bewirkt, dass der Vertragsarzt Mitglied der für seinen Kassenarztsitz zuständigen Kassenärztlichen Vereinigung wird und zur Teilnahme an der vertragsärztlichen Versorgung im Umfang seines aus der Zulassung folgenden Versorgungsauftrages berechtigt und verpflichtet ist.

Im Nachbesetzungsverfahren, welches auf Antrag des Praxisabgebers erfolgt, ist durch den zuständigen Zulassungsausschuss neben den allgemeinen Voraussetzungen auch zu berücksichtigen, wer zum Beispiel in einem unterversorgten Gebiet für mindestens fünf Jahre als Arzt tätig geworden ist. So soll ein solcher Arzt dahingehend privilegiert werden, dass er sich nach Ablauf dieser fünf Jahre niederlassen kann, wo es ihm beliebt.

Besonderes Augenmerk sollte darauf gelegt werden, dass der Zulassungsausschuss allerdings die Nachbesetzung einer Praxis versagen kann, sollte diese nicht erforderlich sein. Dies ist zum Beispiel in einem überversorgten Gebiet der Fall. Grundlage dafür bietet die vom gemeinsamen Bundesausschuss erarbeitete einheitliche Bedarfsplanung.

Eine solche Ablehnung der Nachbesetzung darf allerdings nicht erfolgen, wenn der Nachfolger in einem besonderen Näheverhältnis zum Praxisabgeber steht. Dies ist der Fall, wenn es sich bei dem Nachfolger zum Beispiel um Lebenspartner oder Kinder handelt. Dies gilt auch, wenn die Praxis vom Partner fortgeführt werden soll.

Von der Möglichkeit der Ablehnung des Nachbesetzungsverfahrens haben die Zulassungsausschüsse bislang jedoch noch keinen Gebrauch gemacht. Dies ist allerdings keine Garantie dafür, dass es in Zukunft nicht anders sein könnte.

Kaufpreisfindung

© Springer-Verlag GmbH Deutschland 2017
G. Bierling, H. Engel, A. Mezger, D. Pfofe, W. Pütz, D. Sedlaczek, *Arztpraxis – erfolgreiche Übernahme*,
Erfolgskonzepte Praxis- & Krankenhaus-Management, DOI 10.1007/978-3-662-54570-6_8

Weniger rechtlich aufwändig als rein praktisch und vor allem auch wirtschaftlich bedeutsam ist die Frage, wie viel der Praxisübernehmer für die nach reiflicher Überlegung auserkorene Praxis oder den auserkorenen Praxisanteil ausgeben und dann natürlich auch finanzieren (können) muss. Die Interessenlage der Parteien ist naturgemäß von vollkommen gegensätzlichen Vorstellungen und Wünschen geprägt und liegt dementsprechend weit auseinander:

Während der Praxisabgeber, der oftmals sein hart erarbeitetes Lebenswerk aus den Händen gibt und – vielleicht auch zur Alterssicherung – einen möglichst hohen Kaufpreis erzielen möchte, möchte der oftmals noch junge und damit weniger finanzkräftige Praxisübernehmer bei einer florierenden Praxis am liebsten ein „Schnäppchen" machen.

8.1   Marktpreis

Wichtige Orientierungshilfe und zugleich auch Maßstab für den Zulassungsausschuss im Rahmen der Nachbesetzung eines Vertragsarztsitzes ist der potenzielle Marktpreis, auch Verkehrswert genannt.

Beim Marktpreis handelt es sich um einen durchschnittlichen Preis für eine durchschnittliche Praxis beziehungsweise einen durchschnittlichen Praxisanteil. Die zu übernehmende Praxis beziehungsweise der zu übernehmende Praxisanteil wird insoweit mit einer Durchschnittspraxis verglichen. Dabei sollte unbedingt darauf geachtet werden, dass die ins Auge gefasste Praxis und die „Durchschnittspraxis" auf Basis des gleichen Datenmaterials bewertet werden. Da mit Durchschnittswerten gearbeitet wird, die naturgemäß kaum Rücksicht auf regionale wie persönliche Besonderheiten oder veränderte Marktbedingungen nehmen, kann der Marktpreis naturgemäß keinen Ersatz darstellen für die noch zu schildernden Methoden der Praxisbewertung, sondern nur einen Anhaltspunkt liefern.

Im Nachbesetzungsverfahren ist der vereinbarte Kaufpreis nämlich nur sehr begrenzt relevant.

Das bedeutet, dass der Praxisabgeber im schlimmsten Falle nur den Verkehrswert beanspruchen kann, der damit das allein maßgebliche, zu erfüllende Kriterium für den Zulassungsausschuss darstellt. Sollte nämlich vom Zulassungsausschuss ein bestimmter Bewerber begünstigt werden und

die Zulassung erhalten, mit dem sich der Praxisabgeber aber nicht auf einen im Vergleich zum Verkehrswert höheren Kaufpreis geeinigt hat, besteht auch nur ein Anspruch auf den vom erfolgreichen Bewerber gebotenen Kaufpreis, gegebenenfalls also nur den Verkehrswert, sofern der Praxisübernehmer nicht freiwillig bereit sein sollte, einen höheren Kaufpreis zu bezahlen. Im Umkehrschluss wird aber auch ein Bewerber von vornherein ausgeschlossen, sofern er nicht bereit ist, mindestens den Verkehrswert zu bezahlen. Insoweit werden die finanziellen Interessen des Praxisabgebers teilweise, also zu Gunsten der Qualität des Gesundheitssystems, hinten angestellt.

Um den gewünschten Kaufpreis auch tatsächlich realisieren zu können, wird ein vorsichtiger und gut beratener Praxisabgeber im Idealfall also mit jedem Bewerber im Nachbesetzungsverfahren vorsorglich einen Praxisübernahmevertrag, freilich unter dem Vorbehalt der erteilten Zulassung, schließen, um nicht Gefahr zu laufen, an den vom Zulassungsausschuss auserwählten Bewerber nach erfolgter Zulassung und damit an den entsprechenden Kaufpreis gebunden zu sein. Zum anderen kann es sich aus Sicht des Praxisabgebers anbieten, ein Verkehrswertgutachten erstellen zu lassen und es dem Zulassungsausschuss vorzulegen, um sicherzugehen, dass der Zulassungsausschuss bei seiner Entscheidung nicht einen zu niedrigen Marktwert zu Grunde legt.

Der Praxisübernehmer sollte also eruieren, mit wem der Praxisabgeber also gegebenenfalls noch einen oder weitere Praxisübernahmeverträge geschlossen hat, und dabei insbesondere herausfinden, wie die maßgeblichen Vertragsinhalte, allen voran der Kaufpreis, ausgestaltet sind. Hieraus lässt sich dann unter Umständen, sofern und soweit der Praxisabgeber hierüber auch Auskunft zu geben bereit ist, ableiten, wie ernst es ihm mit dem jeweiligen potenziellen Praxisübernehmer ist. Außerdem sollte der Praxisübernehmer versuchen, Einfluss darauf zu nehmen, ob und, wenn ja, welches von mehreren Gutachten dem Zulassungsausschuss vorgelegt wird.

Es gilt nämlich dabei, aus Sicht des Praxisabgebers, dem Zulassungsausschuss den größtmöglichen Wert der Praxis oder des Praxisanteils plausibel zu machen und im Übrigen damit zugleich auch den Eindruck einer für die Versorgung der Patienten unverzichtbaren Praxis zu vermitteln, insbesondere unter Herausarbeitung vorhandener (oder, wenn möglich, noch zu schaffender) Alleinstellungsmerkmale der zu übernehmenden Praxis. Je höher der Kaufpreis ist, desto eher wird der Zulassungsausschuss oder die Kassenärztliche Vereinigung annehmen, es mit einer versorgungsrelevanten Praxis zu tun zu haben, und daher umso weniger einen Aufkauf der Praxis ins Auge fassen, und umso größere Chancen gibt es für den Praxisübernehmer, dass die auserkorene Praxis beziehungsweise der auserkorene Praxisanteil nicht aufgekauft, sondern der entsprechende Vertragsarztsitz – mit ihm – nachbesetzt wird.

Letzten Endes liegt es aber allein in der Hand der Parteien, sich auf einen Kaufpreis zu einigen. Maßgeblichen Einfluss auf den Preis haben insoweit nämlich schlicht und einfach Angebot und Nachfrage. Marktpreis und Wert einer Praxis dürfen also nicht verwechselt und erst recht nicht gleichgesetzt werden – schon gar nicht mit dem angestrebten oder zu bezahlenden Kaufpreis.

Während die Parteien den Preis frei verhandeln können, ermittelt eine Bewertung demgegenüber schlicht den Wert der Praxis oder des Praxisanteils zu einem bestimmten Stichtag.

Nimmt man das Beispiel einer ländlichen Hausarztpraxis in der idyllischen Eifel oder der mecklenburgischen Seenplatte, wird der Unterschied schnell deutlich: Ist auch der Wert der Praxis noch so hoch und werden dort noch so viele teure medizinische Gerätschaften vorgehalten, findet sich aber schlicht kein Praxisübernehmer, der bereit wäre, sich mit der Landluft anzufreunden, verflüchtigt sich der Traum des Praxisabgebers, einen hohen Kaufpreis zu erzielen, recht schnell. Darin kann aber gerade die Chance des Praxisübernehmers liegen, tatsächlich ein „Schnäppchen" zu machen. Er wird allerdings dafür bereit sein müssen, eine Praxis oder einen Praxisanteil in einer unterversorgten und damit zumeist ländlich geprägten Gegend und/oder in einem weniger beliebten Fachgebiet mit entsprechend weniger zahlreichen Bewerbern zu übernehmen.

Um Fehleinschätzungen beider Seiten vorzubeugen, empfiehlt es sich aber in jedem Fall, eine Praxisbewertung oder jedenfalls eine Schätzung des Praxiswerts vornehmen zu lassen, um zumindest eine Basis für die Kaufpreisverhandlungen zu haben.

8.2 Methoden der Praxisbewertung

Bei jeder Praxisbewertung sind im Grundsatz immer zwei Positionen relevant. Das sind die Positionen des materiellen und des immateriellen Praxiswertes.

Unter den materiellen Praxiswert fallen alle vorhandenen Gegenstände der Praxis, so beispielsweise Einrichtungsgegenstände, medizinische Geräte usw.

Unter den immateriellen Praxiswert fällt im Wesentlichen der Patientenstamm, da dieser die Grundlage ist, um Umsätze und damit Gewinne zu erzielen. Dieser immaterielle Praxiswert wird oft auch als „Goodwill" bezeichnet.

Eine einheitliche allgemein gültige Formel zur Berechnung des Praxiswerts existiert nicht. Dementsprechend gibt es eine Vielzahl von Methoden, die den Praxiswert, insbesondere den sogenannten Goodwill, mit unterschiedlichen Schwerpunktsetzungen zu bewerten versuchen.

Die Berechnungsmethoden zur Bestimmung des Praxiswerts überschneiden sich häufig und mischen verschiedene Ansatzpunkte mit unterschiedlichsten Begründungen. Nicht selten weichen die Ergebnisse der im Einzelfall angewandten Methoden dabei deutlich voneinander ab. Im Ergebnis hat jede Methode ihre Vor- und Nachteile und muss ohnehin an die Umstände des Einzelfalles angepasst werden.

Einfließen sollten aber in jede Art der Kaufpreisfindung zum einen der Goodwill und zum anderen – je nach gewählter Methode – der stichtagsbezogene Zeitwert der materiellen Wirtschaftsgüter oder jedenfalls der Sachwerte, die sich im Aktiv- oder Passivvermögen befinden und daher nicht unmittelbar zur Ausübung des ärztlichen Berufs, insbesondere der Behandlung von Patienten, und damit zur Umsatzerzielung eingesetzt werden (Substanzwert).

Letzterer sollte nicht zuletzt auch bei teuren medizinisch-technischen oder EDV-Geräten, die einem raschen technischen Fortschritt (und damit Wertverlust) unterliegen, am besten von einem Sachverständigen (bevorzugt aus Sicht des Praxisübernehmers nicht die Herstellerfirma) unter Berücksichtigung der bereits abgelaufenen und noch zu erwartenden Nutzungsdauer sowie der Erfüllung oder jedenfalls Erfüllbarkeit rechtlicher Anforderungen geschätzt werden. Einen ersten Anhaltspunkt mag hier auch ein Blick in das steuerliche Abschreibungsverzeichnis bieten, das zumindest den Wertverlust aus steuerlicher Sicht zu beschreiben vermag. Eine Aussage zum tatsächlich erzielbaren Marktpreis kann dieses Verzeichnis aber sicher nicht treffen.

Nachfolgend werden die beiden gängigsten Methodenvariationen kurz erläutert.

8.2.1 Neue Ärztekammermethode

Die neue Ärztekammermethode ermittelt den Praxiswert anhand der materiellen und immateriellen Wirtschaftsgüter der Praxis. Während die Berechnung der materiellen Wirtschaftsgüter im Regelfall durch Preisvergleiche am Markt ermittelbar ist, stellt der problematischere Teil die Ermittlung des immateriellen Praxiswertes dar. Letzterer macht im Wesentlichen den Unterschied zwischen den verschiedenen Bewertungsmethoden aus und wird nach der neuen Ärztekammermethode wie folgt ermittelt:

Es wird der Durchschnitt der übertragbaren Umsätze der letzten drei Jahre gebildet. Von diesem wird der Durchschnitt der übertragbaren Kosten der letzten drei Jahre und sodann ein kalkulatorisches Arztgehalt abgezogen. Dieser erzielbare Gewinn wird zuletzt mit dem Prognosefaktor 2 multipliziert.

Dieser Methode wird entgegengehalten, dass sie ausschließlich vergangenheitsbezogen sei und dass der statische Prognosefaktor den Einzelfall nicht berücksichtigen würde und letztlich willkürlich sei.

8.2.2 Ertragswertmethoden

Diesen verschiedensten betriebswirtschaftlichen Methoden ist gemein, dass sie als maßgeblichen Wert eines jeden Unternehmens (einer jeden Praxis) den namensgebenden Ertragswert zu Grunde legen.

Der Ertragswert hängt maßgeblich von fünf Faktoren ab, nämlich dem erwarteten Zukunftserfolg (arithmetisches Mittel einer um atypische Ereignisse bereinigten, zu schätzenden Prognose auf Basis der vergangenen Erfolge), dem Substanzwert, dem kalkulatorischen Unternehmer- beziehungsweise Arztlohn, dem Kalkulationszinssatz und der Länge des betrachteten Referenzzeitraums (in der Regel drei Jahre).

Der Unternehmerlohn orientiert sich am Gehalt eines Facharztes der Vergütungsgruppe 1b des Bundesangestelltentarifs (BAT), beziehungsweise jetzt der entsprechenden Vergütungsgruppen des Tarifvertrags für den öffentlichen Dienst (TVöD) E 13 bis E 15.

Beim Zukunftserfolg zu berücksichtigen sind vorhersehbare zukünftige Entwicklungen, wie voraussichtliche Änderungen in der Patientenstruktur, Änderungen gesetzlicher Vorgaben, Veränderungen des Praxispersonals und der Praxisräumlichkeiten, Umsatzentwicklungen oder äußere Bedingungen.

Der Kalkulationszinssatz setzt sich zusammen aus dem Basiszins und einem zu bestimmenden Risikoaufschlag.

Bereinigt werden müssen die Faktoren jeweils bei atypischen Vorkommnissen in der Vergangenheit, wie zum Beispiel dem Ein- oder Austritt eines Kollegen einer Berufsausübungsgemeinschaft, Ausfall wegen längerer Krankheit oder sonstiger Abwesenheit des Praxisabgebers, beispielsweise durch Verlängerung oder Verkürzung des Referenzzeitraums.

Diese Methode ist besser in der Lage, auf die individuellen Chancen und Risiken einzugehen, als die neue Ärztekammermethode. Sie birgt dadurch aber auch größere Unsicherheitsfaktoren, da sie mit Prognosen, die sich naturgemäß nachträglich als zu- oder eben aber auch als unzutreffend herausstellen können, und mit äußerst komplexen Berechnungen arbeitet. Hier empfiehlt es sich also, mehrere Berechnungen unter Berücksichtigung verschiedener denkbarer Variablen vornehmen zu lassen.

Bei der Erstellung eines Praxiswertgutachtens kann aus einer großen Anzahl von Gutachtern ausgewählt werden.

In Betracht kommen dabei insbesondere Steuerberater, Wirtschaftsprüfer oder vereidigte Buchprüfer sowie Betriebswirte und Kaufleute. Es sollte jedoch darauf geachtet werden, dass der Gutachter der Wahl über eine besondere Fachkunde im Bereich der Beratung von Heilberufen verfügt, sich im besten Fall sogar darauf spezialisiert hat, um so den Besonderheiten der Bewertung einer Arztpraxis beziehungsweise eines Praxisanteils Rechnung tragen zu können.

Nicht unerwähnt bleiben soll hier auch, dass viele Kassenärztliche Vereinigungen die Praxiswertermittlungen (in der Regel auf Basis der neue

Ärztekammermethode) als kostenlose Serviceleistung für ihre Mitglieder anbieten. Es kann sich daher bereits aus Kostengründen anbieten, sich auf diese Möglichkeit zu beschränken. Da die genannte Serviceleistung aber nur für Mitglieder, hier also den Praxisabgeber, angeboten wird, sollte der Praxisübernehmer, sofern gewünscht, den Praxisabgeber auf diese Möglichkeit aufmerksam machen und auf ein entsprechendes Gutachten hinwirken.

Ein möglichst objektives Bild erhält man aber aufgrund der Streuweite der Ergebnisse der verschiedenen Praxiswertermittlungsmethoden nur durch mehrere Berechnungen, vorzugsweise unter Heranziehung mehrerer Methoden, wobei dann selbstverständlich auch mehr oder weniger Kosten durch die Inanspruchnahme der Dienste vorgenannter Gutachter einkalkuliert werden müssen. Die Kosten trägt üblicherweise der Praxisabgeber, der ja einen möglichst hohen Kaufpreis durchsetzen möchte. Wie der Kaufpreis an sich, ist aber auch dies Verhandlungssache, insbesondere wenn der Praxisübernehmer den Praxisabgeber von einem niedrigeren Kaufpreis zu überzeugen versucht.

Kaufpreisfinanzierung

© Springer-Verlag GmbH Deutschland 2017
G. Bierling, H. Engel, A. Mezger, D. Pfofe, W. Pütz, D. Sedlaczek, *Arztpraxis – erfolgreiche Übernahme*,
Erfolgskonzepte Praxis- & Krankenhaus-Management, DOI 10.1007/978-3-662-54570-6_9

Grundsätzlich gibt es zwei Möglichkeiten der Kaufpreisfinanzierung: die Eigenfinanzierung und die Fremdfinanzierung über eine Bank oder einen Dritten. Diese verschiedenen Finanzierungsformen sollen nachfolgend dargestellt werden.

9.1   Eigenfinanzierung

Die wohl für alle Beteiligten einfachste Finanzierung ist die aus eigenen Finanzmitteln. Hierbei ist das Hinzuziehen einer Bank oder Dritter nicht notwendig. Praxisabgeber und Praxisübernehmer einigen sich auf einen Kaufpreis und dieser wird zum Fälligkeitszeitpunkt komplett bezahlt.

Aber diese Art der Finanzierung beinhaltet auch Risiken. Diese liegen darin, dass die Akteure, die professionell Geld verleihen, vor der Kreditvergabe immer die Werthaltigkeit des Kaufpreises beziehungsweise der Sicherheiten überprüfen und zudem den Kapitaldienst prüfen. Hierzu sind sie nicht nur berechtigt, sondern auch verpflichtet. Banken überprüfen daher die Richtigkeit des Kaufpreises, indem sie eine Unternehmensbewertung vornehmen. Sie prüfen, ob der Arzt aus dem Gewinn der Praxis die Finanzierungsraten bedienen kann und sie prüfen schließlich die Sicherheiten für den Fall, dass der Kredit nicht vereinbarungsgemäß zurückgeführt werden kann.

Eine fremdfinanzierte Praxisübernahme kann daher grundsätzlich ein Mehr an Sicherheit für den Erwerber bieten.

9.2   Fremdfinanzierung

9.2.1   Grundlagen

■   **Markt und Marktfolge**

Die wohl gängigste Form der Finanzierung ist die Fremdfinanzierung über einen Kapitalgeber. Dieser ist regelmäßig eine Bank. Wie bereits oben dargestellt, überprüft diese den Kauf insgesamt und trifft eine entsprechende positive oder negative Kreditentscheidung. Wichtig wäre hier noch zu erwähnen, dass die Kreditentscheidung niemals von dem Sachbearbeiter als Ansprechpartner getroffen wird. Hier gilt, von Bank zu Bank etwas unterschiedlich

gehandhabt, ein mehrstufiges Prinzip. Man spricht beim Sachbearbeiter vom Markt und von den dahinterstehenden Entscheidern von der Marktfolge. Erst wenn die Marktfolge dem Kreditantrag des Marktes zugestimmt hat, erteilt die Bank dem potenziellen Kreditnehmer ein Kreditangebot. Eine etwaige Kreditzusage des Sachbearbeiters ist daher mit äußerster Vorsicht zu genießen. Erst wenn die Marktfolge dem Kreditvertrag zustimmt, kann von einer Kreditzusage gesprochen werden.

■   **Schufa/Selbstauskunft**

Bevor ein Kredit vergeben wird, wird regelmäßig die Bonität des Kunden durch die Bank überprüft. Hierfür gibt es verschiedene Möglichkeiten.

Schufa steht für „Die Schutzgemeinschaft für allgemeine Kreditsicherung". Diese sammelt und speichert die finanziellen Daten all derer, die freiwillig daran teilnehmen. Es besteht somit keine Pflicht, sein Einverständnis zur Einholung einer Schufa-Auskunft zu geben. Sollte allerdings die finanzierende Bank mit der Schufa zusammenarbeiten, so würde die Zustimmung zur Selbstauskunft eine nicht verhandelbare Bedingung für die Bank darstellen.

Es gibt jedoch auch Banken, die nicht mit der Schufa zusammenarbeiten und ein eigenes System der Bonitätsüberprüfung haben. Regelmäßig arbeiten diese Banken mit entsprechenden Selbstauskünften ihrer Kunden. Das bedeutet, dass die Kunden eine entsprechend vorgefertigte Selbstauskunft der Bank selbst ausfüllen und mit ihrer Unterschrift für die Richtigkeit dieser Auskunft garantieren.

■   **Rating/Zinsen**

Entsprechend den persönlichen wirtschaftlichen Verhältnissen und Art und Umfang des zu finanzierenden Projektes wird der Kreditnehmer geratet. Dieses Rating nimmt jede finanzierende Bank vor, wobei es sich hierbei um eine Benotung des Kreditnehmers handelt. Beste Kreditwürdigkeit führt zu einer bestmöglichen Bewertung, wobei schlechteste Kreditwürdigkeit zur schlechtmöglichsten Bewertung führt. Wie die Benotung tatsächlich von den einzelnen Banken erfolgt, wird regelmäßig geheim gehalten, um Manipulationsmöglichkeiten entgegenzuwirken. Die Benotung hat nicht nur Auswirkungen auf die Kreditzu- und -absage, sondern auch auf die Höhe des gewährten Darlehnszinssatzes.

9.2.2 Kreditarten

Die zwei häufigsten Kreditformen sind das Annuitätendarlehen und das Fälligkeitsdarlehen.

- **Annuitätendarlehen**

Beim Annuitätendarlehen zahlt der Darlehensnehmer eine feste monatliche Kreditrate. Da ein Teil der Rate auf die Zinsen und ein Teil auf die Tilgung der Darlehenssumme gezahlt wird, verringert sich der Darlehensbetrag monatlich, um schließlich am Ende der Finanzierung komplett zurückgeführt worden zu sein. Dies hat zur Folge, dass die Zinsbelastung von Jahr zu Jahr abnimmt und demgegenüber die Tilgung zunimmt. Die Konsequenz ist, dass man Planungssicherheit hat und genau berechnen kann, wann man den Kredit zurückgezahlt und sich entschuldet hat.

▪▪ **Beispiel**

Tilgungsplan
Darlehnsbetrag: 100.000,00 EUR
Laufzeit: 5 Jahre
Monatliche Rate: 1.887,12 EUR
Gesamtzinsen: 13.227,40 EUR

Monat	Tilgung	Zinsen	Restschuld
1	1.470,46 EUR	416,67 EUR	98.529,54 EUR
2	1.476,58 EUR	410,54 EUR	97.052,96 EUR
3	1.482,74 EUR	404,39 EUR	95.570,22 EUR
~	~	~	~
58	1.863,73 EUR	23,39 EUR	3.750,79 EUR
59	1.871,50 EUR	15,63 EUR	1.879,29 EUR
60	1.879,29 EUR	7,83 EUR	0,00 EUR

- **Fälligkeitsdarlehen**

Beim Fälligkeitsdarlehen hingegen werden monatlich beziehungsweise jährlich nur Zinsen auf die Darlehenssumme bezahlt. Das eigentliche Darlehen wird nicht zurückgeführt. Ist der Fälligkeitszeitpunkt des Darlehens erreicht, muss der Kreditnehmer den ursprünglich erhaltenen Kredit in einer Summe zurückzahlen. Um dies allerdings überhaupt möglich zu machen, muss der Kreditnehmer entweder diese Summe als Kapital zum Zeitpunkt der Kreditvergabe vorrätig haben und als Sicherheit der Bank geben, oder diese Kreditsumme in einer beliebigen Form ansparen. Diese Sparrate nennt man Tilgungssurrogat, da es die monatliche Tilgung ersetzt. Der Vorteil dieser Finanzierung liegt darin, dass mithilfe eines möglichst hohen Zinssatzes für die Kapitalanlage die erwirtschafteten Zinsen den Kredit schneller bzw. leichter zurückführen und die zu zahlenden Schuldzinsen steuerlich geltend gemacht werden können.

Zwar können mit Geldanlagen hohe Zinsen erwirtschaftet werden. Es besteht jedoch immer die Gefahr, dass die Geldanlagen nicht die prognostizierten Gewinne erwirtschaften und zum Fälligkeitszeitpunkt nicht das erforderliche Kapital vorhanden ist, um das Darlehen abzulösen. Wenn die Darlehenslaufzeit beendet ist, muss der komplette Darlehensbetrag auf einen Schlag zurückgezahlt werden. Dies muss der Kreditnehmer stets einplanen und auch entsprechend vorbereiten, da eine Finanzierungslücke niemals völlig ausgeschlossen werden kann.

▪▪ **Beispiel**

Tilgungsplan
Gesamtzinsen: 25.000,20 EUR

Monat	Tilgung	Zinsen	Restschuld
1	0,00 EUR	416,67 EUR	100.000,00 EUR
2	0,00 EUR	416,67 EUR	100.000,00 EUR
3	0,00 EUR	416,67 EUR	100.000,00 EUR
~	~	~	~
58	0,00 EUR	416,67 EUR	100.000,00 EUR
59	0,00 EUR	416,67 EUR	100.000,00 EUR
60	100.000,00 EUR	416,67 EUR	0,00 EUR

Organisationsformen

© Springer-Verlag GmbH Deutschland 2017
G. Bierling, H. Engel, A. Mezger, D. Pfofe, W. Pütz, D. Sedlaczek, *Arztpraxis – erfolgreiche Übernahme*,
Erfolgskonzepte Praxis- & Krankenhaus-Management, DOI 10.1007/978-3-662-54570-6_10

10.1 Was wird gekauft?

Elementar für die Planung und die Organisation sowie den gesamten Ablauf der Praxisübernahme ist zu wissen, um welche Art der Niederlassung, vornehmlich um welche Organisationsform, der jeweiligen Praxis es sich handeln soll.

Die elementarste Frage, die der Praxisübernehmer sich daher stellen muss, ist, welche Praxis am besten zu ihm passt. Sieht er sich eher in einer Einzel- oder in einer Gemeinschaftspraxis? Oder möchte er gar die Möglichkeit einer der verschiedenen Kooperationsformen für sich nutzen? Ein Kriterium für die Wahl der richtigen Organisationsform kann auch sein, ob lieber in Voll- oder doch nur in Teilzeit praktiziert werden soll.

All diese Faktoren hat der Praxisübernehmer im Vorfeld zu beachten und gründlich zu durchdenken. Denn für welche Organisationsform er sich letztendlich ausspricht, entscheidet über die weitere Vorgehensweise bis hin zur erfolgreichen Praxisübernahme.

10.2 Einzelpraxis

Die noch immer am häufigsten gewählte Organisationsform ist die der Einzelpraxis. Die Einzelpraxis ist als solche im Ganzen zu erwerben, das heißt zu ihr gehört unter anderem auch die Patientenkartei. Wichtig ist, dass der Kaufgegenstand im Wege der Veräußerung genau zu bestimmen ist. Zu beachten ist dabei, dass der noch innehabende Arzt als natürliche Person Rechtsträger der Einzelpraxis ist und von dieser auch nicht trennbar ist. So ist es unumgänglich, dass auch der Praxisübernehmer als natürliche Person Rechtsträger der Einzelpraxis wird.

Doch nur in nicht überversorgten oder gesperrten Regionen ist eine Niederlassung möglich. In gesperrten Gebieten ist eine Niederlassung nur durch Übernahme einer bereits bestehenden Praxis möglich.

10.3 Einkauf in eine Praxisgemeinschaft

Bei der Praxisgemeinschaft hingegen handelt es sich um eine Kooperationsform, bei welcher vor allem wirtschaftliche Vorteile im Fokus stehen. So können sich Ärzte verschiedenster Fachrichtungen zusammenschließen und Patienten ein breit aufgestelltes Angebot ärztlicher Behandlungen bieten.

Bei dieser Kooperationsform ist zu beachten, dass jeder Arzt seine Eigenständigkeit behält, was bedeutet, dass jeder unter anderem seinen eigenen Patientenstamm betreut und getrennt von den anderen bei der Kassenärztlichen Vereinigung abrechnet.

Indiz einer Praxisgemeinschaft ist also gerade nicht die gemeinschaftliche, sondern die getrennte Berufsausübung der Ärzte. Eine Praxisgemeinschaft kann somit als reine Kostenteilungsgemeinschaft bezeichnet werden.

10.4 Berufsausübungsgemeinschaft

Hinter der Berufsausübungsgemeinschaft versteckt sich die frühere Gemeinschaftspraxis.

Hierbei handelt es sich um den Zusammenschluss mehrerer Ärzte, die verschiedenen Fachrichtungen angehören können und die gemeinsam ihrer ärztlichen Tätigkeit nachgehen.

Gerade der gemeinsame Patientenstamm sowie die gemeinsame Abrechnung bei der Kassenärztlichen Vereinigung sind kennzeichnend für die Berufsausübungsgemeinschaft und unterscheiden diese von der Praxisgemeinschaft. In einer Berufsausübungsgemeinschaft ist somit die Teilung aller unternehmerischen Risiken, aber auch Erfolge, stets zu berücksichtigen.

Wer also Gesellschafter einer Berufsausübungsgemeinschaft werden möchte, sollte sich auf diesem Weg in jedem Fall anwaltliche Beratung einholen. Denn gerade die Eintrittsmodalitäten und der benötigte Gesellschaftsvertrag halten oftmals einige Schwierigkeiten bereit.

10.5 Medizinisches Versorgungszentrum

Bei Medizinischen Versorgungszentren handelt es sich um fachübergreifende, ärztlich geleitete Einrichtungen, in denen Ärzte, die in das Arztregister eingetragen sind, als angestellte Ärzte oder als Vertragsärzte tätig sind.

Medizinische Versorgungszentren wurden durch den Gesetzgeber nach dem Beispiel der Polikliniken in der ehemaligen DDR geschaffen und als neue Form der Leistungserbringung durch das Versorgungsstärkungsgesetz eingeführt.

Ziel war zugleich die Bündelung unterschiedlicher Fachgebiete in einer Versorgungseinrichtung und die Ausweitung der Möglichkeiten als angestellter Arzt, in Abgrenzung zur bis zu diesem Zeitpunkt ausschließlich freiberuflichen Tätigkeit, in der ambulanten Versorgung tätig zu werden.

Zugleich sollte eine Versorgungsverbesserung durch fachübergreifende Leitungserbringung geschaffen werden und damit mittelbar bessere Behandlungsmöglichkeiten für die Patienten. Medizinische Versorgungszentren durften zunächst nur durch Vertragsärzte, Krankenhäuser, nichtärztliche Dialyseerbringer und Unternehmen gegründet werden, die durch einen Leistungsvertrag mit einer Krankenkasse an der Versorgung teilnehmen durften. Diese persönlichen Voraussetzungen werden auch als sogenannte Gründungsberechtigung bezeichnet. Durch die Möglichkeit der Gründung auf Basis eines Leistungsvertrages konnten insbesondere Kapitalgeber Medizinische Versorgungszentren gründen. Im Zuge des Vertragsarztrechtsänderungsgesetzes wurde der Kreis der berechtigten Gründer eines Medizinischen Versorgungszentrums auf Vertragsärzte, Krankenhäuser und nichtärztliche Dialyseerbringer beschränkt. Diese können Medizinische Versorgungszentren nur in bestimmten Rechtsformen gründen, das heißt in der Rechtsform einer Personengesellschaft, einer GmbH oder einer eingetragenen Genossenschaft. Für Vertragsärzte kommen damit sowohl die Personengesellschaft als auch die GmbH als taugliche Rechtsform in Betracht. In einem Medizinischen Versorgungszentrum können Ärzte sowohl freiberuflich als auch als Angestellte tätig sein. Im Unterschied zur Anstellung bei einem anderen Vertragsarzt wird die Genehmigung zur Anstellung dem Medizinischen Versorgungszentrum erteilt. Das Medizinische Versorgungszentrum ist damit ein eigener Leistungserbringer, welcher einem Vertragsarzt gleichsteht. Hierdurch können Vertragsärzte auf ihre Zulassung verzichten, um sich am Medizinischen Versorgungszentrum anstellen zu lassen. Während bei einem Vertragsarzt nur drei Ärzte angestellt werden dürfen, in

apparativ-technischen Fächern vier Ärzte, so gilt diese Begrenzung für Medizinische Versorgungszentren nicht. Dort wird die persönliche Leitung der Praxis durch die Stellung des ärztlichen Leiters gewährleistet.

Medizinische Versorgungszentren wurden zu Beginn vor allem durch Krankenhäuser gegründet, mittlerweile aber in erheblichem Maße auch durch Vertragsärzte. Durch die Gesetzesänderungen der vergangenen Jahre wurden Medizinische Versorgungszentren und Berufsausübungsgemeinschaften immer weiter angenähert, sodass heute die Gründung eines Medizinischen Versorgungszentrums der Gründung einer örtlichen Berufsausübungsgemeinschaft gleichkommt.

Kaufvertrag

© Springer-Verlag GmbH Deutschland 2017
G. Bierling, H. Engel, A. Mezger, D. Pfofe, W. Pütz, D. Sedlaczek, *Arztpraxis – erfolgreiche Übernahme*,
Erfolgskonzepte Praxis- & Krankenhaus-Management, DOI 10.1007/978-3-662-54570-6_11

11.1   Grundsätzliches

Nachfolgend werden die Mindestinhalte dargestellt, die in keinem Vertrag über den Erwerb einer Praxis fehlen sollten.

Die Darstellung erhebt jedoch keinen Anspruch auf Vollständigkeit. Geregelt werden kann neben den rechtlich erforderlichen oder sinnvollen Punkten grundsätzlich alles, was den Parteien wichtig erscheint. Es kommt somit immer auf den jeweiligen Einzelfall an.

Denkbar sind neben einem reinen Kaufvertrag aber auch die Übernahme der gesamten Praxis oder eines Praxisanteils durch Tausch oder eine, gegebenenfalls auch teilweise, Schenkung. Bei der (teilweisen) Schenkung ist dann zusätzlich auf die Form der notariellen Beurkundung zu achten, da der geschlossene Vertrag ansonsten formunwirksam und damit nichtig, also „ungültig" wäre. Dasselbe gilt für den Fall, dass sich die Praxisimmobilie im Eigentum des Praxisabgebers befindet und diese mitverkauft werden soll: Auch hier ist eine notarielle Beurkundung erforderlich.

Auf die Darstellung von Musterklauseln oder gar eines Mustervertrages wird bewusst verzichtet. Ein solches Muster führt erfahrungsgemäß regelmäßig eher zur Entstehung von Konflikten, als es zu deren Beilegung beitragen kann. Keine Praxis, kein Praxisabgeber und kein Praxisübernehmer gleicht der / dem anderen. Es handelt sich immer um einen individuellen Einzelfall, der individuell gehandhabt werden muss. Auch sollte man sich davor hüten, zu glauben, dass man mit der Verwendung eines Mustervertrages Geld sparen könnte. Auch dies ist regelmäßig nicht der Fall, da eine notwendige individuelle Anpassung mit einem erheblichen Mehraufwand verbunden ist und die Nichtanpassung zu erheblichen Folgekosten führen kann und oftmals sogar den Gesamterfolg der Übernahme gefährdet.

In jedem Fall können und müssen daher zusätzliche und auf den Einzelfall angepasste Regelungen in den Vertrag eingearbeitet werden. Es gibt kaum Fälle, in denen zu viel, dafür aber viele Fälle, in denen zu wenig geregelt worden ist. Aus Praktikabilitätsgründen können, beispielsweise in Form einer Zusatzvereinbarung zum Vertrag, immer noch abweichende Regelungen getroffen werden. Im Zweifels- und damit gerade im hoffentlich nie eintretenden Streitfalle sollten möglichst eindeutige Regelungen vorhanden sein, an denen man sich orientieren kann. Verträge müssen sich gerade daran messen lassen, dass sie im Streitfalle eine einwandfreie Abwicklung der Übergabe ermöglichen.

Der von einem im Medizin- oder jedenfalls im Gesellschaftsrecht kundigen und erfahrenen Juristen entworfene oder von der jeweiligen Gegenseite überprüfte Praxisübernahmevertrag sollte unbedingt und in jedem Fall von einem Vertreter der steuerberatenden Berufe hinsichtlich steuerlicher Problemstellungen und für den Praxisübernehmer steuerlich und damit wirtschaftlich nachteiliger Regelungen überprüft werden. Es ist nämlich oft so, dass Regelungen zwar rechtlich völlig unproblematisch sind, aber für den Praxisabgeber oder den Praxisübernehmer steuerlich nachteilig sind.

Schließlich ist noch darauf hinzuweisen, dass die Parteien grundsätzlich die wechselseitige Verpflichtung haben, zum Gelingen des Vertrages beizutragen. Die Parteien müssen sich demnach gegenseitig unterstützen und unter Umständen sogar bei bestimmten Angelegenheiten, wie der Beschaffung bestimmter benötigter Unterlagen, aktiv mitwirken.

11.2   Zu regelnde Aspekte

11.2.1   Praxissitz

Ein häufig anzutreffendes Vorurteil vorweg: Gekauft wird nicht die vertragsärztliche Zulassung beziehungsweise der Vertragsarztsitz. Ein hierauf gerichteter Vertrag wäre nichtig. Wer behauptet, einen „Sitz" zu kaufen oder gekauft zu haben, drückt sich daher in rechtlicher Hinsicht im besten Falle ungenau aus.

Bei der Zulassung handelt es sich zwar um einen nicht zu vernachlässigenden wertbildenden Faktor der Praxis oder des Praxisanteils. Diese stellt aber kein Wirtschaftsgut dar, welche isoliert von einer Praxis oder einem Praxisanteil gekauft werden könnte.

Gegenstand der Praxisübernahme kann demnach grundsätzlich nur die Praxis in ihrer Gesamtheit als Unternehmen oder der Anteil an dieser sein. Übernommen werden kann aber nicht nur eine Einzelpraxis als Ganzes. Da der Vertragsarzt seine Zulassung auch halbieren kann, besteht die Möglichkeit, dass der Praxisabgeber zunächst nur auf den hälftigen Versorgungsauftrag verzichtet und auch nur diesen halben Vertragsarztsitz nachbesetzen lässt. Der Praxisübernehmer würde dann auch nur die halbe Praxis übernehmen.

Inhalt der Genehmigung des Zulassungsausschusses ist der Praxissitz am konkreten Standort mit der genauen Adresse bis hin zu dem genauen Stockwerk, in dem sich die Praxis befindet.

11.2.2 Praxisausstattung

Die Arztpraxis umfasst die Gesamtheit all dessen, was die gegenständliche und personelle Grundlage der Tätigkeit des in freier Praxis tätigen Arztes bei der Ausübung der ihm obliegenden Aufgaben bildet.

Zu dieser „Gesamtheit" gehören die materiellen und immateriellen Werte der Praxis. Zu den materiellen Werten gehören die Praxiseinrichtungsgegenstände, der Sprechstundenbedarf und technische beziehungsweise medizinische Geräte. Zu den immateriellen Werten gehört im Wesentlichen der Patientenstamm, der zunächst die Grundlage für die in der Zukunft erzielbaren Umsätze schafft. Man spricht insoweit gerne vom sogenannten Goodwill.

Um Zweifel oder Unstimmigkeiten zu vermeiden, sollten die Gegenstände, die von der Praxisübernahme mit umfasst sein sollen, in einem Inventarverzeichnis als Anlage zum Praxisübernahmevertrag festgehalten werden.

Bei der Inventarliste sollte darauf geachtet werden, dass nicht einfach die zu steuerlichen Zwecken erstellten Listen oder Verzeichnisse, wie zum Beispiel das Abschreibungsverzeichnis, übernommen werden. Diese können nämlich Gegenstände enthalten, die zwar in steuerlicher, nicht aber in rechtlicher Hinsicht der Praxis zuzuordnen sind. So sollen zum Beispiel in der Regel nicht die beruflich genutzten Fahrzeuge des Praxisabgebers, die sich zwar im steuerlichen (Sonder-) Betriebsvermögen der Praxis befinden, in rechtlicher Hinsicht aber im Privateigentum des Praxisabgebers stehen, mit übereignet werden. Zudem gibt es bei Gemeinschaftspraxen oft weitere Gegenstände, wie zum Beispiel häufig die Praxisräumlichkeiten, die sich rechtlich im Eigentum nur eines Gesellschafters befinden,

der sie an die Berufsausübungsgemeinschaft lediglich unentgeltlich zur Nutzung überlässt, die sich aber in steuerlicher Hinsicht im Sonderbetriebsvermögen des Gesellschafters und damit nur indirekt im Vermögen der Gesellschaft befinden. Außerdem fehlen in den Listen und Verzeichnissen womöglich oft Gegenstände, weil sie bereits steuerlich abgeschrieben sind. Diese Gegenstände sind aber regelmäßig nicht wertlos. Im Gegenteil haben sie doch einen gewissen Restwert und dürften, wie zum Beispiel der Praxiscomputer, der seit Jahren einwandfreie Dienste leistet, unverzichtbarer Bestandteil der Praxisorganisation sein.

Sollen die Praxisräumlichkeiten mit übereignet werden, ist darüber hinaus auch die notarielle Beurkundungspflicht für den Praxisübernahmevertrag zu beachten. Es bietet sich daher schon allein aus Kostengründen an, für beide Kaufgegenstände, Praxis und Praxisräumlichkeiten, getrennte Vertragsurkunden zu erstellen, damit nur der Kaufvertrag für die Praxisräumlichkeiten beurkundet werden muss. Dann ist jedoch darauf zu achten, dass beide Verträge aufeinander abgestimmt und gegebenenfalls mit einer entsprechenden Bedingung versehen sind.

Umgekehrt können aber auch bestimmte Gegenstände explizit von der Praxisübernahme ausgeschlossen werden, wie zum Beispiel Gemälde oder persönliche Gegenstände des täglichen Gebrauchs des Praxisabgebers.

Im Ergebnis sollte klar vereinbart werden, was genau verkauft wird. Nicht zu vergessen ist daher auch eine Regelung zu den Vorräten einer Praxis, am besten wiederum in der Inventarliste, die üblicherweise nicht im Anlagenverzeichnis aufgeführt sind. Dies gilt umso mehr, wenn es sich bei den Vorräten nicht nur um den üblichen Sprechstundenbedarf des täglichen Gebrauchs wie Wattestäbchen oder Pflaster handelt, sondern es dabei unter Umständen um nicht unerhebliche Werte geht.

In seltenen Fällen stehen einzelne Gegenstände nicht im Eigentum des Praxisabgebers, weil sie beispielsweise sicherungsübereignet (quasi verpfändet) sind, wie zum Beispiel an eine Bank oder einen anderen Gläubiger. Für den Praxisübernehmer ist es deshalb erforderlich, in den Praxiskaufvertrag eine Zusicherung aufnehmen zu lassen, dass das Eigentum am Praxisinventar beim Praxisinhaber liegt.

11.2.3 Patientenstamm/ Patientenkarte

Übernommen wird, wie bereits zuvor erwähnt, in der Regel auch der Goodwill der zu übernehmenden Praxis. Der Goodwill beschreibt im Gegensatz zu den materiellen Gegenständen einer Praxis (Behandlungsstuhl, Computer, Theke etc.) den immateriellen beziehungsweise ideellen Wert einer Praxis. Man könnte ihn genauer beschreiben als „wirtschaftlichen Wert in Gestalt der dem Praxisübernehmer eingeräumten Chance, den Patientenstamm der Praxis zu übernehmen, weiter zu behandeln und die Praxis gegebenenfalls weiter ausbauen zu können".

Die Patientenkartei samt Krankenunterlagen und Befunden, ob in Papier- oder elektronischer Form, ist für beide Parteien selbstverständlich von besonderer Bedeutung. Auch diese wird grundsätzlich mitverkauft und mitübereignet, allerdings unter dem Vorbehalt der Einwilligung des jeweiligen Patienten an der Übereignung seiner Kartei:

Der Inhalt der Patientenunterlagen unterliegt dem grundgesetzlich geschützten Recht des jeweiligen Patienten auf informationelle Selbstbestimmung. Gegen den Willen des Patienten darf der Inhalt der Patientenakte keinem Dritten, auch nicht dem Käufer, bekannt gegeben werden.

Das Recht des Patienten wird darüber hinaus auch durch die berufliche Schweigepflicht des Praxisabgebers geschützt. Verstößt der Praxisabgeber hiergegen, verhält er sich nicht nur standeswidrig im Sinne der jeweils gültigen Berufsordnung, sondern macht sich darüber hinaus auch nach dem Strafgesetzbuch strafbar.

Der Praxisübernehmer darf in die Patientenunterlagen eines Patienten daher erst und auch nur dann Einsicht nehmen, wenn der betreffende Patient ausdrücklich oder durch schlüssiges Verhalten, zum Beispiel durch Erscheinen in der Praxis nach Übergabe an den Praxisübernehmer, um sich von diesem weiterbehandeln zu lassen, zu erkennen gegeben hat, dass er mit der Einsichtnahme in seine Akte gerade durch den Praxisübernehmer auch einverstanden ist. Dies gilt nur dann nicht, wenn der Praxisübernehmer bereits zuvor in der Praxis des Praxisabgebers, beispielsweise als angestellter Arzt oder Weiterbildungsassistent, gearbeitet hat, weil dann zuvor schon die Einwilligung des Patienten eingeholt worden sein

muss und zwar idealerweise auf die vorgeschilderte Art und Weise.

Der Praxisabgeber hat damit Sorge zu tragen, dass sich der Praxisübernehmer erst dann vom Inhalt der Patientenunterlagen Kenntnis verschaffen kann, wenn die (vorherige) Einwilligung des jeweiligen Patienten in die Einsichtnahme und/oder eine entsprechende Entbindung von der Schweigepflicht vorliegt. Aus Datenschutzgründen und im eigenen Interesse zu Beweiszwecken empfiehlt es sich, sich eine entsprechende Schweigepflichtentbindungserklärung und/oder Einwilligung des Patienten schriftlich geben zu lassen.

Ein Praxisübernahmevertrag muss daher zwingend eine Regelung zum Umgang mit den Patientendaten enthalten, um nicht wegen Verstoßes gegen straf- und zivilrechtliche Vorschriften nichtig zu sein. Hierauf haben insbesondere auch die Zulassungsausschüsse ein besonderes Augenmerk.

In der Praxis hat sich insoweit die Verwendung des sogenannten „Zwei-Schrank-Modells" entsprechend den sogenannten Münchener Empfehlungen zur Wahrung der ärztlichen Schweigepflicht bewährt.

Danach sind die Unterlagen der Patienten, die der Einsichtnahme ihrer Daten durch den Praxisübernehmer (noch) nicht zugestimmt haben, für den Praxisübernehmer verschlossen und getrennt von den Patientenunterlagen des Praxisübernehmers beziehungsweise den Patientenunterlagen der Patienten, die in die Einsichtnahme ihrer Daten schon zugestimmt haben, aufzubewahren. Bei einer elektronischen Patientenkartei gilt dies entsprechend, wobei hier besondere technische Vorkehrungen, beispielsweise die Sperrung mittels Passwörtern etc., getroffen werden müssen, um ein ähnliches Schutzniveau der Daten gewährleisten zu können.

Erst nachdem ein Patient also zugestimmt hat, dürfen dessen Patientenunterlagen von dem einen (gegebenenfalls gedachten) Schrank des Praxisabgebers in den Schrank des Praxisübernehmers überführt werden.

Bis zur Einwilligung des Patienten in die Einsichtnahme durch den Praxisübernehmer verbleiben die Unterlagen im Eigentum des Praxisabgebers. Dieser hat dann entweder selbst für die Aufbewahrung im Rahmen der standesrechtlichen und/oder spezialgesetzlichen Vorschriften (zum Beispiel bei

Röntgen- oder CT/MRT-Aufnahmen gemäß den einschlägigen Verordnungen) zu sorgen oder er muss diese Verpflichtung an einen Dritten, wie zum Beispiel den Praxisübernehmer, im Rahmen eines in der Regel unentgeltlichen Verwahrungsvertrags übertragen.

Die Pflichten des Praxisabgebers gehen sogar so weit, dass aus dessen Sicht in den Praxisübernahmevertrag die Bestätigung des Praxisübernehmers mitaufgenommen werden sollte, dass dieser auf sein entsprechendes Weisungsrecht gegenüber seinem Personal zu verzichten (damit er nicht sein Personal anweisen kann, die „verbotene" Patientenkartei zu durchsuchen) und am besten ein(e) bestimmte(r) Mitarbeiter/in beziehungsweise ein(e) Vertreter(in) mit der Überwachung und Koordination der Patientenunterlagen zu beauftragen hat.

Enthält der Kaufvertrag zu dem Umgang mit den Patientendaten keine Regelung oder eine Regelung, die die vorgenannten Grundsätze nicht hinreichend beachtet, ist der Kaufvertrag nichtig. Für den Praxisübernehmer hat das den unangenehmen Effekt, dass er die Mitwirkung des Praxisabgebers zur Übertragung der Zulassung auf ihn und die Übereignung der Praxis nicht verlangen kann. Der Praxisabgeber ist durch den nichtigen Kaufvertrag nicht daran gehindert, die Praxis an einen besser zahlenden Praxisübernehmer zu übergeben. Ebenso wenig muss der Praxisabgeber dem Praxisübernehmer Schadensersatz leisten, wenn er sich nicht vertragstreu verhält. Der Praxisübernehmer ist gut beraten, auf eine wirksame Klausel zur Beachtung des Patientengeheimnisses zu achten.

Ausdrücklich klargestellt werden muss aus Sicht des Praktikers in diesem Zusammenhang, dass natur- und erfahrungsgemäß keine Garantie dafür übernommen werden kann, dass alle oder ein bestimmter Prozentsatz von Patienten durch den Praxisübernehmer übernommen werden oder bestimmte Gewinn- oder Umsatzzahlen nach dem Übernahmezeitpunkt erreicht werden können. Eine solche Erwartung würde im Übrigen auch bereits der oben genannten Definition des Goodwills widersprechen. Letzten Endes entscheidet nämlich jeder Patient selbst, ob er vom Praxisübernehmer der Praxis oder des Praxisanteils weiterbehandelt werden möchte oder eben nicht. Eine Garantie hierfür kann aber neben den gesetzlichen Gewährleistungsrechten ausdrücklich

vereinbart werden und steht selbständig neben diesen. Die Haftung hierfür wäre dann verschuldensunabhängig, das heißt, es kommt nicht darauf an, ob oder wer schuld (Vorsatz oder Fahrlässigkeit) an einem Schaden hat. Wie alle Punkte eines Vertrages ist auch die Übernahme einer Garantie Verhandlungssache. Wenn der Praxisabgeber sich zumindest bei einem gewissen Prozentsatz der Patienten sicher ist, dass diese sich durch den Praxisübernehmer weiterbehandeln lassen, steht auch der Übernahme einer entsprechenden Garantie durch den Praxisabgeber nichts im Wege. Sollte sich der Praxisabgeber auf die Übernahme einer Garantie einlassen, muss er grundsätzlich auch daran festhalten und sich daran messen lassen.

In jedem Fall sollte eine Klausel in den Vertrag aufgenommen werden, die den Praxisabgeber verpflichtet, die Praxis engagiert bis zum Übergabetag weiterzuführen, die Sprechstundenzeiten nicht zu verringern und soweit möglich den Patientenstamm zu erhalten.

11.2.4 Bestehende Verträge

Bei dem Kauf einer Arztpraxis handelt es sich um einen Unternehmenskauf. Trotzdem gehen die Vertragsverhältnisse, die der Praxisabgeber geschlossen hat, nicht automatisch auf den Praxisübernehmer über. Vielmehr müssen sich zunächst der Praxisabgeber und der Praxisübernehmer darüber klar werden, in welche Vertragsbeziehungen der Praxisübernehmer eintreten möchte und in welche gerade nicht. Ein gut organisierter Praxisabgeber verfügt über eine vollständige Liste aller Verträge. Sofern der Praxisübernehmer überlegt, in diese Verträge einzutreten, kann er von dem Praxisabgeber die Herausgabe von Kopien der Vertragsurkunden verlangen. Die Vertragsbeziehungen, in die der Praxisübernehmer nicht eintreten möchte, muss der Praxisabgeber rechtzeitig kündigen. Möchte der Praxisübernehmer in die Verträge eintreten, muss er sich mit den Vertragspartnern des Praxisabgebers über den Übergang des Vertrages verständigen. Ausnahmen gelten nur für Arbeitsverträge.

Für den unwahrscheinlichen Fall, dass ein Vertragspartner des Praxisabgebers keinen Vertrag mit dem Praxisübernehmer schließen möchte, kann in dem Praxiskaufvertrag vereinbart werden, dass der Praxisabgeber Vertragspartner bleibt und der Praxisübernehmer die Kosten des Vertrages trägt. Die Formulierung im Praxiskaufvertrag lautet dann zum Beispiel: „Im Innenverhältnis stellt der Praxisübernehmer den Praxisabgeber von der Verpflichtung aus dem Vertrag frei."

- **Mietverträge**

Für die Zulassung als Vertragsarzt muss der Praxisübernehmer, ausgenommen sind Anästhesisten, geeignete Praxisräume haben. Es ist verboten, die Kassenpraxis „im Umherziehen" zu betreiben. Daher ist der Praxisübernehmer häufig darauf angewiesen, in das Praxismietverhältnis des Praxisabgebers eintreten zu können. Jedenfalls empfiehlt sich dies zumindest in der Regel, um eine reibungslose Praxisübernahme durchführen zu können. Oft verlangen auch die den Kaufpreis finanzierenden Banken einen Nachweis über die Standortsicherung.

Da das Vorhalten von Praxisräumen für den Praxisübernehmer von erheblicher Bedeutung ist, empfiehlt es sich, für den Fall des Scheiterns der Mietvertragsverhandlungen ein Rücktrittsrecht in den Kaufvertrag aufzunehmen. Ebenso sollte in den Mietvertrag ein Rücktrittsrecht oder ein Sonderkündigungsrecht für den Fall aufgenommen werden, dass der Praxisübernehmer nicht zur vertragsärztlichen Versorgung zugelassen wird.

- **Arbeitsverträge**

■■ **Arbeitsrechtliche Besonderheiten**

Ob vertraglich vereinbart oder nicht, der Praxisübernehmer tritt unabhängig von dessen Willen (und unter Umständen Wissen) quasi automatisch in die Arbeitsverhältnisse des Praxisabgebers mit seinem Praxispersonal ein, sofern der entsprechende Arbeitnehmer dem nicht widerspricht. Man spricht dabei vom sogenannten Betriebsübergang. Einer ausdrücklichen Regelung der Vertragsübernahme wie bei allen anderen Vertragsverhältnissen bedarf es daher nicht. Demgegenüber sollten explizite Regelungen über das „Wie" des Betriebsübergangs in den Übergabevertrag aufgenommen werden, um so für einen möglichst angenehmen und reibungslosen Arbeitgeberwechsel für alle Beteiligte zu sorgen. Eine frühzeitige und explizite Regelung wird des Weiteren

auch den Interessen der Beteiligten gerecht, welche dadurch in der Lage sind, rechtzeitig Vorsorgemaßnahmen treffen zu können.

■■ **Rechtslage**

Bei jeder Form der Praxisveräußerung stellt sich sowohl für denjenigen, der die Praxis übergibt, als auch für denjenigen, der eine solche übernimmt, die Frage, welche Konsequenzen sich daraus für die Mitarbeiter und ihre Arbeitsverhältnisse ergeben. Die Rechtsfolgen sind vielfältig und erfordern größte Umsicht und Sorgfalt.

Wird die Einzelpraxis von dem Praxisübernehmer fortgeführt, haben wir es mit einem sogenannten Betriebsübergang zu tun. Er bewirkt, dass alle bisherigen Mitarbeiter des Praxisabgebers mit ihren Arbeitsverhältnissen beziehungsweise Arbeitsverträgen beim Praxisübernehmer der Praxis ihre Arbeitsverhältnisse fortsetzen, ohne dass die jeweiligen Arbeitsverträge – etwa aus Anlass des Übergangs und zumindest für die Dauer eines Jahres – verändert werden dürfen.

Gleiches gilt bei dem Eintritt in eine Berufsausübungsgemeinschaft dann nicht, wenn die Gesellschaft fortbesteht und nur ein Gesellschafter wechselt. Denn der Arbeitgeber ist die Gesellschaft und es sind nicht die einzelnen Gesellschafter. Ein Betriebsübergang im arbeitsrechtlichen Sinne ist dann nicht gegeben.

Auch beim Eintritt in eine Praxisgemeinschaft liegt kein Betriebsübergang vor, wenn nur ein Gesellschafter wechselt, die Gesellschaft an sich aber nicht aufgelöst wird.

■■ **Unterrichtungspflichten**

Vor dem Betriebsübergang, also dem Tag der Praxisübergabe, haben entweder der Praxisabgeber oder der Praxisübernehmer die betroffenen Arbeitnehmer „in Textform" zu unterrichten über

- den Zeitpunkt oder den geplanten Zeitpunkt des (Betriebs-)Übergangs,
- den Grund für den Übergang,
- die rechtlichen, wirtschaftlichen und sozialen Folgen des Übergangs für die Arbeitnehmer und
- die hinsichtlich der Arbeitnehmer in Aussicht genommenen Maßnahmen.

In der Praxis empfiehlt sich eine gemeinsame, das heißt von beiden Parteien, unterzeichnete

Unterrichtung. Da auch die rechtlichen Folgen des Betriebsübergangs darzustellen sind, müssen die Mitarbeiter darüber informiert werden, dass sie dem Übergang der Arbeitsverhältnisse auf den Praxisübernehmer auch innerhalb eines Monats ab Unterrichtung des Übergang ihres Arbeitsverhältnisses auf den neuen Praxisinhaber widersprechen können.

Für alle Beteiligten ist es wichtig zu wissen, dass nur eine vollständige und umfassende Unterrichtung die Frist von einem Monat in Gang setzt, innerhalb der sich die Mitarbeiter des Praxisübernehmers darüber klar werden müssen, ob sie dem Betriebsübergang auf den Praxisübernehmer widersprechen wollen oder nicht. Erst nach Ablauf dieses Monats kann sich der Praxisübernehmer – zumindest für die gewisse Zeit von Kündigungsfristen – sicher sein, dass er ein mit dem Patientenstamm der erworbenen Praxis vertrautes Team übernehmen kann oder eben nicht. Allerdings kommt es in der Praxis so gut wie gar nicht vor, dass einzelne Mitarbeiter dem Betriebsübergang widersprechen oder gar ein kollektiver Widerspruch durch alle oder die Mehrzahl der Mitarbeiter erfolgt. Der Grund dafür ist, dass der Praxisabgeber naturgemäß einem widersprechenden Arbeitnehmer keinen Arbeitsplatz (mehr) anbieten kann, ebenso wenig wie eine Praxisgemeinschaft beziehungsweise eine Berufsausübungsgemeinschaft, die in ihrer ursprünglichen Zusammensetzung aufhört zu existieren. Denn nur der neue Praxisinhaber oder die neu gegründete Gesellschaft verfügt ab Betriebsübergang über reale Beschäftigungsmöglichkeiten. Sollten allerdings einzelne oder gar das gesamte Praxisteam dem Betriebsübergang auf den Praxisübernehmer widersprechen, ergibt sich folgende Rechtsfolge:

Die Arbeitsverhältnisse zwischen dem Praxisabgeber und seinen bisherigen Mitarbeitern bestehen so lange fort, wie die Arbeitsverhältnisse nicht wirksam gekündigt sind oder zwischen dem abgebenden Arzt und seinen Mitarbeitern eine Aufhebungsvereinbarung geschlossen worden ist. Der Praxisübernehmer sieht sich umgehend vor das Problem gestellt, nur mit den Mitarbeitern weiter arbeiten zu können, welche dem Betriebsübergang auf ihn, als neuen Arbeitgeber, nicht widersprochen haben.

Aber wie genau kommen Praxisabgeber und Praxisübernehmer nun aus diesem Dilemma?

In einem solchen Fall empfiehlt es sich, dass sich beide Parteien untereinander verständigen und wie folgt vorgehen:

Der seine Einzelpraxis abgebende Arzt oder die Gesellschaft in der bisherigen Zusammensetzung kündigt die mit den widersprechenden Arbeitnehmern bestehenden Arbeitsverhältnisse zum nächst möglichen Termin, was immerhin bei langjährig Beschäftigten unter Geltung der gesetzlichen Kündigungsfristen eine bis zu 7-monatige Kündigungsfrist bedeuten kann. Für die Dauer der Kündigungsfrist sind die widersprechenden Mitarbeiter vom Praxisabgeber zu vergüten, obwohl er sie nicht mehr beschäftigen kann, da nur der Praxisübernehmer eine Beschäftigungsmöglichkeit anbieten kann.

Und genau dieses Angebot, dem widersprechenden Arbeitnehmer bei dem neuen Arbeitgeber eine Beschäftigungsmöglichkeit – zumindest für die Dauer der jeweiligen Kündigungsfrist – anzubieten, sollten Praxisabgeber und Praxisübernehmer schriftlich vereinbaren. Nehmen die widersprechenden Arbeitnehmer dieses Beschäftigungsangebot nicht an, so verlieren sie ihren Anspruch auf Vergütung. Denn sie müssen sich das anrechnen lassen, was sie während des Annahmeverzugs des Praxisabgebers „böswillig" unterlassen zu erwerben. Im Ergebnis werden sie wohl oder übel das – wenn auch nur für die Dauer der Kündigungsfrist – geltende Beschäftigungsangebot des Praxisübernehmers annehmen oder sich eine andere Beschäftigungsmöglichkeit suchen. In jedem Falle aber ist der Praxisabgeber auf diese Weise vor finanziellen Nachteilen geschützt, die ihm sonst aus den bei ihm zunächst verbleibenden Arbeitsverhältnissen anderenfalls ohne die beschriebene Vereinbarung mit dem Praxisübernehmer erwachsen könnten. In dem Praxisübergabevertrag beziehungsweise dem Abtretungsvertrag (im Falle einer Berufsausübungsgemeinschaft) zwischen dem Praxisabgeber und dem Praxisübernehmer sollte der immerhin nicht nur theoretische Fall eines widersprechenden Arbeitnehmers klar geregelt sein, wie etwa die Abwicklungskosten eines solchen Arbeitsverhältnisses unter den betroffenen Ärzten, dem Abgebenden, dem Praxisabgeber und dem Praxisübernehmer, bis hin zu den Kosten eines in diesem Zusammenhang möglichen Rechtsstreits vor den Arbeitsgerichten, verteilt werden sollen.

▪▪ Absicherung

Sowohl der Praxisabgeber in seiner Eigenschaft als bisheriger Arbeitgeber als auch der Praxisübernehmer als neuer Arbeitgeber haften für Verpflichtungen aus den übergegangenen Arbeitsverhältnissen gesamtschuldnerisch für alle rückständigen Verbindlichkeiten, soweit sie in dem Jahr vor dem Betriebsübergang entstanden sind. Was rückständige finanzielle Forderungen von Mitarbeitern angeht, so ist in vielen Arbeitsverträgen des Praxispersonals allein über die bloße Bezugnahme auf geltende Tarifverträge geregelt, dass die Mitarbeiter 12 Monate Zeit haben, rückständige Ansprüche geltend zu machen. Es dürfte ein Gebot der Fairness sein, den Praxisübernehmer über derartige Verbindlichkeiten, namentlich noch offene Urlaubsansprüche, soweit sie nicht vor dem Betriebsübergang vom Praxisabgeber erfüllt sind, zu informieren. Sorgfältig gestaltete Praxisübergabeverträge enthalten ohnehin entsprechende Regelungen, auch über den tatsächlichen Personalstand, der sich gerade aufgrund von in Anspruch genommener Elternzeit oder bei aus anderen Gründen ruhenden Arbeitsverhältnissen nicht zuverlässig aus den Lohnabrechnungen ablesen lässt. Darin sollte über die nicht ohne weiteres sichtbaren, rechtlich aber nach wie vor bestehenden Arbeitsverhältnisse Auskunft gegeben werden.

▪▪ Kündigung und Beendigung von Arbeitsverhältnissen vor Betriebsübergang

Es kann sich im Laufe der Vertragsverhandlungen ergeben, dass der Praxisübernehmer beziehungsweise die übernehmende Gesellschaft mit weniger Personal auszukommen beabsichtigt, als der Praxisabgeber gegenwärtig beschäftigt. In diesem Fall kann sich der Praxisabgeber mit der Forderung konfrontiert sehen, er möge – oft auf seine Kosten – die Arbeitsverhältnisse für einzelne oder eine bestimmte Anzahl der Mitarbeiter vor Betriebsübergang beenden. Dabei stellt sich zunächst die Frage, wer diese Kosten zu tragen hat beziehungsweise in welcher Form sie letztendlich auch im Kaufpreis der Praxis ihren Niederschlag finden. Grundsätzlich ist es der Praxisabgeber, der es in der Vergangenheit versäumt hat, den Personalbestand den Notwendigkeiten anzupassen. Im Rahmen der Verhandlungen über die Praxisübernahme soll über den Umgang mit dem Personalüberhang offen gesprochen und eine für beide Beteiligten andere Lösung gefunden werden.

▪ Leasingverträge

Für die Übernahme von Leasingverträgen gilt das oben Gesagte entsprechend. Diese Verträge können nur mit Zustimmung des Leasingunternehmens auf den Praxisübernehmer übertragen werden. Der Leasinggeber wird dabei eine Bonitätsprüfung des Praxisübernehmers vornehmen, vergleichbar der Bonitätsprüfung, wie sie eine Bank vornimmt, wenn sie einen Praxiskaufpreis finanziert. Daher empfiehlt es sich, rechtzeitig vor dem Stichtag der Praxisübergabe mit dem Leasingunternehmen Kontakt aufzunehmen.

▪ Sonstige Verträge

Neben den exemplarisch genannten Verträgen gibt es noch eine Vielzahl an weiteren Verträgen, welche der Praxisabgeber eingegangen ist und die der Praxisübernehmer für den sinnvollen Betrieb seiner Praxis braucht. Dazu gehören beispielsweise Telekommunikationsverträge, EDV-Wartungsverträge, Verträge mit einer Marketingagentur zum Vorhalten einer modernen Website und vieles mehr. Für all diese Vertragsverhältnisse gilt, dass der Praxisübernehmer sich rechtzeitig einen Überblick verschaffen und mit allen Vertragspartnern Verhandlungen aufnehmen sollte.

11.2.5 Überleitende Mitarbeit

Zur vorläufigen weiteren Bindung des Patientenstammes kann es durchaus sinnvoll sein, wenn der Praxisabgeber dem Praxisübernehmer zumindest für einen gewissen Zeitraum– auch wenn vielleicht nur an bestimmten Tagen – zur Seite steht und sich gegebenenfalls auch als angestellter Arzt beispielsweise weiter vornehmlich um die Privatpatienten der übergebenen Praxis kümmert. Auf diese Weise kann am ehesten erreicht werden, dem Praxisübernehmer den besonders wertvollen Teil des Patientenstammes zu erhalten. Es ist in solchen Fällen dringend zu empfehlen, zusammen mit dem Praxisübergabe- beziehungsweise Kaufvertrag auch einen Arbeitsvertrag zwischen dem Praxisübernehmer und dem Praxisabgeber abzuschließen und – je nach Interessenlage

– entsprechend längere oder kürzere Kündigungsfristen zu vereinbaren. Denn Arbeitsverträge können sowohl mit einer unbefristeten als auch mit einer befristeten Kündigungsmöglichkeit ausgefertigt werden.

11.2.6 Wettbewerbsverbot

Üblicherweise geht der Praxisübernehmer beim Kauf der Praxis davon aus, die Patienten und die übrigen vom Praxisabgeber aufgebauten Netzwerke, gerade im Hinblick auf Zuweiser, übernehmen zu können. Des Weiteren geht er davon aus, dass der Praxisabgeber ihm in Zukunft diese Beziehungen nicht abspenstig machen wird. Immerhin würde so die vom Praxisübernehmer unter Umständen teuer erkaufte Chance, diese Beziehungen zu nutzen und daraus seinen Lebensunterhalt zu bestreiten, beeinträchtigt.

Das ist jedoch nur dann unproblematisch, wenn der Praxisabgeber sich nach der Praxisübergabe zur Ruhe setzen möchte und sich dann auch tatsächlich in den Ruhestand verabschiedet.

Sofern der Praxisabgeber allerdings dann doch nicht „loslassen" kann oder ohnehin beabsichtigt hat, seinem Beruf anderweitig nachzugehen, stellt sich die Frage, wie der Praxisübernehmer in seiner Erwartungshaltung geschützt werden kann. Andererseits sollen aber auch die Interessen des Praxisabgebers, seinen Beruf weiterhin ausüben zu können, nicht unzumutbar eingeschränkt werden.

Im Praxisübergabevertrag (also in Schriftform zu Beweiszwecken) sollte daher für den Praxisabgeber ein sogenanntes nachvertragliches Wettbewerbsverbot, auch Rückkehrverbot oder Konkurrenzschutzklausel genannt, vereinbart werden. Angemerkt sei an dieser Stelle, dass für die Dauer eines Arbeits- oder Gesellschaftsvertrags beispielsweise ein solches Wettbewerbsverbot aufgrund der vertraglichen Nebenpflicht des Arbeitnehmers beziehungsweise der Treuepflicht der Gesellschafter untereinander ohnehin – also auch ohne ausdrückliche vertragliche Regelung – besteht.

Um einen sachgerechten Ausgleich der gegenläufigen Interessen beider Parteien erzielen zu können, muss das Wettbewerbsverbot einige von der Rechtsprechung entwickelte Voraussetzungen erfüllen, um nicht Gefahr zu laufen, jedenfalls teilweise, nichtig und damit unverbindlich zu sein.

Geht die Klausel über den vorgenannten Schutzzweck hinaus, übervorteilt die eine und/oder benachteiligt die andere Partei in unzumutbarer Weise, ist die Klausel in jedem Fall nichtig. Die Klausel muss danach in zeitlicher, örtlicher und gegenständlicher Hinsicht angemessen sein. Eine allgemein gültige Formel gibt es für die Angemessenheit des Wettbewerbsverbots aber nicht. Maßgeblich sind hier immer die Umstände des jeweiligen Einzelfalls. Der umfangreichen hierzu ergangenen Rechtsprechung können insoweit also nur Tendenzen entnommen werden.

In zeitlicher Hinsicht zulässig ist das Verbot nach der Rechtsprechung des Bundesgerichtshofs für die Dauer von grundsätzlich zwei bis drei Jahren. Nach dieser Zeit geht man davon aus, dass sich das „Patientengut" quasi „verflüchtigt" hat und es schlicht nichts mehr zu schützen gibt. Wird ein zeitlich länger andauerndes Wettbewerbsverbot vereinbart als zulässig, ist es sittenwidrig und damit nichtig, wird aber durch das Gericht auf das zulässige Maß heruntergekürzt (sogenannte geltungserhaltende Reduktion). Der Umfang eines wirksamen Wettbewerbsverbotes ist von vielen Faktoren abhängig, wie zum Beispiel der Verkehrsanbindung, der geographischen Lage, ob es sich um ein Stadtgebiet oder eher ländlich geprägtes Gebiet handelt, der Fachgruppe des Praxisabgebers, der Patientenstruktur, dem Planbereich der Bedarfsplanung oder dem Zulassungsbezirk.

So kann beispielsweise bereits ein Radius von fünf km um die Praxis unwirksam sein, wenn die betreffende Praxis in Berlin-Mitte oder im Ruhrgebiet liegt. Andererseits kann ein Radius von 25 km in einem großflächigen und kaum besiedelten Gebiet, beispielsweise in der Eifel, unproblematisch zulässig sein. Möglich ist auch, dass es unzweckmäßig ist, einen vollkommenen Kreis mit mehr oder weniger großem Radius um die Praxis zu ziehen, zum Beispiel dort, wo ein Planbereich oder ein Zulassungsbezirk den Kreis durchschneiden würde oder eine geographische „Hürde" besteht.

In gegenständlicher Hinsicht muss der Wettbewerbsklausel entnommen werden können, welche Tätigkeiten der Praxisabgeber noch ausüben darf und welche nicht. Geregelt werden kann zum Beispiel, dass der Praxisabgeber in einem bestimmten Fachgebiet tätig werden darf, im anderen dagegen nicht, dass er noch privatärztlich tätig werden darf oder nicht, dass er (nur) keine eigene (Vertragsarzt-)Praxis mehr eröffnen darf oder dass er sich nicht von einem (bestimmten) Krankenhaus, einem (bestimmten) niedergelassenen Kollegen oder einem (bestimmten) Medizinischen Versorgungszentrum oder nicht einmal mehr als Vertreter anstellen lassen darf. Denkbar wäre auch, dass er nur bestimmte Leistungen, wie zum Beispiel ambulante Operationen, nicht mehr ausführen darf. Eine Überschreitung der zulässigen Grenzen hat die Nichtigkeit des gesamten Wettbewerbsverbots zur Folge.

Das Wettbewerbsverbot sollte sodann durch eine angemessene Vertragsstrafe abgesichert werden, um nicht nur einen Anspruch auf Unterlassung gegen den Praxisabgeber geltend machen zu können oder einen oft nur schwer nachzuweisenden Schadensersatz beweisen zu müssen. Sollte die vereinbarte Vertragsstrafe zu hoch sein, kann sie vom Gericht auf ein angemessenes Maß reduziert werden. Es bietet sich entweder an, eine konkrete Summe zu vereinbaren oder aber den auf den Goodwill entfallenden Teil des Kaufpreises anzusetzen, da das Wettbewerbsverbot ja in erster Linie auf die wirtschaftliche Verwertbarkeit des immateriellen Praxiswerts durch den Praxisübernehmer zielt.

Eine besondere Spielart des Wettbewerbsverbots ist die Patientenschutzklausel:

Dabei ist es dem Praxisabgeber lediglich untersagt, bestimmte Patienten oder Patientengruppen zu behandeln. Die vorgenannten Kriterien zur Wirksamkeit einer „normalen" Wettbewerbsklausel sind allerdings nur eingeschränkt auf diese Form der Klausel übertragbar.

In Bezug auf die Behandlung gesetzlich versicherter Patienten macht eine entsprechend eingeschränkte Klausel ohnehin nur dann Sinn, wenn der Praxisabgeber nach der Übergabe überhaupt noch über die Berechtigung verfügt, gesetzlich versicherte Patienten zu behandeln. Denkbar wäre dies beispielsweise bei der Abgabe lediglich eines Praxisteils. Falls der Praxisabgeber beabsichtigen sollte, in einer zugelassenen Klinik tätig zu werden, sollte er aber darauf achten, dieser die Beschränkung durch diese Klausel offenzulegen, da er ansonsten Gefahr läuft, sich entweder gegenüber dem Praxisübernehmer oder der Klinik, bei der er tätig werden möchte, schadensersatzpflichtig zu machen. Da er sich gegebenenfalls weigern müsste, „verbotene" Patienten in der Klinik

zu behandeln, ist ansonsten regelmäßig lediglich die Erfüllung eines von beiden Verträgen möglich.

11.2.7 Zahlungsmodalitäten

- **Zahlung des Kaufpreises (Fälligkeit)**

Auch die Fälligkeit der Kaufpreiszahlung ist im Praxisübergabevertrag beziehungsweise Kaufvertrag so zu regeln, dass die entsprechende Regelung nicht auslegungsfähig, sondern vielmehr eindeutig ist. Die Fälligkeit des Kaufpreises kann sowohl an das Datum der (positiven) Zulassungsentscheidung als auch an die Bestandskraft des Zulassungsbescheides geknüpft werden. Im letzteren Fall ist allerdings zu bedenken, dass sich die Zulassungsausschüsse erfahrungsgemäß mehrere Monate Zeit lassen, bis der Zulassungsbescheid zugestellt wird, und erst nach Ablauf der einmonatigen Widerspruchsfrist, ohne dass ein benachteiligter Bewerber dagegen Klage erhebt, endlich Bestandskraft des Zulassungsbescheides eingetreten ist. Aus Sicht des Praxisabgebers sollte deshalb möglichst ein früherer Fälligkeitszeitpunkt für die Kaufpreiszahlung im Vertrag geregelt werden.

In dem Praxisübergabevertrag beziehungsweise dem Kaufvertrag ist zudem zwingend zu regeln, zu welchem Zeitpunkt und in welchem Umfang die Praxis auf den Praxisübernehmer übergehen soll. Praxisabgeber legen häufig Wert darauf, dass die Praxisübergabe am Jahresende stattfindet und der Kaufpreis Anfang Januar gezahlt wird. Dieser Wunsch ist auf Steuervorteile für den Praxisabgeber zurückzuführen; für den Praxisübernehmer hat eine solche Regelung keine Nachteile.

Da allerdings die Zulassung des Praxisübernehmers von der Entscheidung des Zulassungsausschusses abhängig ist, sollte neben dem Stichtag vereinbart werden, dass sämtliche Regelungen des Vertrages auch gelten, wenn der Praxisübernehmer erst zu einem späteren Zeitpunkt zugelassen wird (sogenannte Gleitklausel). Denkbar ist beispielsweise, dass die Gleitklausel für mindestens zwei Quartale gilt und danach beide Parteien von dem Vertrag zurücktreten können.

- **Kaufpreissicherung**

Praxisabgeber legen für den Fall des Ausbleibens der Kaufpreiszahlung nach Ablauf des vereinbarten Fälligkeitstermins Wert auf die Zahlung von

Verzugszinsen in Höhe eines bestimmten Prozentsatzes (üblicherweise zwischen fünf und 9 Prozentpunkten) über dem jeweils gültigen Basiszinssatz (dieser wird jeweils zum 01.01 und 01.07. eines jeden Jahres von der Europäischen Zentralbank angepasst). Zinsen als Verzögerungsschaden sind zwar ohnehin geschuldet. Allerdings kann so die Höhe des Zinssatzes modifiziert (erhöht) werden.

Weiterhin lassen sich Praxisabgeber vom Praxisübernehmer den Finanzierungsnachweis einer Bank vorlegen. In Betracht kommen alternativ auch andere Nachweise der Zahlungsfähigkeit. Zusätzlich kann auch die Vorlage einer Bankbürgschaft vereinbart werden, welche als Bankaval bezeichnet wird. Bei einem solchen Bankaval handelt es sich um Bürgschafts- und/oder Garantieerklärungen, welche Kreditinstitute zugunsten ihrer Kunden abgeben. Die Bank verpflichtet sich dazu, die Haftung für die Kaufpreiszahlung ihres Kunden zu übernehmen, wenn dieser seinerseits die Verpflichtungen gegenüber dem Verkäufer nicht erfüllt. Die Kosten für einen Bankaval orientieren sich dabei an der Höhe des jeweils abzusichernden Betrages.

Hier kann der Praxisabgeber dem Praxisübernehmer aber gegebenenfalls insoweit entgegenkommen, als er notwendige betriebswirtschaftliche Informationen offenlegt, Zustimmungen zu Kreditsicherungsmaßnahmen abgibt oder dem Praxisübernehmer die hierfür anfallenden Kosten ganz oder teilweise erstattet.

Denkbar ist des Weiteren die Vereinbarung eines Eigentumsvorbehalts, wonach der Praxisabgeber bis zur vollständigen Bezahlung des Kaufpreises Eigentümer der materiellen Güter der Praxis bleibt.

- **Kaufpreisrente**

Auch eine weitere Möglichkeit der Zahlung des Kaufpreises soll nicht unerwähnt bleiben, nämlich die der Zahlung in Form einer Rente – „ratenweise".

Dies mag vor allem für diejenigen Praxisabgeber in Betracht kommen, die ihre Praxis an ihre(n) „Arzt-Sprössling(e)" nicht völlig unentgeltlich im Wege einer Schenkung abgeben möchten, den Sprössling aber auch nicht zugleich zur Aufnahme von unter Umständen erheblichen Darlehensverbindlichkeiten zwingen wollen, gleichwohl aber eine Alterssicherung möchten. Für den Praxisübernehmer hat diese Zahlung des Kaufpreises den

großen Vorteil, dass er kein Darlehen aufnehmen muss und statt der erwarteten an die Bank zu zahlenden Kaufpreisraten einen Betrag in vergleichbarer Höhe an den Verkäufer zahlt. Aus Sicht des Praxisübernehmers besteht so die Möglichkeit, Zinsen zu sparen.

Aus Sicht des Praxisabgebers ist eine derartige Ratenzahlungsvereinbarung häufig wenig vorteilhaft, weil er in der Regel den Kaufpreis sofort voll versteuern muss und das Risiko trägt, dass der Praxisübernehmer seine Raten pünktlich zahlt. Daher wird in der Praxis selten eine Ratenzahlung des Kaufpreises vereinbart. Allenfalls bei familiären Nähebeziehungen kommt eine derartige Klausel in Betracht.

- **Kaufpreisanpassungsklauseln**

Mit Kaufpreisanpassungsklauseln sollen – in der Regel negativen – Veränderungen Rechnung getragen werden, die sich im Zeitraum zwischen Unterzeichnung des Übergabevertrags und der Praxisübergabe ergeben. Da in dieser Zeit der Praxisabgeber die Praxis in der Regel – und wünschenswerterweise – weiterführt, wäre denkbar, dass dieser versucht, den ihm bis zum Übergang zustehenden Gewinn der Praxis durch Maßnahmen zum Nachteil des Praxisübernehmers zu erhöhen, Rechnungen nicht bezahlt oder Ähnliches.

Durch die Aufnahme eindeutiger Regelungen bezüglich einer stichtagsbezogenen Rechnungsabgrenzung und der umfassenden Vereinbarung der Rechte und Pflichten der Vertragsparteien, insbesondere bezüglich der Haftung und der Gewährleistungs- und Garantieansprüche (beispielsweise durch die Regelung von Schadensersatzverpflichtungen oder der Vereinbarung empfindlicher Vertragsstrafen für den Fall der wesentlichen Verschlechterung des Kaufgegenstands), sollten solche Klauseln aber eigentlich obsolet sein.

Diese bergen nämlich ein erhebliches Konfliktpotenzial in vielerlei Hinsicht, zumal der häufig maßgeblich wertbildende Faktor der Praxis der Goodwill darstellt, der aber gerade (nur) die Möglichkeit beinhaltet, denselben Gewinn erwirtschaften zu können wie der Praxisabgeber.

Von der Aufnahme solcher Regelungen in den Übergabevertrag sollte daher möglichst Abstand genommen werden.

- **Honorarabgrenzungen zum Übergabestichtag**

Um die „alte" und „neue" Praxis klar abgrenzen zu können, empfiehlt es sich, beispielsweise bezüglich eingehender Honorarforderungen, aber nicht zuletzt auch eingehender Regressforderungen, nicht zu wenig Zeit auf klare und genaue Formulierungen zu verwenden.

Zunächst sollte daher ein bestimmter Stichtag zur Praxisübergabe oder Übergabe des Praxisanteils an eine Berufsausübungsgemeinschaft benannt beziehungsweise so genau wie möglich umschrieben werden, der gewissermaßen diese „Wende" markieren soll.

Zum einen sollten ab diesem Tag die Abgaben, Lasten und die Haftung vom Praxisübernehmer zu tragen sein. Zum anderen sollten diesem aber umgekehrt ab dem Stichtag auch der Nutzen und der Besitz, gegebenenfalls auch zugleich das Eigentum (Eigentum und Besitz sind rechtlich verschieden) an den Gegenständen zustehen.

Ab dem Übergabestichtag sollten dem Praxisübernehmer dann folglich auch die Einnahmen zustehen, was am besten, auch rein praktisch, dadurch gewährleistet werden kann, dass sich der Praxisübernehmer ein neues, eigenes Konto einrichtet, worauf auch nur dessen Zahlungen einzugehen haben.

Des Weiteren sollte, um ein Durcheinander zu vermeiden, eine Rechnungsabgrenzung vorgenommen und dazu sodann die Regelung aufgenommen werden, dass der Praxisabgeber – auch im eigenen Interesse – möglichst alle bis zum Übergabestichtag erbrachten Leistungen abrechnet und dem Praxisabgeber die Einnahmen für alle bis zu diesem Zeitpunkt erbrachten Leistungen, dem Praxisübernehmer dagegen alle Einnahmen der ab diesem Zeitpunkt zu erbringenden Leistungen, zustehen sollen.

Dasselbe soll dann auch, gegebenenfalls zeitanteilig, für Verbindlichkeiten, die im Zeitraum vor oder nach dem Übergabestichtag fällig werden, gelten. Sinngemäß soll dies dann weiter gelten für Haftungsfälle, gleich welcher Art, sei es infolge verursachter Behandlungs- oder Aufklärungsfehler oder schlicht bezüglich versehentlich nicht überwiesener Forderungen. Maßgeblich sollte dabei sein, durch wen und inwieweit der Fehler verschuldet und/oder verursacht worden ist.

11.2.8 Bedingung/Widerruf/Rücktrittsrecht

Der Übergabevertrag sollte zudem entweder unter der aufschiebenden Bedingung geschlossen werden, dass der Praxisübernehmer eine bestandskräftige Zulassung und gegebenenfalls Genehmigung der Berufsausübungsgemeinschaft erhält, oder unter der auflösenden Bedingung für den Fall, dass er keine bestandskräftige Zulassung und gegebenenfalls Genehmigung der Berufsausübungsgemeinschaft erhalten hat. Die Bedingung bewirkt im ersten Fall, dass der Übergabevertrag erst mit Eintritt der Bedingung wirksam wird, im zweiten Fall, dass der Vertrag mit Eintritt der Bedingung wieder außer Kraft tritt.

Die Vereinbarung eines Rücktrittsrechts kann sich in vielen Konstellationen anbieten. Dies kann dann der Fall sein, wenn einzelne Pflichten von der einen oder anderen Seite verletzt werden, auf deren Einhaltung es der einen oder anderen Seite aber derart ankommt, dass für sie bei einem Verstoß der gesamte Vertrag keinen Sinn mehr macht. Der Rücktritt muss dann schriftlich innerhalb einer zu bestimmenden Frist erklärt werden. Sodann muss der gesamte Übergabevertrag rückabgewickelt werden. Dies hat zur Folge, dass alle bereits ausgetauschten Leistungen oder Gegenstände an den ursprünglichen Inhaber zurückgewährt und gegebenenfalls Nutzungsersatz geleistet werden müssen.

Sollte einer der Vertragsparteien im Übrigen das Festhalten am Vertrag in der vereinbarten Form nicht zugemutet werden können, weil die Parteien von falschen wesentlichen Voraussetzungen ausgegangen sind oder sich Umstände, die Grundlage des Vertrags geworden sind, nachträglich schwerwiegend verändert haben, kann ausnahmsweise (!) eine Anpassung des Vertrags verlangt werden oder, falls eine Anpassung nicht möglich oder nicht zumutbar sein sollte, die betreffende Partei zurücktreten (sogenannte Störung der Geschäftsgrundlage).

Da der Vertragsarztsitz nicht verkauft werden kann, sondern durch Beschluss des Zulassungsausschusses auf den Praxisübernehmer übertragen wird, hängt die Zulassung des Praxisübernehmers zur vertragsärztlichen Versorgung nicht allein von dem Willen der Vertragsparteien ab. Es kann sein, dass sich ein besser geeigneter Kandidat bewirbt und dieser durch den Zulassungsausschuss ausgewählt wird. Ebenso kommt es vor, dass der Praxisabgeber keinen Wunschkandidaten benennt, sondern mit allen Interessenten Kaufverträge schließen möchte.

Wenn alle Vertragsparteien ihre Treuepflichten erfüllt haben, der Zulassungsausschuss aber jemand anderen zulässt, hat niemand die Nichtdurchführbarkeit des Praxiskaufvertrages zu vertreten. Dennoch muss der Vertrag rückabgewickelt werden. Die Vereinbarung eines Rücktrittsrechts für diesen Fall hat den Vorteil, dass ein wirksamer Kaufvertrag besteht. Insbesondere sind alle vertraglichen Treuepflichten wirksam vereinbart.

Steht der Praxiskaufvertrag hingegen unter der aufschiebenden Bedingung der Zulassung des Praxisübernehmers, ist der Praxiskaufvertrag im juristischen Sinne unwirksam. Der juristische Fachbegriffe lautet „schwebend unwirksam". Rein rechtlich ist der Vertrag insgesamt unwirksam, womit auch alle vertraglichen Nebenpflichten unwirksam wären. Der Praxisübernehmer geht damit das Risiko ein, dass auch eine Vertragsstrafe, die der Praxisabgeber bei Verstößen gegen die vertragliche Treuepflicht zu zahlen hat, schon deswegen unwirksam ist. Aus Sicht des Praxisübernehmers empfiehlt es sich deshalb, ein Rücktrittsrecht und keine aufschiebende Bedingung zu vereinbaren.

11.2.9 Morbiditätsrisiko

Da immer eintreten kann, woran niemand denken möchte, sollte der Praxisübergabevertrag bereits vor dem geplanten Übergabezeitpunkt Regelungen für den Fall der Berufsunfähigkeit oder gar des Todes der einen oder anderen Partei enthalten.

Sollte der Praxisübernehmer versterben oder zumindest teilweise berufsunfähig werden, möchte sich dieser beziehungsweise dessen Erbe(n), wie auch der Praxisabgeber beziehungsweise dessen Erbe(n), so schnell wie möglich von den vertraglichen Verpflichtungen lösen können. Sollte der Praxisabgeber versterben oder berufsunfähig werden, hat dieser beziehungsweise dessen Erbe(n), wie auch der Praxisübernehmer, ein Interesse daran, dass der Vertrag so schnell wie möglich abgewickelt wird.

Häufig wird sich in Bezug auf den Tod oder die Berufsunfähigkeit des Praxisabgebers eine Regelung anbieten, wonach der Praxisübernehmer

bereits unverzüglich nach dem Tod oder Feststellung der Berufsunfähigkeit die Praxis übernimmt. Dabei ist allerdings zu berücksichtigen, dass der Praxisübernehmer jedenfalls seine vertragsärztliche Tätigkeit erst dann aufnehmen darf, wenn er über eine bestandskräftige Zulassung verfügt. Unter Umständen kann der Eintritt der Bestandskraft etwas beschleunigt werden. Üblicherweise kann es jedoch mehrere Monate bis zu einem halben Jahr dauern, bis der Bescheid, gegen den die Mitbewerber beziehungsweise die Kassenärztliche Vereinigung erst dann Widerspruch einlegen können, zugestellt wird. Noch länger dauert es, bis sie auch bestandskräftig ist. Hier bieten manche Kassenärztliche Vereinigungen den Service an, dass zumindest eine Art „Kurzfassung" des Bescheids herausgegeben wird, damit der Praxisübernehmer seine Tätigkeit bereits aufnehmen kann.

Dies ändert jedoch nichts an dem beschränkten Wirkkreis einer solchen Regelung im Hinblick auf die Bestandskraft der Zulassung. In der Zwischenzeit kann der Praxisübernehmer aber in der Regel schon einmal als Vertreter oder Sicherstellungsassistent des erkrankten Arztes tätig werden. Auch eine solche Regelung kann vorsorglich mit in den Praxisübergabevertrag aufgenommen werden.

Anbieten kann sich für beide Seiten auch die Vereinbarung eines Rücktrittsrechts, von dem die jeweils nicht betroffene Partei gegebenenfalls Gebrauch machen kann. Wird von dem Rücktrittsrecht Gebrauch gemacht, muss das Vertragsverhältnis rückabgewickelt werden. Ist in jedem Fall eine Rückabwicklung – unabhängig von dem Willen einer Partei – gewollt, empfiehlt sich die Aufnahme einer Bedingung in den Vertrag.

Zuletzt sei noch angemerkt, dass die Regelungen, wie bei einer möglichen Berufsunfähigkeit und deren Feststellung zu verfahren ist, nicht detailliert genug sein können. Eine unklare oder ungenaue Regelung birgt großes Konfliktpotenzial:

So kann trefflich über die Auswahl des zu bestellenden Gutachters, der Kostenübernahme für denselben bis hin zu den Fristen, ab wann von einer Berufsunfähigkeit gesprochen werden kann oder muss, oder, wer den Antrag auf Untersuchung über die Berufsunfähigkeit einbringen kann oder muss und in welcher Form, gestritten werden. Es empfiehlt sich, sich daran zu orientieren, ab wann der entsprechende Berufsunfähigkeitsversicherer der betroffenen Partei (sofern vorhanden) von einer Berufsunfähigkeit ausgeht.

11.2.10 Übergabeprotokoll

Der Begriff des Übergabeprotokolls soll sicherstellen, dass vertragliche Pflichten des Verkäufers erfüllt worden sind und, wenn nicht, was von seiner Seite noch zur Erledigung offensteht.

Diesem ganz ähnlichen Zweck dient das Protokoll, mit dem festgehalten werden soll, ob die im Praxisübergabevertrag festgehaltenen Gegenstände des Inventars auch tatsächlich bei Übergabe vorhanden sind, ob sie funktionstüchtig sind oder vielleicht nicht dem Baujahr des medizinischen Geräts entsprechen, das der Praxisübernehmer bei Besichtigung des Inventars in Erinnerung hatte. Aus dieser Betrachtung erhellt es sich, weshalb es sich lohnt, im Praxisübergabevertrag alle materiellen Gegenstände so genau wie möglich zu bezeichnen – gegebenenfalls fotografisch zu dokumentieren – die am Stichtag den Eigentümer wechseln und wofür der Praxisübernehmer auch den Kaufpreis bezahlt hat.

Dem Praxisübergabevertrag sollte deshalb unbedingt als Anlage eine Übersicht beigefügt werden, worin alle materiellen Vermögenswerte der Praxis aufgelistet sind, am besten in einem Inventarverzeichnis. In diesem Falle dient das Übernahmeprotokoll mehreren Zwecken: Zum einen dokumentiert und erinnert es zugleich die Vertragsparteien daran, welche einzelnen Gegenstände des Inventars auch tatsächlich am Tag der Übergabe in den Eigenbesitz des Praxisübernehmer übergehen und welche möglicherweise fehlen (auch ein solcher Umstand wäre im Übergabeprotokoll natürlich zu vermerken). Zum anderen könnte im Einzelfall der Nachweis geführt werden, dass die Praxis vom Praxisübernehmer auch tatsächlich übernommen worden ist. Dieser Nachweis gilt sowohl gegenüber dem Zulassungsausschuss als auch gegenüber dem Finanzamt, wenn sich die Frage nach dem Beginn der Abschreibung der Kosten für die Anschaffung stellen sollte.

Gegenstand der Übergabe sind in der Regel medizinische Geräte, Behandlungseinrichtungen, die Handkasse, Schlüssel (Anzahl) und medizinisches Verbrauchsmaterial.

Das Übergabeprotokoll soll außerdem das Datum (Stichtag) enthalten, zu dem die Übergabe stattgefunden hat und unbedingt die Unterschrift beider Vertragsbeteiligten tragen. Noch offene Sachverhalte (etwa fehlendes Teilinventar) sollten ausdrücklich festgehalten werden. Zudem sollte der genaue Termin bestimmt sein, zu dem die – nachträgliche – Übergabe des fehlenden Inventars erfolgen soll und auch unbedingt von demjenigen gegengezeichnet werden, der die vollständige Übergabe (noch) schuldet.

11.3 Berufsausübungsgemeinschaft, Medizinisches Versorgungszentrum, Praxis-, Labor- und Gerätegemeinschaften

Die Kooperationen im Gesundheitswesen nehmen zu. Praxisabgeber haben vielleicht noch eine Einzelpraxis, sind aber an Apparate- oder Laborgemeinschaften beteiligt. Es kommt auch immer häufiger vor, dass nicht eine Einzelpraxis verkauft wird, sondern der Anteil an einer Berufsausübungsgemeinschaft (BAG). Inzwischen muss der Praxisübernehmer sich auch mit der Frage auseinandersetzen, ob er eventuell einen Anteil an einem Medizinischen Versorgungszentrum (MVZ) übernehmen will.

Während Beteiligungen an einer Apparate- oder Laborgemeinschaft noch relativ einfach eingegangen werden können, sind bei Eintritt in eine Berufsausübungsgemeinschaft und erst Recht beim Eintritt in ein Medizinisches Versorgungszentrum erhebliche gesellschaftsrechtliche Fragestellungen zu beantworten. Der Kauf eines Anteils einer Berufsausübungsgemeinschaft oder eines Anteils an einem Medizinischen Versorgungszentrum sollte auf keinen Fall ohne Einschaltung eines versierten Rechtsanwalts, der Kenntnisse im Gesellschaftsrecht und im Medizinrecht hat, erfolgen.

11.3.1 Eintritt in eine Berufsausübungsgemeinschaft

Bei einer Berufsausübungsgemeinschaft ist Kaufgegenstand allein der abzutretende Gesellschaftsanteil des Praxisabgebers mit allem, was dazu gehört.

Der Gesellschaftsanteil einer jeden Gesellschaft kann dann je nach Ausgestaltung des Gesellschaftsvertrags entweder direkt vom Praxisabgeber erworben werden, es besteht aber auch die Möglichkeit, dass der Praxisabgeber aus der Gesellschaft austritt und der Praxisübernehmer in diese eintritt. Im letzteren Fall ist jedoch grundsätzlich entweder eine sogenannte Nachfolgeklausel im Gesellschaftsvertrag erforderlich, welche verhindert, dass die Gesellschaft aufgelöst werden muss – was den gesetzlich geregelten Regelfall beim Ausscheiden eines Gesellschafters darstellt – oder aber auch eines Gesellschafterbeschlusses desselben Inhalts.

Im ersten Fall werden die Anteile vom Praxisabgeber an den Praxisübernehmer verkauft und abgetreten.

Im zweiten Fall scheidet der Praxisabgeber gegen Zahlung einer Abfindung aus der Gesellschaft aus und die übrigen Gesellschafter schließen mit dem Praxisübernehmer einen Aufnahmevertrag auf Basis des bestehenden Gesellschaftsvertrags (insoweit werden also genau genommen zwei Verträge geschlossen). Dabei „wächst" den übrigen Gesellschaftern zunächst der Anteil des Praxisabgebers „an", damit dieser ihnen dann zugunsten des Praxisübernehmers letztlich wieder „abwächst".

Die zweite Möglichkeit bietet sich jedoch nur bei Gesellschaften mit mehr als zwei Gesellschaftern an, da bei nur zwei Gesellschaftern mit Austritt des zweiten Gesellschafters die Gesellschaft beendet werden würde, weil dann – wenn auch nur für eine sogenannte „juristische" Sekunde – nur ein Gesellschafter in der Gesellschaft verbleiben würde. Eine Person allein kann aber konsequenterweise keine (sogenannte Personen-)Gesellschaft bilden. Anderes gilt nur für Kapitalgesellschaften, die unabhängig von der Person der Gesellschafter bestehen können. So gibt es beispielsweise sogenannte Ein-Mann-GmbH, die nur aus einer Person bestehen, die zugleich Gesellschafter, gesetzlicher Vertreter und Geschäftsführer in Personalunion ist. Inzwischen ist in vielen Bundesländern die Rechtsform einer Kapitalgesellschaft berufsrechtlich erlaubt, vertragsarztrechtlich ist die GmbH, außer für Medizinische Versorgungszentren, wohl (noch) nicht zulässig. Daher dürfte es sich bei einer Berufsausübungsgemeinschaft stets um eine Personengesellschaft und nicht um eine juristische Person handeln.

Im einen wie im anderen Fall sollte der entsprechende Gesellschaftsvertrag, in den eingetreten wird, genau durchgelesen werden. Auch die bisher gefassten Gesellschafterbeschlüsse müssen gelesen werden, denn nur so kann abgeschätzt werden, welche Rechte und Pflichten der Neugesellschafter übernimmt. All dies sollte dem Praxisübernahmevertrag als Anlage beigefügt werden. Man sollte schließlich die Regelungen, denen man sich künftig unterwirft, in jedem Fall kennen.

Hingewiesen sei an dieser Stelle auf die sogenannte Haftung für Altverbindlichkeiten des ausgeschiedenen und des neu eintretenden Gesellschafters einer Gesellschaft. Im Rahmen der sogenannten Nachhaftung haftet der Praxisabgeber bis zum Ablauf von fünf Jahren nach dem Zeitpunkt seines Ausscheidens für die bis zu seinem Ausscheiden begründeten Verbindlichkeiten, wobei die Frist für jeden einzelnen Gläubiger einer Verbindlichkeit auch erst dann zu laufen beginnt, wenn dieser vom Ausscheiden des Praxisabgebers aus der Gesellschaft Kenntnis erlangt. Unter Umständen haftet er also noch länger als für die Dauer von fünf Jahren. Der Praxisabgeber wird also darauf hinwirken wollen, umgehend alle Gläubiger vom Zeitpunkt des Ausscheidens in Kenntnis zu setzen, da die Nachhaftung ein nicht zu unterschätzendes Haftungsrisiko darstellt.

Viel wichtiger aber noch ist der Umstand, dass mit der Nachhaftung des Praxisabgebers korrespondierend der Praxisübernehmer eines Praxisanteils kraft Gesetzes persönlich und unbeschränkt für sämtliche Ansprüche Dritter sowie für Verluste der Gesellschaft, die vor seinem Eintritt in die Praxis begründet worden sind, haftet. Dies stellt unter Umständen ein enormes Haftungsrisiko für den Praxisübernehmer dar. Es ist daher unerlässlich, sich die vollständigen Jahresabschlüsse der letzten drei Wirtschaftsjahre vorlegen zu lassen und diese auch durch einen Steuerberater oder Wirtschaftsprüfer auf mögliche Risiken überprüfen zu lassen.

Daneben muss der Praxisabgeber versichern, dem Praxisübernehmer alle Risiken wahrheitsgemäß mitgeteilt zu haben und sich im Verhältnis zu dem Praxisübernehmer verpflichten, diesen von allen Verbindlichkeiten freizustellen, die sich aus der Zeit vor dem Eintritt in die Gesellschaft ergeben. Freistellung bedeutet in diesem Zusammenhang, dass, sobald ein Gläubiger mit einer Forderung an den

Praxisübernehmer herantritt, der Praxisabgeber die Forderung entweder direkt für diesen zu begleichen oder die Kosten an den Praxisübernehmer zu erstatten hat, sofern dieser die Forderung bereits selbst beglichen hat. Hier ist allerdings zu beachten, dass der Praxisübernehmer im Verhältnis zu den Gläubigern weiter verpflichtet ist und insoweit auch das (In-) Solvenzrisiko des Praxisabgebers tragen muss. Befindet sich der Praxisabgeber nämlich in Insolvenz, so geht der Praxisübernehmer im schlimmsten Falle leer aus und muss seinerseits an die Gläubiger zahlen. Die Freistellungserklärung sollte also zum Beispiel mit einer Bankbürgschaft abgesichert werden.

Im Verhältnis zu Dritten ist eine Beschränkung dieser Ansprüche in einer Vereinbarung aber leider nicht möglich. Im Verhältnis des Praxisabgebers und des Praxisübernehmers kann und sollte daher unbedingt und in jedem Fall eine Freistellung („im Innenverhältnis") zu Gunsten des Praxisübernehmers von diesen Ansprüchen vereinbart werden. Umgekehrt wird der Praxisabgeber ebenfalls darauf hinwirken wollen, dass zu seinen Gunsten eine entsprechende Freistellung vereinbart wird.

Im „Außenverhältnis", also im direkten Verhältnis zwischen dem Praxisübernehmer und dem Gläubiger, kann die Haftung für Altverbindlichkeiten nur dergestalt wirksam ausgeschlossen werden, dass der Praxisübernehmer mit jedem Gläubiger einzeln – individualvertraglich (also nicht zum Beispiel mit Hilfe von AGB) – eine Haftungsbeschränkung vereinbart. Dieser Weg ist allerdings in der Tat mühsam und meist nicht kostenlos für den Praxisübernehmer zu bewerkstelligen, stellt aber die sicherste Methode dar, sich von unliebsamen (teuren) Überraschungen zu schützen.

- **Jobsharing**

Eine Berufsausübungsgemeinschaft (BAG) kann auch mit einem Jobsharing-Partner begründet werden. Jobsharing bedeutet, dass eine volle Zulassung, die eigentlich für einen Arzt bestimmt ist, auf mehrere Ärzte aufgeteilt wird. Ein Jobsharing ist in der Form möglich, dass ein junger Arzt als Angestellter in der Praxis des Seniors arbeitet. Der Senior kann aber auch seinen Sitz teilen und den jungen Arzt als Jobsharing-Partner in die Praxis aufnehmen. In dieser Variante bleibt der Senior Inhaber der gesamten Zulassung. Beide Gestaltungen haben den Nachteil, dass das Abrechnungsvolumen auf die abgerechneten Honorare der jeweiligen Vorjahresquartale begrenzt bleibt. Ein Wachstum ist nur möglich, wenn der Senior bisher unter dem Fachgruppendurchschnitt abgerechnet hat. Weiter besteht die Möglichkeit, dass der Senior seinen Sitz zulassungsrechtlich teilt und der junge Arzt den hälftigen Sitz mit einem eigenen Versorgungsauftrag übernimmt. In dieser Variante bestehen zwei hälftige Versorgungsaufträge, eine Abrechnungsbeschränkung besteht nur nach allgemeinen Kriterien, nicht aber aufgrund der gemeinsamen Berufsausübung. Aus Sicht des Seniors hat diese Variante den Nachteil, dass der Junior jederzeit seine Zulassung an einen anderen Ort verlegen kann.

Sofern eine Berufsausübungsgemeinschaft mit einem Jobsharing-Partner als Gesellschafter oder als Angestellter nicht bereits vor dem 05.03.2015 gegründet worden ist beziehungsweise bestanden hat, muss diese Kooperation mindestens drei Jahre bestanden haben, bevor der Jobsharing-Partner im Nachbesetzungsverfahren privilegiert ist. Diese Reglung tritt an die bislang weitaus großzügigere, von den Zulassungsausschüssen gehandhabte, Übung, wonach ein Zeitraum zwischen drei und sechs Monaten genügt hat, um die gewünschte Privilegierung des Nachfolgers zu sichern.

11.3.2 Gründung Medizinischer Versorgungszentren

Wie bereits eingangs erwähnt, handelt es sich bei Medizinischen Versorgungszentren (MVZ) um fachübergreifende ärztlich geleitete Einrichtungen.

- **Mögliche Rechtsformen**

Ein Medizinisches Versorgungszentrum kann in der Rechtsform einer Personengesellschaft (Gesellschaft bürgerlichen Rechts, Partnerschaftsgesellschaft) oder in der Rechtsform einer juristischen Person (GmbH) gegründet und betrieben werden.

Ein Medizinisches Versorgungszentrum in der Rechtsform einer Personengesellschaft unterscheidet sich nur insoweit von einer Berufsausübungsgemeinschaft, als dass das Medizinische Versorgungszentrum die Möglichkeit hat, zulassungsrechtlich unbegrenzt Ärzte anzustellen.

Wird das Medizinische Versorgungszentrum in der Rechtsform der Personengesellschaft gegründet, ist eine formell notarielle Beurkundung nicht erforderlich. Der Gesellschaftsvertrag kann formfrei formuliert werden. Dementsprechend muss auch der Kaufvertrag über einen Gesellschaftsanteil an einem Medizinischen Versorgungszentrum in der Rechtsform einer Personengesellschaft nicht notariell beurkundet werden. Wird das Medizinische Versorgungszentrum als Partnerschaftsgesellschaft betrieben, so muss die Änderung im Gesellschafterbestand zum Partnerschaftsregister angemeldet werden. Dazu ist ein kurzer Termin bei einem Notar erforderlich.

Soll ein Anteil an einem Medizinischen Versorgungszentrum (MVZ) in der Rechtsform einer GmbH übernommen oder neu gegründet werden, muss sowohl eine Neugründung als auch der Kaufvertrag notariell beurkundet werden. Das erfolgt regelmäßig in einer Urkunde, die der Notar vorliest und die von allen Beteiligten zu unterschreiben ist. Wird die GmbH erst gegründet, kann sie erst die Zulassung als Medizinisches Versorgungszentrum beantragen, wenn sie im Handelsregister eingetragen ist. Das dauert zwischen zwei und vier Wochen. Die Änderung im Gesellschafterbestand einer MVZ-GmbH muss durch den Zulassungsausschuss genehmigt werden.

Für einen Praxiskäufer oder einen Anteilserwerber ist wichtig, dass er auch zum Geschäftsführer der GmbH bestellt wird. Ansonsten muss er sich unter Umständen dem Willen der vorhandenen Gesellschafter beugen.

In beiden Fällen muss genauestens auf die Regelungen im Gesellschaftsvertrag zur Durchführung einer Gesellschafterversammlung und zu den Mehrheitsregelungen geachtet werden. Vor allem bei mehr als zwei Gesellschaftern besteht für den Anteilskäufer ein erhebliches Risiko, von den älteren Gesellschaftern stets überstimmt zu werden. Wird bei dem Erwerb von Anteilen nicht sorgfältig auf die Stimmrechtsregelungen geachtet, muss der Anteilskäufer im schlimmsten Fall damit leben, dass er ständig überstimmt wird und seine Meinung im Medizinischen Versorgungszentrum nicht zur Geltung kommt.

- **Gründung als Berufsausübungsgemeinschaft**

Der einfachste Weg zur Gründung eines Medizinischen Versorgungszentrums ist die Umwandlung einer Berufsausübungsgemeinschaft (BAG) in ein Medizinisches Versorgungszentrum (MVZ). Bislang wurde immer darauf hingewiesen, dass damit unter Umständen Honorarverluste einhergehen. Davon ist im Zuge der Anpassung des Honorarverteilungsmaßstabes in den jeweiligen Bezirken der Kassenärztlichen Vereinigungen nicht mehr auszugehen. In der Regel werden beide Teilnahmeformen – Berufsausübungsgemeinschaft und Medizinisches Versorgungszentrum – gleich vergütet. Etwaige Kooperationszuschläge fallen in beiden Praxisformen an.

Soweit in einer Berufsausübungsgemeinschaft ausschließlich freiberufliche Ärzte tätig sind, bereitet die Umwandlung keine Schwierigkeiten. Erforderlich ist ein Gesellschafterbeschluss, die Berufsausübungsgemeinschaft in ein Medizinisches Versorgungszentrum umzuwandeln. Auch hier ist wieder zwischen einer Personengesellschaft und einer juristischen Person zu unterscheiden. Bei letzterer ist immer eine notarielle Beurkundung erforderlich. Im ersten Fall reicht auch eine privatschriftliche Urkunde. Sodann müssen alle Berufsausübungsgemeinschafts-Partner gemeinsam die Zulassung als Medizinisches Versorgungszentrum beim Zulassungsausschuss beantragen. Wird als Rechtsform die GmbH gewählt, so muss diese zunächst gegründet werden.

Verzichten die Gründer einer MVZ-GmbH zugleich auf die jeweilige freiberufliche Zulassung zum Zwecke der Anstellung im Medizinischen Versorgungszentrum, so wird zeitgleich die Anstellungsgenehmigung ausgesprochen. Dann nimmt das Medizinische Versorgungszentrum zum nächsten Quartalsbeginn an der Versorgung teil. In organisatorischer Hinsicht sind keine Umgestaltungen notwendig, man darf jedoch nicht vergessen, das Praxisschild zu ändern.

- **Gründung aus Einzelpraxis**

Für Einzelpraxen mit oder ohne angestellte Ärzte bietet sich auch die Möglichkeit der Gründung eines Medizinischen Versorgungszentrums (MVZ) zur Vorbereitung der Nachfolge. Erforderlich dafür sind zwei hälftige Versorgungsaufträge. Demnach kann aus einer Einzelpraxis ohne einen angestellten Arzt nicht ohne weiteres ein Medizinisches Versorgungszentrum hervorgehen. Für Einzelpraxen ohne angestellte Ärzte bietet sich ein anderer Weg an. Dazu muss – so lässt sich die Ausschreibung dann leider nicht in Gänze vermeiden – der Vertragsarzt auf einen hälftigen Versorgungsauftrag verzichten und diesen dann zur Nachbesetzung ausschreiben. Das Medizinische Versorgungszentrum in Gründung, mit ihm als Gründungsgesellschafter, kann sich dann auf den freigewordenen hälftigen Versorgungsauftrag bewerben, um so einen anderen Arzt anzustellen. Der Praxisübernehmer wird dann zunächst angestellter Arzt in der MVZ-GmbH.

Hat die Einzelpraxis einen mit einem vollen Versorgungsauftrag angestellten Arzt, so erfolgt die Umwandlung und Ausschreibung des Angestelltensitzes wie gerade für einen halben Versorgungsauftrag dargestellt.

Der in eine derartige Konstellation eintretende Praxisübernehmer hat darauf zu achten, dass der Arbeitsvertrag für einen Arzt passend formuliert wird. Viel entscheidender ist aber, dass in den abzuschließenden Praxiskaufverträgen klare Fristen vereinbart werden, innerhalb derer der halbe Sitz ausgeschrieben und innerhalb derer auch ein Medizinisches Versorgungszentrum begründet wird. Häufig müssen mehrere Verträge formuliert und abgeschlossen werden, damit am Ende der Gestaltung der Praxisübernehmer tatsächlich Inhaber des vollen Sitzes oder auch beider Sitze ist. Wie bereits dargestellt, bedarf es unter Umständen der Rückumwandlung der MVZ-GmbH in eine Berufsausübungsgemeinschaft oder auch in eine Einzelpraxis. Zu wiederholen sei an dieser Stelle, dass ein derartiges Konstrukt nicht ohne einen medizin- und gesellschaftsrechtlich versierten Rechtsanwalt gestaltet werden sollte.

11.3.3   Praxis-, Labor- und Gerätegemeinschaften

Derartige Gemeinschaften sind Hilfskonstruktionen, um die Arztpraxis sinnvoll betreiben zu können. Sie sind reine Kostenteilergemeinschaften und zeichnen sich dadurch aus, dass in steuerlicher und gesellschaftsrechtlicher Hinsicht keine Gewinnerzielungsabsicht besteht, sondern nur Kosten verteilt werden.

Gesellschaftsrechtlich handelt es sich in aller Regel um eine Personengesellschaft und zwar um eine Gesellschaft bürgerlichen Rechts (GbR). Gesellschaftsrechtlich gilt das oben Gesagte zum Eintritt in eine Berufsausübungsgemeinschaft entsprechend. Trotz der fehlenden Gewinnerzielungsabsicht muss

im Rahmen der Praxisübernahme genau darauf geachtet werden, an welchen Gemeinschaften der Praxisabgeber beteiligt war. Soll der Praxisübernehmer diesen Anteil übernehmen, so handelt es sich genauso um den Eintritt in eine Gesellschaft wie bei einem Eintritt in eine Berufsausübungsgemeinschaft. Die zivilrechtlichen und gesellschaftsrechtlichen Voraussetzungen sind somit identisch.

Praktisch besonders bedeutsam ist die Praxisgemeinschaft. Häufig muss neben dem Kaufvertrag über eine Praxis auch ein Vertrag über den Erwerb des Anteils an der Praxisgemeinschaft, an der Labor- oder Gerätegemeinschaft, geschlossen werden. Dieser bedarf der Zustimmung der übrigen Gesellschafter der Kostengemeinschaft. Alle Verträge sollten Klauseln enthalten, dass ihre Wirksamkeit von der Wirksamkeit der übrigen Verträge abhängig ist. Entweder sind Rücktrittsrechte für den Fall zu vereinbaren, dass die Praxis nicht übernommen werden kann, oder es muss eine auflösende Bedingung in die Anteilsübernahmeverträge aufgenommen werden.

11.4   299a, 299b StGB – Bestechlichkeit und Bestechung im Gesundheitswesen

Obgleich es im Gesundheitswesen berufsrechtlich immer schon unzulässig war, Zuweisungen gegen Entgelt vorzunehmen, waren diese sogenannten Kick-Backs bisher nicht unter Strafe gestellt.

Grund für das berufsrechtliche Verbot ist der Schutz des Gesundheitswesens. Sämtliche Maßnahmen im Gesundheitswesen sollen ausschließlich zum medizinischen Wohl des Patienten durchgeführt werden. Eine finanzielle Motivation soll hierbei völlig außer Betracht bleiben. Vor allem niedergelassenen (Vertrags-) Ärzten drohten bisher nur zivil- und berufsrechtliche Konsequenzen, wenn sie aus eigenwirtschaftlichen Gründen Zuweisungen vornahmen. Diese Sanktionen gingen von Rückerstattungsansprüchen bis hin zur Entziehung ihrer Zulassung als schärfstes Mittel.

Die bereits bestehenden Korruptionstatbestände der §§ 331 ff. StGB waren auf (Vertrags-) Ärzte nicht anwendbar, da diese nur sog. Amtsträger betrafen. Niedergelassene (Vertrags-) Ärzte sind aber gerade keine Amtsträger im Sinne dieser Norm und konnten sich gem. §§ 331 ff. StGB somit auch nicht strafbar machen.

Um diese Strafbarkeitslücke im Gesundheitswesen zu schließen, wurden die Straftatbestände der §§ 299a und 299b StGB eingeführt, welche alle Angehörigen eines Heilberufes, so in erster Linie auch (Vertrags-) Ärzte, umfassen. Durch diese neu eingeführten Straftatbestände drohen (Vertrags-) Ärzten nun auch strafrechtliche Sanktionen in Form einer Geld- bis hin zu einer Freiheitsstrafe, in besonders schweren Fällen sogar von fünf Jahren. Diese Regelungen sollen vor allem dem Schutz der Patienten dienen, welche darauf vertrauen sollen, dass das Handeln ihres Arztes lediglich aus medizinischen und gerade nicht aus wirtschaftlichen Beweggründen erfolgt.

Diese neue Rechtslage sollte vom Praxisübernehmer bei der Überprüfung der zu erwerbenden Praxis berücksichtigt werden, um nicht im Nachgang eine böse Überraschung zu erleben. Gerade beim Umsatz ist zu prüfen, inwieweit dieser rechtmäßig weitererzielt werden kann und keine Kick-Back-Zahlungen beinhaltet. Dies ist regelmäßig nicht einfach zu erkennen, daher sollte der Praxisübernehmer sich auch in diesem Punkt rechtlichen Beistand zu Rate ziehen.

Nachbesetzungsverfahren

© Springer-Verlag GmbH Deutschland 2017

G. Bierling, H. Engel, A. Mezger, D. Pfofe, W. Pütz, D. Sedlaczek, *Arztpraxis – erfolgreiche Übernahme*, Erfolgskonzepte Praxis- & Krankenhaus-Management, DOI 10.1007/978-3-662-54570-6_12

12.1   Grundlagen

12.1.1   Rechtsnatur der Zulassung

Die Zulassung als Vertragsarzt ist zunächst ein bloßer Verwaltungsakt, also eine Entscheidung, die durch eine Behörde getroffen wird. Erst durch einen Beschluss der Zulassungsgremien erhält ein Arzt die Berechtigung zur Teilnahme an der ambulanten Versorgung gesetzlich versicherter Patienten.

Man kann die Zulassung als Vertragsarzt daher mit der Erteilung des Führerscheins vergleichen. Mit Erhalt des Führerscheins wird die Berechtigung zum Führen eines Fahrzeugs im öffentlichen Straßenverkehr erteilt, mit der zugleich auch die Verpflichtung zur Einhaltung der Verkehrsregeln verbunden ist.

Im vorgeschriebenen zweistufigen Zulassungsverfahren erhält ein im Arztregister eingetragener Arzt durch einen schlichten (formlosen) Antrag auf Zulassung – an den Zulassungsausschuss – eine Zulassung zur Teilnahme an der ambulanten vertragsärztlichen Versorgung. Man spricht in der Regel nur von einer Zulassung. Die Zulassung wird für einen bestimmten Ort, den Vertragsarztsitz, ausgesprochen (also die Praxis des Vertragsarztes). Grundsätzlich darf der Vertragsarzt, mit Ausnahme von Hausbesuchen in besonderen Fällen, nur an diesem Ort Leistungen erbringen und damit Patienten behandeln. Will er in anderen Praxen oder an anderen Orten tätig werden, so müssen besondere zulassungsrechtliche Voraussetzungen erfüllt werden (zum Beispiel bei einer überörtlichen Berufsausübungsgemeinschaft) oder aber besondere Genehmigungen der Kassenärztlichen Vereinigung vorliegen (beispielsweise zum Betrieb einer Zweigpraxis). Wenn der Arzt ohne diese Genehmigungen an einem anderen Ort Leistungen erbringt, so dürfen diese Leistungen in der Regel auch nicht vergütet werden.

Mit der Berechtigung zur Teilnahme an der ambulanten vertragsärztlichen Versorgung gehen viele Pflichten einher, welche der Vertragsarzt zu befolgen hat. Zu nennen sei hier beispielsweise die Pflicht zum Abhalten von Sprechstunden am Vertragsarztsitz oder die Pflicht zur fachlichen Weiterbildung. Die wesentliche Pflicht besteht allerdings in dem Abhalten von Sprechstunden für gesetzlich versicherte Patienten. Erst durch die Bereitstellung einer ausreichenden Anzahl von Ärzten und Praxen, die solche Sprechstunden abhalten, können die Kassenärztlichen Vereinigungen ihrer Pflicht nachkommen, die medizinische Versorgung der Bevölkerung sicherzustellen (sogenannter Sicherstellungsauftrag).

Neben dem Ort der Zulassung wird auch die genaue Facharztbezeichnung des Arztes in den Zulassungsbeschluss aufgenommen. Verfügt der Arzt über mehrere Facharztanerkennungen, wird die der Zulassung zugrunde liegende Facharztanerkennung benannt. Kann mit dieser Facharztanerkennung sowohl an der hausärztlichen als auch an der fachärztlichen Versorgung teilgenommen werden – so bei Fachärzten für Innere Medizin – wird auch der Versorgungsbereich benannt. Diese Angaben sind äußerst wichtig, denn anhand der Facharztbezeichnung wird festgelegt, welche Leistungen der Vertragsarzt generell erbringen darf. Denn der Einheitliche Bewertungsmaßstab (EBM) für die vertragsärztliche Versorgung knüpft an die jeweilige Facharztbezeichnung an. So darf grundsätzlich nur ein Facharzt für Labormedizin Leistungen erbringen und abrechnen, die den Fachärzten für Labormedizin im Einheitlichen Bewertungsmaßstab zugeordnet sind. Leistungen, die nur einem Facharzt für Innere Medizin und Kardiologie (neue Bezeichnung), beziehungsweise einem Facharzt für Innere Medizin mit der Schwerpunktbezeichnung Kardiologie, zugeordnet sind, darf folglich auch nur ein Arzt erbringen und abrechnen, der mit dieser Facharztbezeichnung zugelassen wurde. Die Kassenärztlichen Vereinigungen sind verpflichtet, die Beschlüsse der Zulassungsgremien bei der Honorarverteilung genau zu beachten.

Der zugelassene Arzt muss deshalb immer prüfen, ob die Zulassungsgremien bei ihrer Entscheidung die Facharztbezeichnung oder gegebenenfalls mehrere Facharztbezeichnungen richtig wiedergegeben haben. Ist dies nicht der Fall, so kann es zu empfindlichen Honorareinbußen kommen; dies ist vor allem bei einer Praxisabgabe, bei der die bisherige Praxis genauso wie bisher fortgeführt werden soll, der Fall.

Bei der Praxisübernahme kommt es deshalb vor allem darauf an, dass die zu übernehmende Praxis so fortgeführt werden kann, wie sie bislang betrieben wurde. Hier ist es wichtig, einen Blick in den dem Vorgänger, vielleicht schon vor vielen Jahren, erteilten Zulassungsbescheid zu werfen. Eine Kopie des Zulassungsbescheides kann man – sollte der Bescheid nicht mehr auffindbar sein – auch bei den Geschäftsstellen der Zulassungsausschüsse anfordern. Hier gilt es noch einmal nachzuschauen, welche Facharztbezeichnungen und anderen Feststellungen im Bescheid zu finden sind. In einigen Fällen haben Gesetzesänderungen in der Vergangenheit dazu geführt, dass Leistungen von Ärzten noch erbracht und abgerechnet werden dürfen, die dies nach heutigem Recht nicht mehr dürfen. Hier gilt eine Regel: Verfügt der Praxisübernehmer über eine andere Facharztbezeichnung und/oder Zusatzbeziehungsweise Schwerpunktbezeichnung, so muss geklärt werden, ob der potenzielle Praxisübernehmer alle Leistungen der Praxis erbringen darf. Wenn es Unsicherheiten gibt, ob der Praxisübernehmer noch dieselben Leistungen erbringen darf wie der Praxisabgeber, so kann bei der Kassenärztlichen Vereinigung um Auskunft gebeten werden.

Ein mit einem vollen Versorgungsauftrag zugelassener Vertragsarzt muss nur 20 Stunden Sprechzeit anbieten. Er ist aber weiterhin verpflichtet, vollschichtig seiner vertragsärztlichen Tätigkeit nachzugehen. Und dies bedeutet in der Regel, etwa 40 Stunden wöchentlich Leistungen für gesetzlich versicherte Patienten zu erbringen.

12.1.2 Gesperrter oder offener Planungsbereich

Die Kassenärztliche Vereinigung überprüft anhand der Bedürfnisse, ob ausreichend Ärzte vorhanden sind. Sind die Bedürfnisse für die Versorgung komplett gedeckt, so spricht man von einem Versorgungsgrad von 100 Prozent. Der Versorgungsgrad wird in der Regel zwei Mal jährlich durch die Kassenärztliche Vereinigung ermittelt. Überschreitet der Versorgungsgrad die Grenze von 110 Prozent, so gibt es 10 Prozent mehr Ärzte, als die Bedarfsplanung vorsieht. In diesem Fall muss der Landesausschuss der Ärzte und Krankenkassen sogenannte Zulassungssperren für die betroffenen Arztgruppen anordnen. Das bedeutet, dass ab diesem Zeitpunkt keine Neuzulassung für einen Vertragsarzt mehr erteilt werden darf. Erst wenn der Versorgungsgrad wieder unter 110 Prozent sinkt, dürfen Ärzte wieder „frei" zugelassen werden.

Die Beschlüsse des Landesausschusses der Ärzte und Krankenkassen werden veröffentlicht, darüber hinaus können die aktuellen Versorgungsgrade bei den Kassenärztlichen Vereinigungen nachgefragt werden. Dabei muss jedoch berücksichtigt werden, dass die Facharztbezeichnung des Praxisabgebers unter Umständen in einer anderen Bedarfsplanungsgruppe berücksichtigt wird, als man dies erwarten würde. Die Anordnung von Zulassungssperren ist heute der Regelfall, die Möglichkeit der freien Zulassung die Ausnahme. So bestehen für praktisch alle städtischen und vor allem großstädtischen Planungsbereiche Zulassungssperren.

12.1.3 Verfahrensablauf

- **Arztregister**

Jeder Arzt kann sich in das Arztregister einer Kassenärztlichen Vereinigung eintragen lassen. Zuständig hierfür ist die Kassenärztliche Vereinigung, in deren Einzugsgebiet der Arzt seinen Wohnsitz hat. Besteht kein inländischer Wohnsitz, kann der Arzt frei wählen, bei welcher Kassenärztlichen Vereinigung er sich in das Arztregister eintragen lässt. Zur Eintragung benötigt der Arzt eine deutsche Approbation und die Anerkennung als Facharzt. Hier wird bereits deutlich, dass im System der ambulanten vertragsärztlichen Versorgung der „Facharztstandard" gilt und damit jeder Vertragsarzt seinen „Facharztstatus" belegen muss. So können sich sogenannte „praktische Ärzte", also Ärzte ohne Facharztanerkennung beziehungsweise Gebietsbezeichnung, die sich früher noch als Hausärzte niederlassen konnten, nicht mehr in das Arztregister eintragen lassen. Daraus folgt letztlich, dass diese Ärzte auch keine Praxen mehr übernehmen können. Soweit sie allerdings noch über eigene Praxen verfügen, können diese aber selbstverständlich abgegeben werden.

Zum Antrag auf Arztregistereintragung gehört auch der lückenlose Nachweis über die ärztliche Tätigkeit seit Erteilung der Approbation.

Wurde die Eintragung in das Arztregister vollzogen, dürfen die dabei vorgenommenen Feststellungen durch die Zulassungsgremien nicht mehr überprüft oder in Frage gestellt werden. Sie sind für die Zulassungsgremien bindend. Wegen dieser weitreichenden Konsequenzen der Arztregistereintragung werden die Eintragungsvoraussetzungen immer genau geprüft. Deshalb nehmen Arztregistereintragungen je nach zuständiger Kassenärztlicher Vereinigung einige Zeit in Anspruch. Wer also eine Niederlassung plant, sollte sich umgehend in das Arztregister eintragen lassen, damit dies in einem Übernahmeverfahren nicht zum Problem wird. Praxisabgeber sollten potenzielle Praxisübernehmer gleich nach deren Arztregistereintragung fragen, um so Verzögerungen bei der Praxisabgabe zu vermeiden, wenn erst die Eintragung abgewartet werden muss.

Nicht nur die Facharztanerkennung ist für die Arztregistereintragung maßgeblich. Insbesondere bei der Arztgruppe der Facharztinternisten muss auch auf sogenannte Schwerpunkt- oder Zusatzbezeichnungen geachtet werden. Auch diese werden im Arztregister vermerkt. Zur Übernahme der Praxis eines Kardiologen ist zwar auch ein Facharzt für Innere Medizin ohne Schwerpunktbezeichnung „Kardiologie" berechtigt, er könnte aber praktisch keine kardiologischen Leistungen abrechnen. Dazu benötigt er, nach bisherigem Weiterbildungsrecht, honorarrechtlich die entsprechende Schwerpunktbezeichnung. Auch hier sollte also bei der Übernahmeplanung ein Blick in die Arztregistereintragung geworfen werden. Bei der zuständigen Kassenärztlichen Vereinigung kann jederzeit ein Arztregisterauszug angefordert werden. Ist dort eine Zusatzbezeichnung nicht vermerkt, sollte diese unverzüglich nachgereicht werden. Bei den Facharztbezeichnungen nach neuer Weiterbildungsordnung – zum Beispiel Facharzt für Innere Medizin und Kardiologie – muss keine Schwerpunktbezeichnung mehr nachgewiesen werden. Hier berechtigt bereits die Facharztanerkennung zur Abrechnung der vormals nur mit Schwerpunktbezeichnung abrechenbaren Leistungen.

So kann es logischerweise bei identischer Facharztanerkennung des Praxisabgebers und des Praxisübernehmers im späteren Nachbesetzungsverfahren auch zu keinen Problemen kommen.

Als Praxisgründer oder Praxisübernehmer sollte daher stets darauf geachtet werden, dass alle Eintragungen im Arztregister auf dem neuesten Stand sind. Einige Zusatzausbildungen wurden häufig erst nach der Eintragung ins Arztregister absolviert und sollten daher nachgetragen werden.

- **Zulassungsgremien**

Die Zulassungsgremien bestehen aus Vertretern der Krankenkassen und Ärzten. Sie sind zunächst für alle Verfahren zuständig, die die Zulassung des Vertragsarztes betreffen, das heißt neben der Zulassung zur vertragsärztlichen Versorgung als solcher auch für alle Anträge auf Genehmigung der Praxissitzverlegung, der Anstellung von Ärzten oder der Bildung beziehungsweise Beendigung von Berufsausübungsgemeinschaften sowie die Zulassung von Medizinischen Versorgungszentren.

Die Zulassungsgremien legen ihre Entscheidungen in sogenannten Beschlüssen nieder. Diese werden nach einer Abstimmung im Ausschuss nach dem Mehrheitsprinzip gefasst. Die Zulassungsgremien fällen ihre Entscheidungen in nichtöffentlicher Sitzung; in bestimmten Fällen ist aber eine mündliche Verhandlung zwingend vorgesehen. In allen anderen Fällen können die Zulassungsgremien selbst bestimmen, ob sie eine mündliche Verhandlung durchführen.

Die Kassenärztlichen Vereinigungen und die Landesverbände der Krankenkassen entsenden jedoch nicht zu allen mündlichen Verhandlungen der Zulassungsgremien eigene Sitzungsvertreter. Dies erfolgt meist nur bei Zulassungsentziehungsverfahren oder sonstigen Verfahren von besonderer Bedeutung für die Sicherstellung der ambulanten vertragsärztlichen Versorgung. Bei dem Nachbesetzungsverfahren war dies bisher nicht der Fall. Hier stehen die Interessen der Kassenärztlichen Vereinigung und sonstigen Verfahrensbeteiligten zumindest bei der Auswahlentscheidung im Hintergrund; sie entsenden daher keine eigenen Vertreter zu den Sitzungen und stellen in der Regel auch keinerlei eigene Anträge. Übersteigt der regionale Versorgungsgrad in der Bedarfsplanungsgruppe des antragstellenden Arztes allerdings die Grenze von 140 Prozent, so kann es zu einer Verpflichtung der Kassenärztlichen Vereinigung kommen, die Praxis selbst anzukaufen.

Gegen die Beschlüsse des Zulassungsausschusses können alle am Verfahren Beteiligten Widerspruch einlegen. Gegen die Entscheidungen des Berufungsausschusses kann dann ebenfalls durch alle Verfahrensbeteiligten Klage beim Sozialgericht, mit der Möglichkeit der Berufung zum Landessozialgericht und der Revision zum Bundessozialgericht, erhoben werden.

Bei Praxisabgaben und dem dabei durchzuführenden Nachbesetzungsverfahren machen praktisch ausschließlich unterlegene Mitbewerber von der Möglichkeit des Widerspruchs zum Berufungsausschuss Gebrauch. Der Praxisabgeber kann selbst nur dann Widerspruch einlegen, wenn der Bewerber nicht den Verkehrswert der Praxis als Kaufpreis zahlen will; ein Auswahlrecht steht ihm dabei aber nicht zu.

- **Nachbesetzungsverfahren**

Das Nachbesetzungsverfahren ermöglicht in gesperrten Planungsbereichen die Weitergabe einer Praxis an einen Nachfolger. Ein Nachbesetzungsverfahren findet damit immer nur bei einer Zulassungssperre statt. Zur Kontrolle muss sich der Praxisabgeber daher immer zunächst informieren, ob noch Zulassungssperren bestehen und wie hoch der Versorgungsgrad ist. Manchmal können die für die Aufstellung des Bedarfsplans zuständigen Kassenärztlichen Vereinigungen auch Hinweise geben, ob bald mit einer Entsperrung zu rechnen ist. Wächst etwa die Bevölkerung und ist zugleich der Versorgungsgrad niedrig, kann kurzfristig auch eine bestehende Zulassungssperre aufgehoben werden.

Ziel des Nachbesetzungsverfahrens ist einerseits die Ermöglichung der Abgabe der Praxis an einen Nachfolger, andererseits geht es aber auch um die Sicherstellung und Fortführung der ambulanten vertragsärztlichen Versorgung. Gerade bei sehr patiententennahen Arztgruppen, wie etwa Haus- und Kinderärzten, spielt für den Patienten die Bindung an die vielleicht wohnortnahe Praxis eine große Rolle. Auch deshalb kann es sinnvoll sein, trotz rechnerischer Überversorgung eine Praxis an einem bestimmten Ort fortzuführen. Auch dieser Gedanke prägt das Nachbesetzungsverfahren.

Eine solche Weitergabe erscheint aus Sicht des Gesetzgebers aber nicht immer sinnvoll. Denn durch die Weitergabe der Praxen bleibt die Überversorgung im Zulassungsbezirk bestehen. Vielmehr noch führt die Weitergabe der Praxis in einem überversorgten Gebiet an einen Praxisübernehmer dazu, dass dieser sich gerade nicht an einem anderen Ort, an dem es unter Umständen zu wenig Ärzte gibt (sogenannte Unterversorgung), niederlässt. Der Abbau der Überversorgung ist aber das erklärte Ziel des Gesetzgebers. Damit können die Kassenärztlichen

Vereinigungen nicht mehr alleine entscheiden, ob eine Praxis nachbesetzt wird. Liegen keine Versorgungsgründe vor, die die Nachbesetzung der Praxis erfordern, soll an Stelle der Weitergabe der Praxis der Praxisabgeber für den Verlust der Möglichkeit zur Praxisweitergabe entschädigt werden. Das Versorgungsstärkungsgesetz (VSG) reagiert nunmehr auf die Tatsache, dass praktisch kein Praxisaufkauf stattfand, mit einer Verschärfung der Regelungen. Wie auch bisher **kann** bei einem Versorgungsgrad bis 140 Prozent – genauer 139 Prozent – die Praxisnachbesetzung abgelehnt werden. Ab einem Versorgungsgrad von 140 Prozent **soll** sie abgelehnt werden. Diese kleine Änderung ist juristisch sehr bedeutsam. Die Zulassungsausschüsse hatten bislang einen großen Ermessensspielraum bei der Frage der Nachbesetzung und der Bewertung der Versorgungsgründe. Daher erfolgte praktisch keine Ablehnung einer Nachbesetzung aus Versorgungsgründen. Nach der Neuregelung können sie nur noch mit erhöhtem Begründungsaufwand ab einem Versorgungsgrad von 140 Prozent für eine Nachbesetzung votieren. Denn dabei gilt, je höher der Versorgungsgrad, desto größer muss der Begründungsaufwand sein, damit die Entscheidung für die Nachbesetzung auch bei einer gerichtlichen Überprüfung bestehen bleibt. Bei einem Versorgungsgrad von 250 Prozent – dies ist in einige Bedarfsplanungsgruppen keine Seltenheit, obgleich auch dann noch Terminwartezeiten bestehen – wird es verständlicherweise äußerst schwierig zu begründen, dass die Praxis noch benötigt wird.

Danach stellen sich für die Zulassungsausschüsse beim Nachbesetzungsverfahren grundsätzlich zwei Fragen: Wann kann eine Praxis überhaupt nachbesetzt werden und wann ist eine nachbesetzungsfähige Praxis aus Versorgungsgründen notwendig?

Schon vor der Neuregelung des Nachbesetzungsverfahrens haben der Gesetzgeber und die Gerichte eine Weitergabe der Praxis nur dann für zulässig gehalten, wenn überhaupt eine übergabefähige Praxis vorhanden war. Diese Frage trat und tritt immer dann auf, wenn sehr kleine Praxen weitergegeben werden sollen, also Praxen, in denen nur wenige Patienten behandelt werden. Das Nachbesetzungsverfahren soll die Weitergabe einer Praxis an einen Nachfolger ermöglichen, damit der Wert des Unternehmens „Praxis" dem

Praxisabgeber oder dessen Erben zufließen kann. Es soll also nicht isoliert nur die Zulassung übertragen – dies ist ja unzulässig – sondern ein Unternehmen fortgeführt werden. Diese Unternehmensfortführung kann aber nur dort erfolgen, wo auch ein Unternehmen vorhanden ist. Doch wann ist eine solche übergabefähige Praxis vorhanden? Hierzu wurde die sogenannte „Praxissubstratrechtsprechung" entwickelt. Nur wenn ein hinreichendes Praxissubstrat vorhanden ist, soll eine Praxisfortführung möglich sein. Ein hinreichendes Praxissubstrat liegt vor, wenn Praxisräume, Praxisinventar, Patientenkartei und hinreichende Patienten vorhanden sind.

Der Gesetzgeber hat auf eine Definition der Versorgungsgründe verzichtet, sodass die Zulassungsgremien diesbezüglich einen weiten Beurteilungsspielraum haben. Die meisten Zulassungsausschüsse gehen davon aus, dass eine Praxis, die ausreichend Patienten behandelt, auch zur Versorgung benötigt wird; daraus kann abgeleitet werden, dass eine ausgelastete Praxis stets aus Versorgungsgründen benötigt wird. Zum Zeitpunkt der Praxisabgabe muss folglich der Umfang der Teilnahme an der ambulanten Versorgung ermittelt werden. Belegt dieser Umfang der Teilnahme eine Auslastung der Praxis, so liegen auch Versorgungsgründe vor, die eine Nachbesetzung rechtfertigen. Die in dieser Praxis behandelten Patienten müssten im Falle der Ablehnung des Nachbesetzungsverfahrens in anderen Praxen weiterbehandelt werden, wobei das Risiko besteht, dass diese an ihre Kapazitätsgrenzen stoßen und unter Umständen Patienten unbetreut zurückbleiben. Stehen bei sehr großen Praxen, die häufig auch als Versorgerpraxen bezeichnet werden, gar keine Praxen in der Umgebung zur Verfügung, die diese Patienten aufnehmen können, käme es bei der Ablehnung der Nachbesetzung unweigerlich zu einem schweren Sicherstellungsproblem für die Kassenärztliche Vereinigung. Einige Zulassungsausschüsse prüfen neben der Auslastung der Vertragsarztpraxis daher insbesondere, ob Praxisbesonderheiten – also spezielle Leistungsangebote – vorliegen, die andere Praxen nicht vorhalten.

Das Nachbesetzungsverfahren findet nur auf Antrag eines Arztes statt. Er kann die Durchführung des Verfahrens beantragen, wenn er auf seine Zulassung verzichtet hat oder sie ihm entzogen wurde.

Nach dem Tod des Vertragsarztes können die Erben die Durchführung beantragen.

Ausgangspunkt der meisten Nachbesetzungsverfahren ist der Verzicht des Vertragsarztes auf seine Zulassung. So wie der Führerschein jederzeit zurückgegeben werden kann, kann auch der Vertragsarzt auf sein Recht aus der Zulassung verzichten. Dann endet seine Zulassung automatisch nach Beschluss des Zulassungsausschusses mit dem Ende des auf die Verzichtserklärung folgenden Quartals.

Dieses Ergebnis ist bei einer Praxisabgabe allerdings nachteilig. Kann die Praxis nicht innerhalb dieses Zeitraumes von einem Nachfolger übernommen werden, darf der Arzt dort nicht mehr gesetzlich versicherte Patienten behandeln. Die bislang behandelten Patienten werden sich dann einen anderen Arzt suchen und damit geht die wirtschaftliche Basis der Praxis recht schnell verloren. Sinnvoll wäre es daher, dass die Verzichtserklärung erst dann wirksam wird, wenn ein Praxisnachfolger die Praxis auch tatsächlich übernimmt. Eine solche Vorgehensweise sieht das Gesetz aber nicht vor. Der Verzicht als einseitige empfangsbedürftige Willenserklärung darf grundsätzlich nicht mit einer Bedingung – hier die Fortführung der Praxis durch einen Nachfolger – erklärt werden. Es kann ja auch niemand die Kündigung seiner Wohnung für den Fall erklären, dass er eine bessere und günstigere Wohnung findet.

Den Zulassungsgremien in allen Zulassungsbezirken ist dieses Problem natürlich bekannt. Daher wird – entgegen der formal korrekten Lösung – dennoch die Erklärung des Verzichts unter der Bedingung der Fortführung durch einen Nachfolger anerkannt. Der Praxisabgeber kann danach den Verzicht auf seine Zulassung erklären – dies allerdings mit der Maßgabe der Fortführung durch einen Nachfolger. So wird der Verzicht erst mit Übernahme der Praxis wirksam. Dem Praxisabgeber steht also ein Wahlrecht zu. Entweder er verzichtet zum (gesetzlich vorgesehenen) nächstmöglichen Zeitpunkt auf seine Zulassung oder erst zum Zeitpunkt der Zulassung eines Nachfolgers. Die zuletzt genannte Variante ist die in der Praxis häufigste Form des Verzichts. Dies ist sie vor allem auch, da das Bundessozialgericht entschieden hat, dass eine Praxis, die über einen längeren Zeitraum nicht mehr bestanden hat, unter Umständen nicht mehr nachbesetzt werden kann. Eben wegen dieser Rechtsprechung hat auch das Bundessozialgericht den sogenannten „bedingten Verzicht" für ausnahmsweise zulässig erachtet. Sinnvoll erscheint diese Vorgehensweise auch, weil in solchen Fällen, in denen kein Nachfolger gefunden werden kann, der Praxisabgeber die Praxis zunächst weiterführen kann.

Dieser bedingte Verzicht kann allerdings dann nicht erklärt werden, wenn der Praxisabgeber ab einem bestimmten Zeitpunkt nicht mehr am Vertragsarztsitz tätig sein kann, etwa weil er eine Beschäftigung in einem Krankenhaus oder bei einem anderen Vertragsarzt aufnehmen will und eine auch nur vorübergehende gleichzeitige Tätigkeit nicht möglich ist, etwa wegen der Entfernung der neuen Tätigkeit zum Vertragsarztsitz. In diesem Falle kann nur ein unbedingter Verzicht erfolgen. Damit geht jedoch die Gefahr einher, dass die Praxisabgabe erst nach dem Verzichtszeitpunkt erfolgen kann und damit die Praxis einige Quartale leer steht. Dies kann leider nicht immer vermieden werden.

Der Verzicht des Praxisabgebers auf seine Zulassung geht der Praxisübernahme durch einen potenziellen Nachfolger immer voraus. Er findet viele Monate vorher statt. Dennoch ist die Form der Verzichtserklärung auch maßgeblich für die Praxisübernahme. Wurde diese zu einem bestimmten Zeitpunkt erklärt, wird der Praxisabgeber ab diesem Zeitpunkt die Praxis nicht mehr weiterführen (dürfen). Soll dann über die geplante Tätigkeitszeit hinaus der Praxisabgeber noch länger in der Praxis arbeiten, etwa weil der Praxisübernehmer zu diesem Zeitpunkt aus anderen Gründen die Tätigkeit noch nicht antreten kann, wird dies in der Praxis schwierig. Dies sollte unbedingt bei einer freien Bewerbung auf eine abzugebende Praxis bedacht werden. Durch ein aktuelles Urteil des Bundesverfassungsgerichts ist es leider nicht mehr zulässig, dass der Praxisübernehmer sich unter Umständen drei Monate Zeit lässt, bis er seine Tätigkeit ab dem Datum der Zulassung aufnimmt. In einigen Zulassungsbezirken wurde dies genutzt, um eine flexible Praxisabgabe innerhalb dieses Zeitraums zwischen Praxisabgeber und Praxisübernehmer zu ermöglichen. Da die zugrunde liegende Norm aus anderen Gründen verfassungswidrig war, muss der Praxisübernehmer jetzt zum konkreten Zeitpunkt seine Tätigkeit aufnehmen und der Praxisabgeber aus der Versorgung ausscheiden. Eben wegen dieser Problemstellung kann es jetzt zu

sogenannten Leerständen kommen, das heißt zu Zeiträumen, in denen kein Arzt in der Praxis arbeiten darf. Dies ist in einigen Fällen weniger problematisch, bei sehr patientennahen Fächern mit hoher Bindung der Patienten an die Praxis aber nachteilig. Hier muss dann unter Umständen ähnlich wie bei schwierigen Übergangsphasen auch in Abstimmung mit den Zulassungsgremien geklärt werden, wie die konkrete Praxisübernahme vonstattengehen kann, etwa durch vorläufige Tätigkeitsaufnahme mit gleichzeitiger Vertretung unter Inanspruchnahme der Vertretungsgründe Urlaub, Krankheit, Weiterbildung etc. Festzuhalten ist, dass im Rahmen der Verzichtsleistung immer ein Augenmerk darauf gerichtet werden muss, ob zum beabsichtigten Abgabezeitpunkt beziehungsweise Übernahmezeitpunkt dies zeitlich und tatsächlich umgesetzt werden kann.

- **Privilegierter Nachfolger**

Durch die Bedarfsplanung soll unter anderem die Überversorgung abgebaut werden. Der Gesetzgeber hat deshalb festgelegt, dass das Nachbesetzungsverfahren nur durchgeführt werden kann, wenn die Praxis aus Versorgungsgründen weiter benötigt wird.

In einem überversorgten Zulassungsbereich – also einem Zulassungsbereich mit mehr als 110 Prozent Versorgungsgrad – kann der Zulassungsausschuss bei einem Versorgungsgrad von 110–140 Prozent entscheiden, dass die Praxis nicht nachbesetzt wird und der Praxisinhaber dann entschädigt wird. Ab einem Versorgungsgrad von 140 soll der Zulassungsausschuss die Praxis nicht mehr nachbesetzen. Welche Konsequenzen dies für die Praxisabgabe hat, werden wir später erörtern.

Ob Versorgungsgründe vorliegen, die eine Praxisnachbesetzung erfordern, muss der zuständige Zulassungsausschuss prüfen. Sind sogenannte privilegierte Nachfolger vorhanden, an die die Praxis abgegeben werden soll – das sind Ehegatten, Lebenspartner, Kinder, angestellte Ärzte oder ein Vertragsarzt, mit dem die Praxis bisher gemeinschaftlich betrieben wurde – muss zunächst das Nachbesetzungsverfahren durchgeführt werden, selbst wenn keine Versorgungsgründe zur Nachbesetzung gegeben sind.

Diese Regelung bietet damit dem Praxisabgeber und potenziellen Praxisübernehmern die Möglichkeit, in rechtlich zulässiger Weise Einfluss auf das

Nachbesetzungsverfahren zu nehmen. Wird ein Privilegierungsgrund geschaffen, so muss dem Antrag auf Durchführung des Nachbesetzungsverfahrens entsprochen werden. Dies setzt zunächst voraus, dass der Praxisabgeber den privilegierten Nachfolger als Wunschkandidaten benennt. Die Zulassungsausschüsse fragen daher konkret nach dem Wunschnachfolger, um genau diese Privilegierung prüfen zu können. Deshalb sehen die meisten Antragsformulare der Zulassungsgremien Angaben zum gewünschten Nachfolger vor. Allerdings gilt, dass die bei der Durchführung des Nachbesetzungsverfahrens vorgesehene Privilegierung nur dann eine Prüfung der Erforderlichkeit der Praxis aus Versorgungsgründen gänzlich vermeidet, wenn der Wunschkandidat auch tatsächlich bei der Auswahlentscheidung ausgewählt wird. Ist dies nicht der Fall, muss dennoch eine Versorgungsprüfung durchgeführt werden.

Gerade wegen dieser vom Gesetzgeber vorgesehenen Privilegierung bestimmter Nachfolger sollte es das Ziel jeder Praxisübernahmeplanung sein, von Anfang an einen potenziellen Praxisabgeber zu finden, für dessen Abgabe dann eine Privilegierung mit dem zukünftigen Praxisübernehmer angestrebt wird.

Die privilegierenden Tatbestände der Stellung als Kind, Ehegatte oder Lebenspartner sind für eine Gestaltung der Nachbesetzung nicht geeignet – wenn auch theoretisch. Allerdings ist die Anstellung eines Arztes oder die gemeinsame Berufsausübung eine auch tatsächlich genutzte Gestaltungsmöglichkeit. Auch dies ist ein Grund dafür, die Praxisabgabe frühzeitig zu planen. Allerdings ist gerade die Anstellung eines Arztes in einem gesperrten Planungsbereich nur unter besonderen Voraussetzungen möglich. Während in einem „entsperrten" Planungsbereich jederzeit mit Genehmigung der Zulassungsgremien eine Anstellung erfolgen kann – die Anstellung steht dabei für die Bedarfsplanung der Zulassung eines weiteren Vertragsarztes gleich – ist dies in einem gesperrten Planungsbereich nur durch Übernahme eines Vertragsarztsitzes oder durch eine Anstellung im sogenannten Jobsharing möglich. Eine Anstellung im Jobsharing ist hingegen in gesperrten Planungsbereichen leicht zu realisieren. Dieser im Jobsharing angestellte Arzt ist im Nachbesetzungsverfahren privilegiert. Ebenso privilegiert sind Ärzte, mit denen die Praxis gemeinsam betrieben wird.

Was der Gesetzgeber mit gemeinsamer Berufsausübung meint, hat er jedoch offengelassen. Grundsätzlich kommen hier drei Formen der gemeinsamen Tätigkeit in Betracht: die Praxisgemeinschaft, die Bildung einer Berufsausübungsgemeinschaft und die sogenannte Zulassung zur gemeinsamen Berufsausübung im Jobsharing. Bei Praxisgemeinschaften wirtschaften die beteiligten Vertragsärzte getrennt und teilen sich in der Regel nur Praxisräume und gegebenenfalls das Praxispersonal. Diese Form der gemeinsamen Tätigkeit muss der Kassenärztlichen Vereinigung nur angezeigt werden, Genehmigungspflichten bestehen hier nicht. Ob diese Form der gemeinsamen Tätigkeit als schwächste Form der beruflichen Zusammenarbeit für eine Privilegierung ausreicht, ist letztlich umstritten. Ein sicheres Gestaltungsmittel ist sie daher nicht.

Die Bildung einer Berufsausübungsgemeinschaft ist recht unproblematisch, allerdings müssen sich dazu mindestens zwei Vertragsärzte zusammenfinden, die zukünftig als Gemeinschaftspraxis an der Versorgung teilnehmen wollen. Dazu muss zwingend eine gesellschaftsrechtliche Bindung zwischen den Vertragsärzten geschaffen werden, in der Regel eine Gesellschaft bürgerlichen Rechts (GbR). Das Ziel dieser Gemeinschaft muss die gemeinsame Behandlung von Patienten sein. Ab der Gründung dieser Gemeinschaftspraxis, die auch an verschiedenen Praxissitzen als überörtliche Berufsausübungsgemeinschaft (üBAG) gegründet werden kann, muss grundsätzlich gemeinsam gewirtschaftet werden; in der Regel wird auch eine gemeinsame Abrechnung erstellt. Wird die Berufsausübungsgemeinschaft jedoch nur zum Schein und damit nicht mit dem Ziel der gemeinsamen Berufsausübung, sondern gegebenenfalls nur mit dem Ziel der Beeinflussung des Nachbesetzungsverfahrens gegründet, dürfen die Zulassungsgremien dies nach den Grundsätzen des sogenannten Gestaltungsmissbrauchs nicht berücksichtigen. Für Praxisübernehmer, die in der Regel noch über keine Zulassung verfügen, ist dies kein probates Mittel. Denn Ziel der Praxisübernahme ist die Teilnahme an der Versorgung; sie ist aber noch nicht möglich. Dieses Gestaltungsmittel kann daher nur für den Hinzuerwerb weiterer Vertragsarztsitze genutzt werden.

Hier stellt sich natürlich die Frage, ab wann eine solche Anstellung oder die Bildung einer

Berufsausübungsgemeinschaft die vom Gesetzgeber vorgesehene Privilegierung auslöst. Der Gesetzgeber hatte bislang auf eine genaue Regelung verzichtet. Daher hatte er es den Zulassungsgremien und den Gerichten überlassen, hier eine Lösung zu finden. Das Versorgungsstärkungsgesetz hat nun Klarheit geschaffen. Jetzt gilt einheitlich, dass die Jobsharing-Anstellung und die gemeinsame Berufsausübung erst nach drei Jahren berücksichtigt werden dürfen. Ziel der Privilegierung ist es nämlich, in den Fällen, in denen besonders geschützte Interessen des Vertragsarztes oder sonstiger Beteiligter bestehen – bei den Kindern zum Beispiel das verfassungsrechtlich garantierte Erbrecht – diese gegenüber dem gesetzgeberischen Ziel des Abbaus von Überversorgung zurücktreten zu lassen.

Bei der Praxisabgabe an einen angestellten Arzt oder einen Arzt, mit dem die Praxis gemeinsam betrieben wurde, stehen einerseits die wirtschaftlichen Interessen des privilegierten Nachfolgers im Vordergrund, andererseits die besondere Bindung der Patienten an die Praxis und die dort tätigen Ärzte, die im Rahmen der Sicherstellung von besonderer Bedeutung ist. Damit diese schützenswerten Interessen überhaupt entstehen können, muss denknotwendig das Anstellungsverhältnis für einige Zeit bestanden habe oder die gemeinsame Berufsausübung einige Zeit andauern. Erst dann ist die notwendige Bindung der Patienten an die Praxis und die privilegierten Personen anzunehmen.

Die Neuregelung zur Mindestdauer der gemeinsamen Berufsausübung oder der Anstellung von drei Jahren gilt aber nicht für die Fälle, bei denen die Anstellung oder die gemeinsame Berufsausübung zum Zeitpunkt der ersten Lesung des Versorgungsstärkungsgesetzes am 05.03.2015 schon bestand. Hier verbleibt es bei der bisherigen Spruchpraxis der Zulassungsgremien, die in der Regel schon deutlich weniger als drei Jahre gemeinsame Tätigkeit forderten.

Eine neue und für die Praxis gut nutzbare Privilegierung ist jedoch durch das Versorgungstärkungsgesetz eingeführt worden. Jetzt gilt, dass auch dann die Praxis nachbesetzt werden muss, wenn der Nachfolger erklärt, dass er die Praxis in eine Region im Planungsbereich verlegen wird, in der nach Mitteilung der Kassenärztlichen Vereinigung eine zu geringe Arztdichte und damit ein erhöhter Versorgungsbedarf besteht. Um diese Privilegierung zu nutzen, muss also zunächst geklärt werden, für welche Regionen im maßgeblichen Planungsbereich die Kassenärztliche Vereinigung dies mitgeteilt hat beziehungsweise mitteilen würde. Hier reicht eine Nachfrage bei der Kassenärztlichen Vereinigung aus. Dann muss der gewünschte Nachfolger schriftlich erklären, dass er die Praxis in diesen Bereich verlegen wird. Dieses Vorgehen eignet sich vor allem für die Fälle, in denen keine langfristige Planung der Praxisabgabe möglich ist, denn hier gibt es keine Wartezeiten.

Bei der Praxisübernahme werden nicht nur die Praxisräume weiter genutzt, sondern es wird die gesamte Praxiseinrichtung vom Praxisnachfolger übernommen, ebenso das Praxispersonal sowie – soweit heute noch datenschutzrechtlich zulässig – die Patientenkartei. Praxisräume, Praxiseinrichtung und Patientenkartei sind die wesentlichen Eckpunkte, um festzustellen, ob eine übernahmefähige Praxis vorliegt.

Dies ist nun nicht mehr notwendig, wenn die besondere Form der privilegierten Praxisnachfolge genutzt wird. Die Praxis kann sofort an einem anderen Standort fortgeführt werden. Dies bedeutet aber auch, und das muss in der Praxis besonders berücksichtigt werden, dass häufig ein großer Teil des Patientenstammes mit Patienten, die keine größeren Anfahrtswege auf sich nehmen können oder wollen, nicht übernommen werden kann. Eben dieser Patientenstamm ist aber auch wertbildend für eine Praxis. In den Fächern, in denen Ärzte nur auf Überweisung tätig werden und Patienten keine innere Bindung zur Praxis haben – etwa in den apparativen technisch-diagnostischen Fächern – ist dies weniger ein Problem als etwa bei einer Praxis in der fachärztlich internistischen Versorgung mit hoher Patientenbindung, wie etwa in der Rheumatologie. Es muss also abgewogen werden, ob das Risiko der möglichen Fortführung am Sitz und des daraus resultierenden Aufkaufs der Praxis auf sich genommen werden kann oder aber ob eine Praxisverlegung an einen anderen Ort – soweit sich Praxisübernehmer und Praxisabgeber vorher einig sind – erfolgen kann. Dabei muss natürlich auch in Betracht gezogen werden, dass dann die Verlegung in Regionen erfolgt, in denen eben ein besonderes Versorgungsbedürfnis besteht und daraus resultierend wohl schneller ein neuer Patientenstamm aufgebaut werden kann als in einem anderen Bereich.

12.2   Gestaltungsmöglichkeiten

Das Verfahren zur Nachbesetzung bis hin zur Entscheidung über die Durchführung findet ausschließlich zwischen dem Praxisabgeber und den Zulassungsgremien statt. Aber gerade die Einbeziehung des potenziellen Praxisübernehmers ermöglicht weitergehende Gestaltungsmöglichkeiten. So kann es für den Praxisabgeber aus unterschiedlichen Gründen unmöglich sein, den Umfang der Teilnahme der Praxis an der ambulanten vertragsärztlichen Versorgung zu erweitern, was aber mitunter nötig ist, um überhaupt die Praxisabgabe zu ermöglichen. Gerade in diesen Fällen ist es notwendig, eine dritte Person (in der Regel den potenziellen Praxisübernehmer) in das Verfahren einzubinden. Wenn sich Praxisabgeber und potenzieller Praxisübernehmer dieser Gestaltungsmöglichkeiten bewusst sind, können diese auch effektiv genutzt werden.

Grundsätzlich gilt für alle Zulassungsbezirke, dass die Durchführung des Nachbesetzungsverfahrens dann keine Probleme bereitet, wenn die Praxis in ausreichendem Maße an der Versorgung teilnimmt. Zum Zeitpunkt der Nachbesetzung sollte die Praxis daher hinreichend Patienten behandeln, jeweils gemessen am jeweiligen Fachgruppendurchschnitt. Bei der Planung der Praxisabgabe sollte als erstes immer kritisch der Praxisumfang geprüft werden. Sind die Fallzahlen etwa in den vorangehenden Quartalen abgesunken, sollten diese im Idealfall auf den Fachgruppendurchschnitt erhöht werden, bei einem vollen Versorgungsauftrag zumindest deutlich über die Hälfte des Fachgruppendurchschnitts. Sind die Fallzahlen etwa wegen einer Erkrankung des Praxisinhabers abgesunken, genügt unter Umständen die Überprüfung der bei der Kassenärztlichen Vereinigung gemeldeten Krankheitszeiten.

Gerade bei kleinen Vertragsarztpraxen kann das Problem auftreten, dass eine Fallzahlerhöhung nicht mehr möglich ist. Soll die Praxisabgabe etwa aus gesundheitlichen Gründen erfolgen, kann der Vertragsarzt häufig selbst nicht mehr oder nur sehr unzureichend die Fallzahlen erhöhen. Dann besteht bei Anträgen auf Durchführung des Nachbesetzungsverfahrens immer das Risiko, dass die Durchführung teilweise oder gänzlich abgelehnt wird. Hier bietet sich für den Praxisabgeber die Möglichkeit, die Fallzahlen mit Hilfe eines Jobsharing-Partners zu erhöhen. Da dieser zugleich mit dem Praxisabgeber tätig wird, werden alle durch diesen erbrachten Leistungen dem Vertragsarzt zugerechnet. Denn Jobsharer und Vertragsarzt teilen sich die Leistungsberechtigung des Vertragsarztes.

Können nämlich wegen der Spezialisierung oder eines Schwerpunktes der Praxis (zum Beispiel Patienten mit HIV, Gerinnungsstörungen etc.) die Patienten nicht von anderen Praxen übernommen werden, ist von hoher Versorgungsrelevanz auszugehen. Deshalb sollte die Praxis vor der Einleitung des Nachbesetzungsverfahrens kritisch geprüft werden. Regelmäßig sollte die Hilfe eines Rechtsanwaltes und eines Steuerberaters hinzugezogen werden. In der Praxis gehen einige Praxisinhaber fälschlicherweise davon aus, dass ihre Praxis, die sie über Jahre aufgebaut haben, bestimmt eine solche besonders relevante Praxis ist. Hier können die regionalen Fachverbände mitunter besser beurteilen, ob eine bestimmte Schwerpunktbildung die Praxis von anderen unterscheidet; gegebenenfalls hilft auch ein gezieltes Nachfragen bei Kolleginnen und Kollegen.

Nicht vergessen werden sollte, dass das Nachbesetzungsverfahren keine Einbahnstraße ist. Wie bei jedem anderen Verfahren kann der Vertragsarzt durch Antragsrücknahme das gesamte Verfahren beenden. Stellen die Zulassungsausschüsse etwa fest, dass das Praxissubstrat nicht zur Nachbesetzung ausreicht, kann durch Antragsrücknahme Zeit gewonnen werden, um die Praxis wieder auszuweiten. Wird offenbar, dass eine Praxisnachbesetzung am bisherigen Standort aus Versorgungsgründen nicht in Betracht kommt, kann durch Antragsrücknahme noch eine Praxissitzverlegung nach einem gesonderten Antrag erfolgen.

12.2.1   Medizinisches Versorgungszentrum

Aufgrund der jüngsten Rechtsänderungen ist es unter Umständen für Praxisabgeber interessant, Praxen an ein Medizinisches Versorgungszentrum (MVZ) zu veräußern. Bislang führte dies häufig zu einer

Ablehnung der Nachbesetzung durch das Medizinische Versorgungszentrum, wenn dieses nicht in unmittelbarer Nähe befindlich und ein anderer Bewerber gegeben war, der die Praxis in den bisherigen Räumen weiterführen wollte. Der Gesetzgeber hat durch diese Neuregelung klargestellt, dass dieser faktische Nachrang nicht mehr wie bisher begründet werden kann. Dies eröffnet potenziell neue Abgabemöglichkeiten für Praxisinhaber.

In einem Medizinischen Versorgungszentrum können Ärzte sowohl freiberuflich als auch als Angestellte tätig sein. Im Unterschied zur Anstellung bei einem anderen Vertragsarzt wird die Genehmigung zur Anstellung dem Medizinischen Versorgungszentrum erteilt, welches damit ein eigener Leistungserbringer ist, der einem Vertragsarzt gleichsteht. Hierdurch können Vertragsärzte auf ihre Zulassung verzichten, um sich am Medizinischen Versorgungszentrum anstellen zu lassen. Während bei einem Vertragsarzt nur drei Ärzte angestellt werden dürfen – in apparativ-technischen Fächern vier Ärzte – gilt diese Begrenzung für Medizinische Versorgungszentren nicht. Dort wird die persönliche Leistung der Praxis durch die Stellung des ärztlichen Leiters gewährleistet.

Medizinische Versorgungszentren wurden zu Beginn vor allem durch Krankenhäuser gegründet, mittlerweile aber in erheblichem Maße auch durch Vertragsärzte. Durch die Gesetzesänderungen der vergangenen Jahre wurden Medizinische Versorgungszentren und Berufsausübungsgemeinschaften immer weiter angenähert, sodass heute die Gründung eines Medizinischen Versorgungszentrums der Gründung einer örtlichen Berufsausübungsgemeinschaft gleichkommt.

Die wesentliche Neuerung des Versorgungsstärkungsgesetzes ist aber die Möglichkeit, dass auch die Gründer des Medizinischen Versorgungszentrums auf ihre Zulassung als Vertragsarzt mit dem Ziel der Anstellung am (eigenen) Medizinischen Versorgungszentrum verzichten. Nunmehr kann ein Vertragsarzt als Gesellschafter eines Medizinischen Versorgungszentrums angestellt und weiter Gesellschafter dessen sein.

Notwendig sind in der Regel mehrere Vertragsärzte, die gemeinsam ein Medizinisches Versorgungszentrum in der Rechtsform einer GmbH gründen. Bei Partnern einer Berufsausübungsgemeinschaft

ist dies unproblematisch möglich. Sodann verzichtet der Praxisabgeber auf seine Zulassung zum Zwecke der Anstellung am Medizinischen Versorgungszentrum und bleibt Gesellschafter. Der Praxisnachfolger wird dann nach einiger Zeit angestellt und übernimmt die Geschäftsanteile, also praktisch die Praxis. Somit scheidet der Praxisabgeber dann endgültig aus der Praxis aus.

Diese Abgabeform wird wahrscheinlich in der Zukunft häufiger gewählt werden, vor allem wenn statt der Gründung einer Berufsausübungsgemeinschaft die Gründung eines Medizinischen Versorgungszentrums gewählt wurde.

Aber auch hier gilt, dass der zum Zwecke der Anstellung verzichtende, ehemalige Vertragsarzt für die Dauer von drei Jahren im Medizinischen Versorgungszentrum angestellt tätig sein muss. Erfolgt aber die Praxisumwandlung frühzeitig, so ist dieser Zeitraum unproblematisch zu erhalten. Für den potenziellen Praxisübernehmer bedeutet dies, dass sich neben dem klassischen freiberuflichen Nachbesetzungsverfahren ein weiterer, ein anderer, Markt zur Praxisübernahme herausbildet. Die Praxisanteile und Vertragsarztsitze werden zukünftig nicht mehr im Wege öffentlicher Ausschreibung abgegeben. Es wird vielmehr so sein, dass diese Praxisanteile auf anderem Wege, etwa durch Inserate oder Praxisbörsen, veräußert werden. Wo es bereits beim klassischen Nachbesetzungsverfahren von Vorteil ist, wenn sich potenzieller Praxisabgeber und Praxisübernehmer langfristig kennen und das Verfahren abstimmen, ist es in diesen Fällen unerlässlich. Auch erfolgen derartige Praxisumstrukturierungen regelmäßig unter Einbeziehung ehemaliger Weiterbildungsassistenten. Es macht also auch hier wieder Sinn, einen Teil der Facharztweiterbildung in entsprechenden Praxen abzuleisten.

12.2.2 Berufsausübungsgemeinschaft und Partnerschaftsgesellschaft

Die Auswahlentscheidungen der Zulassungsgremien sind Ermessensentscheidungen. Das Bundessozialgericht erkennt hierbei einen großen Beurteilungsspielraum der Zulassungsgremien an. Diese müssen lediglich nachvollziehbar und anhand im Verfahren festgestellter Tatsachen ihre Entscheidungen begründen. Eine Einflussnahme der Praxisabgeber auf die Auswahlentscheidung ist im Gesetz nur eingeschränkt vorgesehen. Das Interesse des Praxisabgebers, einen bestimmten Bewerber auszuwählen, wird gesetzlich nicht geschützt. Alle Zulassungsgremien geben dem Praxisabgeber jedoch die Möglichkeit, einen Wunschkandidaten zu benennen; dies ist, wie wir gesehen haben, bereits bei der Entscheidung über die Durchführung des Nachbesetzungsverfahrens besonders relevant. Ziel des Nachbesetzungsverfahrens ist die Sicherung der Fortführung einer Praxis durch einen Nachfolger; diese Fortführung kann im Sinne der Sicherstellung einer kontinuierlichen Patientenversorgung dann am besten erfolgen, wenn Praxisabgeber und Praxisübernehmer sich früh über alle Modalitäten der Abgabe einig sind. Bei einem Wunschnachfolger wird davon ausgegangen, dass bei der Abgabe an diesen die Praxisabgabe für die Patienten reibungslos erfolgt.

Das Gesetz sieht ferner „eine angemessene Berücksichtigung" der Interessen der Praxispartner vor. Diese angemessene Berücksichtigung wurde durch das Bundessozialgericht in einigen Urteilen näher beschrieben. Demnach können die Zulassungsgremien gegen den erklärten Willen der Praxispartner keinen Bewerber auswählen. Hintergrund dieser Rechtsprechung sind die gesellschaftsrechtlichen Besonderheiten einer Gemeinschaftspraxis, die bei der Auswahlentscheidung bedacht werden müssen.

Bis zum Inkrafttreten des Versorgungsstärkungsgesetzes musste diese Gemeinschaftspraxis nach der Rechtsprechung des Bundessozialgerichts für einen gewissen Zeitraum bestanden haben, damit bei einer gelebten Gemeinschaftspraxis die hier typische enge Bindung der Gesellschafter überhaupt entstehen konnte. Wie lange eine Berufsausübungsgemeinschaft konkret bestanden haben musste, damit die Interessen der Praxispartner hinreichend berücksichtigt werden müssen, hat das Bundessozialgericht offengelassen. Es kam dann auf den Einzelfall an. Das Versorgungsstärkungsgesetz hat nunmehr für die Privilegierung bei der Nachbesetzung die Grenze von drei Jahren festgelegt; bis zum Erreichen dieses Zeitraums soll keine Privilegierung gegeben sein. Dies gilt allerdings nur für solche Praxen, in denen nach dem 05.03.2015 eine Anstellung erfolgte oder eine Berufsausübungsgemeinschaft gegründet wurde. Für alle Praxen, in denen dies vor dem 05.03.2015 der Fall war, gilt die bisherige Rechtslage. Diese einzigartige Regelung hat der Gesetzgeber eingefügt, damit im Zuge der Diskussion um das Versorgungsstärkungsgesetz nicht kurzfristig Berufsausübungsgemeinschaften gegründet werden, um der früh kommunizierten Drei-Jahres-Regelung zu entgehen.

Die Zulassungsgremien müssen den Praxispartnern in jedem Fall rechtliches Gehör vor der Auswahlentscheidung verschaffen. Wird dieses nicht gewährt, so kann ein Widerspruch zum Berufungsausschuss alleine hierauf gestützt werden.

Um alle Möglichkeiten der Einflussnahme umfassend zu nutzen, sollte daher bei der langfristigen Abgabeplanung schon die spätere Auswahlentscheidung berücksichtigt werden. Soll etwa ein Praxisnachfolger die Praxis übernehmen, der ersichtlich neben anderen Bewerbern, etwa wegen des Approbationsalters, benachteiligt wäre, kann ein frühzeitig begonnenes Jobsharing diesen Nachteil ausgleichen. Wird bei der Preisfindung der Verkehrswert nach den allgemein anerkannten Regeln bestimmt, kann dies bei Differenzen mit einzelnen Bewerbern als Beleg dafür dienen, dass der Wert der Praxis tatsächlich so hoch ist. Auch hier gilt: Eine frühe Abgabeplanung eröffnet viele Gestaltungsmöglichkeiten, die sonst nicht mehr genutzt werden können.

12.2.3 Uberörtliche Berufsausübungsgemeinschaft

Bei einer überörtlichen Berufsausübungsgemeinschaft (üBAG) sind die einzelnen Partner nicht an einem Standort, sondern an verschiedenen Standorten tätig. Hier gilt das zur (örtlichen) Berufsausübungsgemeinschaft Gesagte, allerdings legt die Rechtsprechung bei der Berücksichtigung der Interessen der Partner höhere Maßstäbe an, damit deren Interessen angemessen berücksichtigt werden können. Dies wird damit begründet, dass im Gegensatz zur gemeinsamen Berufsausübung an einem Ort bei einer überörtlichen Tätigkeit eine vergleichbar intensive Bindung der Gesellschafter erst nach längerer Zeit eintreten wird. Damit wirkt die Rechtsprechung einer missbräuchlichen Gründung von überörtlichen Berufsausübungsgemeinschaften zum Zwecke der Beeinflussung späterer

Nachbesetzungsverfahren entgegen. Die Interessen der Partner der Berufsausübungsgemeinschaft sind jedoch bei hinreichend langer Dauer des Bestehens der überörtlichen Berufsausübungsgemeinschaft gleichermaßen zu berücksichtigen. Allerdings müssen überörtliche Berufsausübungsgemeinschaften im Vergleich zu örtlichen Berufsausübungsgemeinschaften länger bestanden haben, um die Interessen der Praxispartner zu berücksichtigen. Hier muss jetzt nach den Neuregelungen durch das Versorgungsstärkungsgesetz ebenfalls ein Zeitraum von drei Jahren gemeinsame Berufsausübung verstrichen sein, es sei denn, die Berufsausübungsgemeinschaft wurde vor dem 05.03.2015 begründet.

12.3　Übertragungsmöglichkeiten

12.3.1　Übertragung der Zulassung durch Anstellung

Das Nachbesetzungsverfahren war ursprünglich der einzige Weg zur Weitergabe eines Vertragsarztsitzes. Der Gesetzgeber hat inzwischen auch andere – wenn auch indirekte – Wege zur Übertragung einer Zulassung geschaffen. Durch das Vertragsarztrechtänderungsgesetz (VÄndG) wurde die Möglichkeit zur vereinfachten Anstellung von Ärzten bei Vertragsärzten und Medizinischen Versorgungszentren geschaffen; zuvor war dies nur in bestimmten Fällen zulässig. Dazu muss der anstellende Arzt oder das Medizinische Versorgungszentrum einen Vertragsarztsitz übernehmen, auf dem dann ein Arzt angestellt wird, entweder durch Bewerbung in einem Nachbesetzungsverfahren auf einen ausgeschriebenen Vertragsarztsitz zum Zwecke der Anstellung eines – bereits bekannten – Arztes oder ein Vertragsarzt verzichtet auf seine Zulassung, um sich beim Medizinischen Versorgungszentrum oder Vertragsarzt anstellen zu lassen. Dann geht der Vertragsarztsitz auf das Medizinische Versorgungszentrum oder den anstellenden Vertragsarzt über. Man spricht daher von einer sogenannten genehmigten Anstellung. Das Medizinische Versorgungszentrum oder der Vertragsarzt können diese Arztstelle jederzeit mit einem anderen Arzt besetzen, etwa dann, wenn der angestellte Arzt sein Arbeitsverhältnis kündigt oder

der Arbeitgeber selbst eine Kündigung ausgesprochen hat.

Der Gesetzgeber hat die Möglichkeit geschaffen, diese Anstellungsgenehmigung wieder in eine (freie) Zulassung umzuwandeln. Ursprünglich wurde diese Regelung geschaffen, damit ein Arzt zunächst probeweise seine Zulassung in ein Medizinisches Versorgungszentrum mit der Möglichkeit einbringen kann, diese wieder herauszulösen. Dies ist vor allem dann sinnvoll, wenn man feststellt, dass die gemeinsame Tätigkeit nicht funktioniert. Dazu muss das anstellende Medizinische Versorgungszentrum oder der Vertragsarzt nur einen Antrag beim Zulassungsausschuss stellen; dieser wandelt dann die genehmigte Anstellung wieder in eine (freiberufliche) Zulassung um. Bei diesem Umwandlungsverfahren haben das anstellende Medizinische Versorgungszentrum beziehungsweise der anstellende Vertragsarzt eine Wahlmöglichkeit. Wird nur die Umwandlung beantragt, so wird der aktuell angestellte Arzt Inhaber der Zulassung; ist dies nicht gewünscht, so kann die Ausschreibung wie bei einer normalen (freien) Zulassung beantragt werden.

Diese Gestaltungsmöglichkeiten können auch zur Vermeidung eines Nachbesetzungsverfahrens genutzt werden. Der ausscheidende Vertragsarzt muss dazu auf seine Zulassung zum Zwecke der Anstellung bei einem Vertragsarzt oder Medizinischen Versorgungszentrum verzichten. Dann endet die Anstellung und das Medizinische Versorgungszentrum oder der Vertragsarzt stellen einen anderen Arzt anstelle des ehemaligen Vertragsarztes an. Es erfolgt sodann ein Antrag auf Umwandlung in eine Zulassung. So wird ohne Nachbesetzungsverfahren ein anderer Arzt Inhaber der Zulassung. Hier wird häufig die Frage gestellt, ob der Vertragsarzt nach Verzicht auf seine Zulassung auch tatsächlich beim anstellenden Vertragsarzt oder Medizinischen Versorgungszentrum arbeiten muss.

Die Vorteile dieser Verfahrensweise liegen auf der Hand. Im Gegensatz zum normalen Nachbesetzungsverfahren besteht keine Gefahr, dass die Nachbesetzung aus Versorgungsgründen abgelehnt wird, denn bei diesem Verfahren findet keine solche Prüfung statt. Darüber hinaus besteht keine Gefahr, dass die Zulassungsgremien einen unerwünschten Bewerber auswählen, denn der Praxisübernehmer steht langfristig fest.

Allerdings erfolgt die Anstellung des Praxisabgebers grundsätzlich am Standort des Medizinischen Versorgungszentrums oder des Vertragsarztes. Damit geht auch die Verlagerung der Praxistätigkeit an diesen Standort einher. Der Erhalt der bisherigen Praxisräume und des Praxispersonals ist eigentlich nicht vorgesehen. Soll dennoch der bisherige Praxisstandort erhalten werden, müssen besondere Regelungen genutzt werden. So kann bei der Kassenärztlichen Vereinigung die Genehmigung einer Zweigpraxis des Medizinischen Versorgungszentrums oder des Vertragsarztes beantragt werden. Eine Zweigpraxis ist ein weiterer Standort eines Medizinischen Versorgungszentrums oder eines Vertragsarztes, an dem dieser reguläre Sprechstunden selbst oder durch angestellte Ärzte abhalten darf. Die Genehmigung erteilt die Kassenärztliche Vereinigung, wenn die Zweigpraxis die Versorgung am Standort verbessert und hierdurch die Versorgung am Praxissitz nicht verschlechtert wird. Dies ist bei der Genehmigung einer Zweigpraxis die größte Hürde. Denn hierbei kommt es auf die konkrete Versorgungssituation am Praxisstandort an. Eine schlichte Ausweitung des Versorgungsangebotes genügt nicht. Es muss tatsächlich eine Verbesserung eintreten, was in schlechter versorgten oder sogar unterversorgten Regionen praktisch immer der Fall ist. Mit einer solchen Genehmigung kann dann in den bisherigen Praxisräumen weitergearbeitet werden und der reguläre Praxisbetrieb weitergehen, nur gegenüber den Patientinnen und Patienten muss die veränderte Organisationsform klar dargestellt werden. Eine Zusicherung, dass am bisherigen Standort eine Zweigpraxis genehmigt wird, kann in der Regel nicht erteilt werden. Denn die Versorgungssituation kann sich recht schnell ändern, gerade wenn andere Zweigpraxen genehmigt wurden.

12.3.2 Jobsharing

Die Jobsharing-Zulassung ist eine besondere Form des Jobsharings. Im Gegensatz zur Jobsharing-Anstellung wird der weitere Arzt jedoch nicht als Angestellter, sondern freiberuflich tätig, wobei seine Zulassung auf den Bestand der Zulassung des Vertragsarztes beschränkt ist; dies nennt man eine vinkulierte Zulassung. Vertragsarzt und im Jobsharing zugelassener Arzt bilden dann zwingend eine Berufsausübungsgemeinschaft. Wichtig ist aber, dass eine Jobsharing-Zulassung bei Nachbesetzungsverfahren erst nach einer Dauer von fünf Jahren der gemeinsamen Berufsausübung berücksichtigt werden darf. Deshalb eignet sich diese Gestaltungsform bei der Praxisabgabeplanung nur bei sehr langen Planungszeiträumen.

12.3.3 Langfristige Gestaltung

Bei einer langfristig geplanten Praxisabgabe hat der Praxisabgeber in der Regel schon frühzeitig einen geeigneten Praxisübernehmer gefunden. Ziel ist sodann, den Übergang auf den Praxisübernehmer auch zu ermöglichen. Dabei geht es in erster Linie um eine Einflussnahme auf die Auswahlentscheidung der Zulassungsgremien.

Praxen werden häufig am Ende des Berufslebens abgegeben. Viele Praxisabgeber wollen dann aber nicht sofort ganz aus dem Berufsleben ausscheiden, sondern zunächst nur ihre Arbeitszeit reduzieren und erst dann, manchmal nach einigen weiteren Jahren, ihre Praxistätigkeit ganz aufgeben. Der Betrieb einer Vertragsarztpraxis erfordert über die medizinischen Fähigkeiten hinaus also vor allem auch unternehmerisches Geschick und eine umfassende Kenntnis der Anforderungen an einen niedergelassenen Vertragsarzt. Einige Praxisübernehmer fühlen sich dem nicht sofort gewachsen. Allein unter diesem Gesichtspunkt erscheint es auch deshalb als sehr sinnvoll, wenn der Praxisabgeber noch einige Zeit in der Praxis des Praxisübernehmers mitarbeitet.

All dies sind Aspekte, die bei der Übergabeplanung berücksichtigt werden sollten und können, natürlich innerhalb des jeweiligen gesetzlichen Rahmens.

Worauf man nach der Übernahme achten sollte

© Springer-Verlag GmbH Deutschland 2017
G. Bierling, H. Engel, A. Mezger, D. Pfofe, W. Pütz, D. Sedlaczek, *Arztpraxis – erfolgreiche Übernahme*,
Erfolgskonzepte Praxis- & Krankenhaus-Management, DOI 10.1007/978-3-662-54570-6_13

13.1 Abrechnungen gegenüber der Kassenärztlichen Vereinigung

Von erheblicher Bedeutung sind die Abrechnungen in der Vertragsarztpraxis gegenüber der Kassenärztlichen Vereinigung. Erforderlich ist, dass die Regelungen des Einheitlichen Bewertungsmaßstabes (EBM) bei der Leistungsdokumentation genau beachtet werden. Der Einheitliche Bewertungsmaßstab gliedert sich in einen allgemeinen Teil, der für alle Facharztgruppen zur Anwendung kommt, und in besondere Teile, die nur für bestimmte Facharztgruppen von Relevanz sind.

Als zugelassener Kassenarzt steht man in einem Unterordnungsverhältnis zur Kassenärztlichen Vereinigung. Die „peinlich genaue" Abrechnung gegenüber der Kassenärztlichen Vereinigung stellt eine wesentliche Pflicht des zugelassenen Vertragsarztes dar. Kommt er dieser Verpflichtung nicht nach, so kann es zu empfindlichen Honorarkürzungen kommen. Im Zweifel droht sogar ein Disziplinarverfahren durch die Kassenärztliche Vereinigung.

Es empfiehlt sich daher, sich rechtzeitig vor Übernahme der Praxis mit den Regelungen des Einheitlichen Bewertungsmaßstabs vertraut zu machen. Darüber hinaus haben Kassenärztliche Vereinigungen auch Servicetelefone, mit denen man Zweifelsfragen in der kassenärztlichen Abrechnung klären kann. Es ist durchaus üblich, dass man Abrechnungsfehler von Praxisübernehmern relativ großzügig korrigiert, wenn erkennbar ist, dass dieser sich um eine korrekte Abrechnung bemüht hat. Man spricht von einer sachlich-rechnerischen Berichtigung der Abrechnung.

Trotzdem ersetzt die Beratung durch die Kassenärztliche Vereinigung nicht das selbständige Studium des Einheitlichen Bewertungsmaßstabs, da die Kassenärztliche Vereinigung bei der Abrechnungsberatung in der Regel darauf schaut, dass sie nicht zu viel Geld zahlt. Die Sichtweise des niedergelassenen Arztes muss aber auch sein, die ihm zustehende Vergütung nach dem Einheitlichen Bewertungsmaßstab möglichst umfassend zu generieren. Dies aber setzt voraus, dass der niedergelassene Vertragsarzt ganz genau weiß, welche Leistungen er gegenüber dem Patienten erbringen muss und wie er diese Leistungen zu dokumentieren hat, damit er die entsprechende Vergütungsziffer in Ansatz bringen kann.

Eine moderne Praxissoftware bietet dazu wichtige Hilfen. Sie sieht den Einheitlichen Bewertungsmaßstab natürlich unter dem größtmöglichen Nutzen für den niedergelassenen Arzt. Auch der Softwarehersteller ist ein wichtiger Ansprechpartner bei der Erstellung einer korrekten – und für den Arzt wirtschaftlich optimalen – Abrechnung. Neben dem Besuch von Abrechnungsseminaren bei der Kassenärztlichen Vereinigung sollten auch Abrechnungsseminare von anderen Anbietern besucht werden, da bei letzteren der Fokus verstärkt auf eine wirtschaftlich optimale Abrechnung gelegt wird.

13.2 Abrechnung bei Privatpatienten

Gleiches gilt bei Privatpatienten oder bei individuellen Gesundheitsleistungen. Hier ist die Gebührenordnung für Ärzte (GOÄ) die maßgebende Norm, die bei der Abrechnung von Leistungen gegenüber Privatpatienten beachtet werden muss. Bedauerlicherweise hinkt die Gebührenordnung für Ärzte hinter der Entwicklung der medizinischen Möglichkeiten hinterher, sodass neuere Leistungen häufig nicht oder noch nicht im Gebührenverzeichnis der Gebührenordnung für Ärzte aufgeführt sind. Hier hilft die sogenannte Analogabrechnung weiter. Unter der Analogabrechnung versteht man, dass eine Gebührenordnungsziffer im Leistungsverzeichnis der Gebührenordnung für Ärzte gesucht werden muss, die vom Umfang und von der Schwierigkeit her etwa der Leistung entspricht, die der Arzt erbracht hat, für die es aber noch keine Nummer gibt. Wichtig ist dabei, dass die korrekten Steigerungssätze gewählt werden. Steigerungssätze sind der einfache bis 3,5-fache Satz. Es muss allerdings auch in der Gebührennummer nachgeschaut werden, ob diese eine Begrenzung des Steigerungssatzes vorsieht.

In der Praxis empfiehlt es sich, für die Abrechnung von Privatzahlerleistungen ein Abrechnungsinstitut zu beauftragen. Dies hat für den Praxisgründer zwei Vorteile. Zum einen erhält er eine professionelle und qualifizierte Beratung hinsichtlich der juristisch korrekten, aber auch wirtschaftlich optimalen Abrechnung der Privatzahlerleistungen. Zum anderen kann er einen wesentlichen Teil der lästigen Bürokratie in die Hände von professionellen

Anbietern legen. Er macht sich damit die Erfahrung von zahlreichen niedergelassenen Ärzten zunutze.

Derartige Abrechnungsinstitute lassen sich durch einen Prozentsatz der abgerechneten Leistungen vergüten. Das Geld, das bei einem derartigen Abrechnungsinstitut als Gebühr gezahlt werden muss, ist ein Bruchteil dessen, was der Arzt ansonsten an Kosten (Personalkosten und auch eigene Zeit) aufwenden müsste, um wirtschaftlich dasselbe Ergebnis zu erzielen. Es kann daher unter betriebswirtschaftlichen Gesichtspunkten nur dazu geraten werden, bei der Privatabrechnung professionelle externe Unterstützung zu nutzen.

13.3 Dokumentation

Sowohl bei der Abrechnung kassenärztlicher Leistungen als auch bei der Abrechnung von Privatzahlerleistungen muss genauestens dokumentiert werden, welche Untersuchungs- und Behandlungsleistungen erbracht worden sind. Diese Dokumentation dient aber nicht nur der Abrechnung der erbrachten Leistungen, sondern erfüllt auch weitere gesetzliche Pflichten des Arzte und kann im Streitfall mit dem Patienten für den Arzt sehr hilfreich sein.

Sowohl der Einheitliche Bewertungsmaßstab als auch das Gebührenverzeichnis der Gebührenordnung für Ärzte sehen bestimmte, genau definierte zu erbringende Untersuchungs- und Behandlungsleistungen vor. Sind diese nicht in der Patientenakte dokumentiert, darf die Leistung weder gegenüber der Kassenärztlichen Vereinigung noch gegenüber dem Privatpatienten abgerechnet werden.

Sind die erbrachten Leistungen ordnungsgemäß dokumentiert, hilft dies auch für den – seltenen – Fall, dass eine Privatrechnung eingeklagt werden muss, weiter.

13.4 Haftungsprävention

13.4.1 Kunstfehler

Kunstfehler werden in erster Linie durch sorgfältige Anamnese, regelmäßige Weiterbildung und Beschränkung auf die Untersuchungs- und Behandlungsleistungen, die gut beherrscht werden,

vermieden. Dennoch kann es zu dem Vorwurf kommen, dass dem Behandler ein Kunstfehler unterlaufen sei. Auch in diesem Zusammenhang ist eine ordnungsgemäße Dokumentation der Behandlungsleistungen in der Patientenakte wichtigste Voraussetzung dafür, dass korrekt behandelt wurde. Darüber hinaus empfiehlt es sich, die Leitlinien der medizinischen Fachgesellschaften für die Untersuchungsleistungen, die der Behandler erbringt, zu beachten. Sie stellen eine wichtige Richtlinie zur korrekten ärztlichen Behandlung dar.

Dennoch ist eine angemessene Haftpflichtversicherung unverzichtbar. Die Deckungssumme sollte mindestens 5.000.000,00 Euro betragen.

13.4.2 Haftung für Verbindlichkeiten des Praxisabgebers

Wie bereits oben bei dem Eintritt in eine Berufsausübungsgemeinschaft dargelegt, haftet bei einer Personengesellschaft der Eintretende auch für Verbindlichkeiten aus der Tätigkeit der Berufsausübungsgemeinschaft und das fünf Jahre zurück seit seinem Eintreten. Diese Haftung des Praxisübernehmers kann nur dadurch eingeschränkt werden, dass mit dem Praxisabgeber vereinbart wird, dass dieser im Innenverhältnis sämtliche Kosten übernimmt, die der Praxisübernehmer aufgrund seines Eintritts in eine Berufsausübungsgemeinschaft zu tragen hat. Soweit es sich um die Haftung für Kunstfehler handelt, hilft in aller Regel die Berufshaftpflicht weiter, sodass eine Inanspruchnahme des in eine Berufsausübungsgemeinschaft Eintretenden regelmäßig ausgeschlossen ist. Im Rahmen der Verhandlungen zur Übernahme eines Gesellschaftsanteils sollte aber auch gefragt werden, wie die bisherigen Behandler haftpflichttechnisch abgesichert waren.

Drohen Haftpflichtprozesse und der Praxisübernehmer möchte trotzdem in die Berufsausübungsgemeinschaft eintreten, sollte vorsichtshalber von dem Praxisabgeber eine Bankbürgschaft in Höhe der voraussichtlichen Inanspruchnahme verlangt werden. So kann der Praxisübernehmer das Insolvenzrisiko des Praxisabgebers minimieren und bleibt auf eventuellen Kosten nicht deswegen sitzen, weil der Praxisabgeber zahlungsunfähig oder möglicherweise unbekannt verzogen ist.

13.4.3 Haftung gegenüber der Kassenärztlichen Vereinigung

Die folgenden Ausführungen gelten nur bei Eintritt in eine Berufsausübungsgemeinschaft. Bei Übernahme einer Einzelpraxis drohen die nachfolgend dargestellten Inanspruchnahmen nicht.

■ **Fehlerhafte Abrechnung des Praxisabgebers**

Es kann zu einer Honorarrückforderung der Kassenärztlichen Vereinigung gegenüber der Berufsausübungsgemeinschaft kommen, falls die Mitglieder der Berufsausübungsgemeinschaft ihre Leistungen nicht korrekt abgerechnet haben oder ein Heilmittel- oder Arzneimittelregress droht.

Bei einer falschen Abrechnung von Leistungen hat die Berufsausübungsgemeinschaft die zu Unrecht bezogenen Honorare zurückzuzahlen. Dies kann bereits der Fall sein, wenn bestimmte Voraussetzungen im Zulassungsbeschluss der Berufsausübungsgemeinschaft oder in der Zulassung einzelner Mitglieder der Berufsausübungsgemeinschaft nicht beachtet worden sind.

■ ■ **Beispiel**

Die ursprüngliche Berufsausübungsgemeinschaft wurde vor drei Jahren gegründet, indem der jetzige Praxisabgeber seine Praxis von dem Standort in einem Stadtbezirk in einen anderen Stadtbezirk verlegt hat. Die Genehmigung der Verlegung erfolgte erst sechs Monate, nachdem er tatsächlich seine alten Praxisräume geschlossen und seine Tätigkeit in den neuen Praxisräumen aufgenommen hatte. In diesem Fall muss der Praxisabgeber damit rechnen, dass er für die beiden Quartale, in denen er ungenehmigt am neuen Standort tätig geworden ist, das erhaltene Honorar zurückzahlen muss. Der Praxisübernehmer würde ebenfalls für die Rückzahlung dieses Honorars haften. Daher sollte bei derartigen Sachverhalten vom Praxisabgeber die Herausgabe von Kopien der Zulassungsentscheidungen gefordert werden. Es sollte zudem abgeglichen werden, ob sämtliche Auflagen und Bedingungen des Zulassungsausschusses auch erfüllt worden sind. Im schlimmsten Fall sollte man bei der Kassenärztlichen Vereinigung nachfragen, ob der Sachverhalt, so wie er sich darstellt, auch von deren Zulassungsgremien genehmigt ist. Erhalten Sie die Mitteilung, dass das tatsächliche

Verhalten des Praxisabgebers von dem genehmigten abweicht, wäre für das Risiko der Honorarrückzahlung eine klare Vereinbarung in den Kaufvertrag aufzunehmen.

■ **Regresse wegen Unwirtschaftlichkeit**

Neben diesen Risiken des Verstoßes gegen Zulassungsbestimmungen gibt es auch noch sogenannte Regresse, also Rückforderungen der Kostenträger beziehungsweise der Kassenärztlichen Vereinigung wegen unwirtschaftlichen Verhaltens des zugelassenen Vertragsarztes. Auch hier gilt, dass der Eintretende in eine Berufsausübungsgemeinschaft für Heilmittelregresse seiner Vorgänger haftet und das bis zu vier Jahren rückwirkend.

Es kann zu Wirtschaftlichkeitsprüfungen kommen, die dazu führen, dass Teile des Honorars wegen unwirtschaftlicher Behandlung zurückgefordert werden. Es kann aber auch zu Arzneimittel-, Heil- oder Hilfsmittelregressen kommen, wenn der Arzt sein Arznei-, Heil- oder Hilfsmittelbudget überschreitet. Es gibt Arzneimittel- und Heilmittelrichtgrößen, die für die einzelnen ärztlichen Fachgruppen unterschiedlich definiert und festgelegt sind. Werden die dort niedergelegten Richtgrößen überschritten, so muss der niedergelassene Arzt mit einer Wirtschaftlichkeitsprüfung durch die Kassenärztliche Vereinigung rechnen. Es ist darauf zu achten, dass auch für diesen Fall eine Haftung des Eintretenden in eine Berufsausübungsgemeinschaft nicht ausgeschlossen werden kann. Auch hier muss mit dem Praxisabgeber vereinbart werden, dass er den Praxisübernehmer im Innenverhältnis von einer Haftung freistellt.

13.5 Haftung des Praxisübernehmers

Als Praxisübernehmer haftet man grundsätzlich nicht für Schulden des Praxisabgebers. Ausnahme hiervon bilden die Steuerschulden. Wird ein Unternehmen oder ein in der Gliederung eines Unternehmens gesondert geführter Betrieb im Ganzen übereignet, haftet der Erwerber für Betriebssteuern und für Steuerabzugsbeträge. Voraussetzung ist, dass die Steuern seit dem Beginn des letzten vor der Übereignung liegenden Kalenderjahrs entstanden sind und bis zum Ablauf von einem Jahr nach

Anmeldung des Betriebs durch den Erwerber festgesetzt oder angemeldet werden. Die Haftung ist jedoch beschränkt auf den Bestand des übereigneten Unternehmens beziehungsweise Teilbetriebs. Betriebssteuern in diesem Sinne sind insbesondere Umsatzsteuer, Gewerbesteuer sowie Steuerabzugsbeträge (Lohnsteuer einschließlich Kirchenlohnsteuer) und Kapitalertragsteuer.

Es ist daher anzuraten, sich beim zuständigen Finanzamt über das mögliche Haftungspotenzial zu erkundigen. Aufgrund des Steuergeheimnisses ist dies zwar nur möglich, wenn der Praxisabgeber zustimmt. Dies dürfte jedoch in der Regel kein Problem darstellen. Weigert sich der Praxisabgeber, so ist ohnehin Vorsicht geboten.

13.6 Arznei-, Heil- und Hilfsmittelrichtgrößen

Weiter ist aber auch jedem Praxisübernehmer, sei es nun bei der Übernahme einer Einzelpraxis oder bei der Übernahme eines Gesellschaftsanteils, anzuraten, sich frühzeitig mit den für sein Fachgebiet geltenden Richtgrößen auseinanderzusetzen. Auch hier kann die Teilnahme an Abrechnungsseminaren bei der Kassenärztlichen Vereinigung hilfreich sein. Bei Verordnungen innerhalb der Richtgrößen drohen keine Regresse von Seiten der Kassenärztlichen Vereinigung oder der Krankenkassen. Werden die Verordnungsgrößen überschritten, muss man mit einer Prüfung durch die Kassenärztliche Vereinigung rechnen. Eine solche Prüfung führt nicht immer notwendig zu einem Regress. Bei einem ersten Verstoß muss eine Beratung erfolgen, erst danach kann bei einem weiteren Verstoß ein Regress ausgesprochen werden.

Bei medizinisch genau belegten Überschreitungen der Richtgrößen wird von einem Regress abgesehen, weil die medizinische Notwendigkeit der Überschreitung der Vergleichsgrößen nachgewiesen ist. Faktisch führt die Überschreitung der Richtgrößen oder der Heilmittelbudgets aber zu einer Beweislastumkehr. Das heißt, dass die Kassenärztliche Vereinigung nicht mehr beweisen muss, dass die Verschreibungen nicht notwendig waren, sondern vielmehr muss der niedergelassene Arzt beweisen, dass die Verschreibungen notwendig waren. Hier hilft nur eine zeitnahe und vollständige Dokumentation der

Verordnungsnotwendigkeit in der Patientenakte. Anderenfalls kann der Beweis der medizinischen Notwendigkeit der Verordnung in der Regel nicht mehr geführt werden.

13.7 Marketing

Trotz Ärztemangel und beschränkter Zulassungen in ländlichen Gebieten ist auch – zumindest in überversorgten Gebieten – Marketing ein wichtiges Thema in Arztpraxen. Neben einer ansprechenden Ausgestaltung der Arztpraxis ist eine Website unverzichtbar. Welche weiteren Marketingmaßnahmen ergriffen werden sollen, ist davon abhängig, ob die Praxis Patienten oder auch Zuweiser ansprechen will.

Marketing und Patientenakquise in überversorgten Gebieten, gerade wenn der Wunsch besteht, auch zahlungskräftige Privatpatienten unter Umständen sogar für individuelle Gesundheitsleistungen (IGeL) zu gewinnen, bedarf der Einschaltung einer professionellen Marketingagentur.

Gerade der anspruchsvolle Patient, der grundsätzlich bereit ist, auch private Gesundheitsleistungen in Anspruch zu nehmen und zu bezahlen, erwartet eine zeitgerechte Ansprache und eine verständliche Darstellung der jeweiligen Leistungen des Arztes auf dessen Homepage. Darüber hinaus muss im Internetzeitalter eine schnelle Auffindbarkeit der Homepage des Arztes auch „Google-optimiert" möglich sein. Die Mechanismen des modernen Marketings und der Suchmaschinen, nicht nur Google, ändern sich in sehr kurzen Intervallen. Für einen Arzt, der Aufgaben in der Patientenbetreuung, der Anleitung seiner Mitarbeiter und der korrekten Abrechnung zu bewältigen hat, ist es in der Regel nicht leistbar, die Entwicklung im modernen Marketing nachzuhalten. Es empfiehlt sich daher, eine auf die Betreuung von Ärzten spezialisierte Marketingagentur einzuschalten, die auch die Homepage erstellt und je nach Bedürfnis des Arztes optimiert. Es kommt dabei nicht so sehr darauf an, dass die medizinischen Fachbegriffe korrekt dargestellt werden und dass die akademischen Ausbildungsinhalte und Leistungen des Behandlers medizinisch korrekt formuliert werden. Vielmehr kommt es darauf an, die Besonderheiten der Praxis für den Patienten verständlich herauszustellen.

Es ist daher davon abzuraten, die Homepage selbst zu gestalten und die Inhalte zu formulieren. Beispiele aus der Beratungspraxis der Autoren zeigen, dass zwar die medizinischen Fachbegriffe korrekt verwandt werden, die Homepage aber nicht von Suchmaschinen gefunden wird oder die Patienten klicken direkt weiter, weil sie das dort vorhandene medizinische „Fachchinesisch" nicht verstehen.

Ein in sich schlüssiges Marketingkonzept für eine durchschnittliche Arztpraxis ist heutzutage inklusive einer professionell gestalteten Homepage für unter 10.000,00 Euro zu haben. In überversorgten Gebieten, in welchen gerade die Konkurrenz um zahlungskräftige Privatpatienten hoch ist, erscheint dies durchaus als eine unverzichtbare Investition.

Steuerliche Aspekte

© Springer-Verlag GmbH Deutschland 2017
G. Bierling, H. Engel, A. Mezger, D. Pfofe, W. Pütz, D. Sedlaczek, *Arztpraxis – erfolgreiche Übernahme*,
Erfolgskonzepte Praxis- & Krankenhaus-Management, DOI 10.1007/978-3-662-54570-6_14

14.1   Grundlagen

Zu Beginn der Tätigkeit in freier Praxis gibt es viele Dinge, die neu sind. So stellt vor allem der steuerliche Aspekt für viele Neuland dar. Dieses Kapitel widmet sich daher allem, was man über das Thema Steuern wissen sollte.

14.1.1   Allgemeines

Anders als ein angestellter Arzt, der ein festes Gehalt hat, muss der selbständige Arzt seinen Gewinn ermitteln. Dieser Gewinn stellt ein Einkommen dar, welches versteuert werden muss. Als Arzt gehört man steuerlich gesehen der Gruppe der Freiberufler an. Gesetzlich ist auch jeder Freiberufler verpflichtet, dem Finanzamt Auskunft darüber zu geben, welchen Gewinn er in einem Jahr erwirtschaftet hat. Im Gegensatz zu anderen Selbständigen ist der Freiberufler jedoch nicht verpflichtet, „Bücher zu führen". Die Gewinnermittlung findet vielmehr als eine sogenannte Geldrechnung statt. Die Einnahmen werden den Ausgaben gegenübergestellt und der sich daraus ergebende Saldo ist dann der Gewinn der Rechnungsperiode. Es wird also nicht darauf abgestellt, welche Leistung in diesem Jahr erbracht wurde, sondern nur, welche Leistung sich dann auch in Zahlungsströmen niedergeschlagen haben.

14.1.2   Formelle Aspekte

- **Meldung beim Finanzamt**

Zu beachten ist, dass jeder, der sich selbständig macht, die Verpflichtung hat, sich bei dem für ihn zuständigen Finanzamt anzumelden. Dies erfolgt über einen sogenannten "Fragebogen zur steuerlichen Erfassung" (auch Betriebseröffnungsbogen genannt). Das Finanzamt möchte durch diesen unter anderem folgende Fragen mit dem Existenzgründer klären:
- Welche Tätigkeit wird ausgeübt, welche Rechtsform hat das Unternehmen und wer ist Betriebsinhaber?
- Sind Umsatzsteuer- und Lohnsteuervoranmeldungen abzugeben?

- In welcher Höhe sind Einkommensteuerbeziehungsweise Körperschaftsteuervorauszahlungen zu leisten?
- Auch Angaben zur Gewinnerwartung und zu anderen Einkunftsarten sind für die Festsetzung der Einkommensteuervorauszahlung erforderlich.

Bei der Angabe zur Gewinnerwartung sollte man sich nicht von kurzfristigen Liquiditätserwägungen leiten lassen und die Gewinne zu niedrig ansetzen. Zum einen wäre dies unter Umständen steuerstrafrechtlich problematisch. Zum anderen sollte beachtet werden, dass bei zu niedrigen Vorauszahlungen gegebenenfalls später kurzfristig für zwei bis drei Jahre nachgezahlt werden muss, was – insbesondere bei Existenzgründern – zu ernsthaften finanziellen Engpässen führen kann. Eine freiwillige Anpassung nach oben kann daher sinnvoll sein.

■■ **Beispiel**

Frau Dr. B lässt sich im Jahr 2017 als Augenärztin nieder. Aufgrund der guten Annahme der Praxis in der Bevölkerung laufen die Geschäfte sehr gut. Dies führt jedoch auch dazu, dass Frau Dr. B nicht dazu kommt, die Unterlagen für den Steuerberater zusammenzustellen. Die Unterlagen reicht sie im dritten Quartal 2018 beim Steuerberater ein. Aufgrund der großen Menge an eingereichten Steuererklärungen kann dieser die Steuererklärung erst im Dezember 2018 fertigstellen und elektronisch an das Finanzamt versenden. Das Finanzamt erlässt am 10. Februar 2019 den Einkommensteuerbescheid 2017. Danach muss Frau Dr. B für 2017 Einkommensteuer, Solidaritätszuschlag und Kirchensteuer in Höhe von 50.000,00 Euro nachzahlen. Dieser Betrag wird am 10. März 2018 zur Zahlung fällig. Gleichzeitig erlässt das Finanzamt Vorauszahlungsbescheide für das Jahr 2018 und folgende. Im Vorauszahlungsbescheid 2018 nimmt das Finanzamt ein dem Jahr 2017 entsprechendes zu versteuerndes Einkommen an und kommt zu einer Vorauszahlung in Höhe von 50.000,00 Euro. Auch diese Zahlung wird am 10. März 2019 fällig. Für das erste Quartal 2019 setzt das Finanzamt aufgrund gleicher Erwägungen zum 10. März (und folgend auch zum 10. Juni, 10. September und 10. Dezember) Vorauszahlungen in Höhe von jeweils 12.500,00 Euro an. Insgesamt muss Frau

Dr. B am 10. März 2019 demnach 112.500,00 Euro an das Finanzamt überweisen.

Es sollten daher möglichst frühzeitig Rücklagen geschaffen werden. Außerdem empfiehlt es sich, die Buchhaltung zumindest quartalsweise durch den Steuerberater erstellen zu lassen. Dieser ist sodann in der Lage, zum zweiten und/oder dritten Quartal eine Hochrechnung abzugeben, was für das laufende Jahr an Steuern anfällt.

- **Zuständigkeit**

Welches Finanzamt zuständig ist, hängt von mehreren Faktoren ab. Für die Bearbeitung der Einkommensteuererklärung ist grundsätzlich das Finanzamt zuständig, in dessen Bezirk der Steuerpflichtige zum Zeitpunkt der Abgabe der Steuererklärung seinen Wohnsitz oder seinen gewöhnlichen Aufenthalt hat. Im Fachjargon spricht man daher auch vom Wohnsitzfinanzamt.

Ist die Praxis beziehungsweise die Berufsausübungsgemeinschaft in einer Ortschaft gelegen, die zu einem anderen Finanzamtsbezirk gehört, so ist das Praxisergebnis nicht nur unmittelbar dem Wohnsitzfinanzamt zu melden, sondern dem Finanzamt, in dessen Bezirk die Praxis ihren Sitz hat. Hier spricht man vom sogenannten Betriebsstättenfinanzamt. Dieses ist dann auch für die Entgegennahme der Lohnsteueranmeldungen für bestehende Arbeitsverhältnisse sowie eventuell zu erstellende Umsatz- beziehungsweise Gewerbesteuererklärungen zuständig.

- **Form**

Bei der Einkommensteuer ist man grundsätzlich verpflichtet, die von der Finanzverwaltung zur Verfügung gestellten Formulare zu verwenden. Mittlerweile ist es aber nicht mehr verpflichtend, die Originalformulare zu verwenden. Man kann auch selbst ausgedruckte, einseitig bedruckte und einzelne Blätter abgeben. Es dürfen auch Formulare aus anderen Bundesländern benutzt werden. Wichtig ist aber, dass der Ausdruck oder die Kopie inhaltlich mit einem amtlichen Formular übereinstimmt. Selbstverständlich ist es auch möglich, die Einkommensteuererklärung über eine Steuererklärungs-Software zu erstellen und auf elektronischem Wege zu versenden.

Die Umsatzsteuererklärung ist seit dem Jahr 2011 elektronisch an das Finanzamt zu übermitteln. Zwar kann das Finanzamt auf Antrag in ganz extremen Fällen auf die elektronische Abgabe verzichten, die Chance, dass der Antrag genehmigt wird, ist allerdings sehr gering. Eine solche Genehmigung kommt nur in Betracht, wenn es einem Steuerpflichtigen persönlich oder wirtschaftlich unzumutbar ist, die Voranmeldung elektronisch zu übermitteln – zum Beispiel, weil der Steuerpflichtige keinen Computer hat und sich auch keinen leisten kann.

- **Frist**

- ■ **Grundsätzliches**

Wenn man zur Abgabe einer Steuererklärung verpflichtet ist, erwartet das Finanzamt derzeit noch bis zum 31. Mai des Folgejahrs die Abgabe Ihrer Einkommensteuererklärung.

In der Regel ist es allerdings kein Problem, mit einer plausiblen Begründung (Arbeitsüberlastung, Krankheit, fehlende Steuerbelege etc.) eine Verlängerung der Frist bis zum 30. September des Folgejahres zu erreichen.

Wenn Sie sich von einem Steuerberater unterstützen lassen, verlängert sich die Frist bis zum 31. Dezember des Folgejahrs.

Eine darüberhinausgehende Verlängerung der Abgabefrist ist nur in begründeten Ausnahmefällen und dann auch nur bis zum 28.2. (beziehungsweise in Schaltjahren bis zum 29.2.) möglich.

Die Finanzämter dürfen die Abgabe der Steuererklärung aber auch vor Ablauf der genannten Fristen anfordern. Dies ist unter anderem dann der Fall, wenn für den vorangegangenen Veranlagungszeitraum die erforderlichen Erklärungen verspätet oder nicht abgegeben wurden, sich aus der Veranlagung für den vorangegangenen Veranlagungszeitraum eine hohe Abschlusszahlung ergeben hat, hohe Abschlusszahlungen erwartet werden oder die Arbeitslage der Finanzämter es erfordert.

Eine Ausnahme von den genannten Fristenregelungen bildet das sogenannte „Kontingentierungsverfahren für die Abgabe von Steuererklärungen durch Steuerberater", wie es beispielsweise im Bundesland Nordrhein-Westfalen angewandt wird. Die teilnehmenden Steuerberater müssen hierbei 40 Prozent ihrer Pflichtveranlagungsfälle bis zum 30. September des Folgejahres bearbeitet haben. Weitere 35 Prozent sind dann bis zum 31. Dezember des

Folgejahres fertigzustellen, sodass dann insgesamt 75 Prozent des „Kontingentes" abgearbeitet ist. Der Rest kann dann bis zum darauf folgenden 28.2. beziehungsweise 29.2. abgegeben werden. Der Vorteil an diesem Verfahren ist die grundsätzliche Planbarkeit. Der Nachteil ist, dass diese Prozentsätze grundsätzlich unverrückbar sind, sodass, wenn sie nicht erreicht werden, sofort die oben aufgeführten Fristen zum Tragen kommen und zwar für alle Mandanten.

Im Juni 2016 wurde allerdings ein Gesetz zur Modernisierung des Besteuerungsverfahrens beschlossen, in welchem unter anderem die Abgabefristen geändert wurden. So gilt ab dem Steuerjahr 2018 der 31. Juli des Folgejahres als spätester Abgabetermin bei Pflichtveranlagung. Auch beratene Steuerpflichtige bekommen ab der Jahressteuererklärung für das Jahr 2018 mehr Zeit: In diesem Fall verlängert sich die Frist vom 31. Dezember des Folgejahres auf den 28. beziehungsweise 29. Februar des übernächsten Jahres. Auch die Regelung bezüglich der Verspätungszuschläge wird verschärft.

▪▪ Besonderheiten bei der Umsatzsteuer

Alle Unternehmer, die umsatzsteuerpflichtige Umsätze erbringen, müssen bis zum 10. Tag nach Ablauf des Voranmeldungszeitraumes eine Umsatzsteuervoranmeldung (UStVA) abgeben.

Beantragt der Unternehmer, der seine Umsatzsteuervoranmeldung monatlich beziehungsweise vierteljährlich abgibt, beim Finanzamt eine Dauerfristverlängerung, verlängert sich die Frist zur Abgabe der Umsatzsteuervoranmeldung um einen Monat. Unternehmer, die monatlich eine Umsatzsteuervoranmeldung abgeben, müssen eine sogenannte Sondervorauszahlung leisten, welche Quartalszahler hingegen nicht zu leisten haben.

Bis maximal 1.000,00 EUR Umsatzsteuerschuld im Vorjahr muss der Unternehmer im laufenden Jahr keine Umsatzsteuervoranmeldungen abgeben. Liegt die Umsatzsteuerschuld aus dem Vorjahr zwischen 1.000,00 Euro und 7.500,00 Euro, so muss der Unternehmer vierteljährlich eine Umsatzsteuervoranmeldung abgeben. Bei einer Umsatzsteuerschuld von mehr als 7.500,00 Euro muss der Unternehmer die Umsatzsteuervoranmeldung monatlich abgeben.

Im Gründungs- und dem darauffolgenden Jahr müssen Gründer die Umsatzsteuervoranmeldung monatlich abgeben.

14.1.3 Steuerarten

▪ Einkommensteuer

Jeder freiberuflich tätige Arzt ist verpflichtet, eine Einkommensteuererklärung zu erstellen und diese an das Finanzamt zu übermitteln. Der Einkommensteuer werden die unterschiedlichsten Einkunftsarten unterworfen. Hierunter fällt auch das Einkommen aus freiberuflicher Tätigkeit. Als Arzt fällt man mit seinen Einkünften regelmäßig unter diese Einkunftsart.

▪ Umsatzsteuer

Unternehmer, die umsatzsteuerpflichtige Umsätze erbringen, sind grundsätzlich verpflichtet, zu den gesetzlich festgelegten Terminen die Umsatzsteuervoranmeldung beziehungsweise die Umsatzsteuererklärung abzugeben. Dabei ist es unerheblich, ob der Unternehmer Umsätze zu 7 oder 19 Prozent Umsatzsteuer erbringt. In der Umsatzsteuererklärung sind sämtliche Umsätze und die hierauf entfallende Umsatzsteuer des laufenden Jahres zu erfassen. Abgezogen werden hiervon die gezahlte Umsatzsteuer auf für die Praxis eingekaufte Gegenstände und Leistungen.

▪ Gewerbesteuer

Die Gewerbesteuer ist von der Finanzierungsfunktion her eine Gemeindesteuer. Der Gemeinde soll eine Möglichkeit geboten werden, die durch die Ansiedlung von Gewerbebetrieben entstehenden Mehrausgaben zu finanzieren. Nun wird die ärztliche Tätigkeit vom Grundsatz her zunächst mal als freiberuflich und nicht als gewerblich eingestuft. Dies kann sich jedoch innerhalb bestimmter Fallgestaltungen ändern.

Der Gewerbesteuer unterliegt der sogenannte „stehende Gewerbebetrieb". Bemessungsgrundlage für die Gewerbesteuer ist der Gewerbeertrag. Bei Personengesellschaften und Einzelunternehmen wird die Gewerbesteuer jedoch nur für den Teil des Gewerbeertrages erhoben, der den Betrag von 24.500,00 Euro übersteigt. Um der Selbstverwaltung der Gemeinden Rechnung zu tragen und auch den Wettbewerb zu erhalten, hat jede Gemeinde die Möglichkeit, die Höhe der Gewerbesteuer durch die individuelle Festlegung eines sogenannten Hebesatzes zu beeinflussen.

- **Körperschaftsteuer**

Die Körperschaftsteuer stellt eine der Einkommensteuer ähnliche Besteuerungsart dar. Sie wird jedoch
nicht bei natürlichen Personen erhoben, sondern bei
juristischen Personen, wie zum Beispiel einer GmbH.

14.2 Einkommensteuer

Die Grundlage der Besteuerung ist der Gewinn
aus der selbständigen Tätigkeit. Der Gewinn wird
steuerlich definiert als der Überschuss der Betriebseinnahmen über die Betriebsausgaben. Was sind
nun aber Betriebseinnahmen und Betriebsausgaben und welche besonderen Sachverhalte muss man
hier bedenken?

14.2.1 Gewinnermittlung

- **Praxiseinnahmen**

Betriebseinnahmen sind Zugänge von Wirtschafts-
gütern in Form von Geld oder Geldeswert, die durch
den Betrieb veranlasst sind. Hierunter fallen nicht
nur die Zahlungen der Kassenärztlichen Vereinigungen, von Hausarztverbänden oder Privatpatienten. Auch Vorteile (wie zum Beispiel „Incentive-Rei-
sen"), die Pharmaunternehmen ihren (potenziellen)
Abnehmern zu Gute kommen lassen, fallen, unabhängig von ihrer strafrechtlichen Beurteilung,
hierunter.

- **Praxisausgaben**

■ ■ **Grundsätzliche Überlegungen**

Betriebsausgaben sind sämtliche Ausgaben, die getätigt werden, um die Einkunftsquelle zu begründen
oder zu erhalten. Nicht nur die bei bereits eröffneter
Praxis entstehenden Ausgaben mindern somit den
Gewinn.

Sobald die Praxisübernahme in Sichtweite gerät,
sollte darauf geachtet werden, dass sämtliche hierdurch entstehenden Kosten separat erfasst werden.
Die entsprechenden Belege hierüber sollten aufgehoben werden, damit sie später Berücksichtigung
finden können. Darüber hinaus ist stets darauf zu
achten, ob auch andere Tätigkeiten für die Praxisübernahme Kosten produzieren:

Beispiele für derartige Kosten:

- Kosten für die Schaltung einer Anzeige in einer
Praxisbörse,
- Kosten für die Beauftragung eines betriebswirt-
schaftlichen Beraters, der den Wert der Praxis
ermittelt und gegebenenfalls eine geeignete
Praxis sucht,
- Beratungskosten für Rechtsanwälte und
Steuerberater,
- Kosten für den Kauf dieses Buches.

Auch Fahrten zu den Besuchen von Seminaren,
deren Gegenstand die Praxisübernahme ist, stellen
Ausgaben dar. Wenn sie nicht sowieso mit einem
zum Praxisvermögen gehörenden Pkw gefahren
werden, sollten gesonderte Aufzeichnungen geführt
werden. Diese Fahrten können mit mindestens 0,30
Euro je gefahrenen Kilometer abgesetzt werden.

■ ■ **Geschäftswagen**
Betrieblich oder privat?

Ob das Fahrzeug zum Betriebs- oder Privatvermögen zählt, hängt davon ab, in welchem prozentua-
len Umfang es tatsächlich beruflich genutzt wird. Das
Einkommensteuergesetz geht davon aus, dass ein
Fahrzeug dem Betriebsvermögen dann zuzuordnen
ist, wenn es zu mehr als 50 Prozent beruflich genutzt
wird. Beruflich veranlasst sind alle Fahrten, die in
einem tatsächlichen und wirtschaftlichen Zusammenhang mit der Praxis stehen. So sind zum Beispiel Haus- oder Altenheimbesuche, Fortbildungen,
Fahrten zum Steuerberater, Fahrten des Arbeitnehmers mit dem Geschäftswagen für den Arbeitgeber
und auch Fahrten zwischen der Wohnung und der
Praxis beruflich veranlasste Fahrten.

Zu den Privatfahrten zählen insbesondere
Fahrten an den Urlaubsort oder solche an Wochen-
enden zur Erholung, Fahrten zu Verwandten, Freun-
den, kulturellen oder sportlichen Veranstaltungen,
Einkaufsfahrten, private Gaststättenbesuche, Mit-
tagsheimfahrten oder auch Fahrten im Zusammenhang mit ehrenamtlichen Tätigkeiten sowie im
Rahmen der Erzielung von Einkünften aus anderen
Einkunftsarten (zum Beispiel aus einer selbständig
ausgeübten Nebentätigkeit).

Die sogenannte Beweislast, ob das Fahrzeug zu
mehr als 50 Prozent betrieblich genutzt wird, trägt der
Steuerpflichtige. Um diesem Erfordernis Rechnung

zu tragen, ist es nicht erforderlich, ein Fahrtenbuch zu führen. Der Umfang der betrieblichen Nutzung muss darlegt und glaubhaft gemacht werden. Nach Auffassung der Finanzverwaltung genügen hierfür bereits Eintragungen im Terminkalender sowie einfache Aufzeichnungen über einen repräsentativen Zeitraum von in der Regel drei Monaten (ohne Urlaubszeit). Dabei reicht es aus, wenn die beruflich veranlassten Fahrten mit dem jeweiligen Anlass, der zurückgelegten Strecke und die Kilometerstände zu Beginn und am Ende der beruflichen Fahrt aufgezeichnet werden. Hierbei müssen die Aufzeichnungen zeitnah und nicht erst nachträglich anhand von Rechnungen, Tankquittungen etc. erfolgen.

Wurde der berufliche Nutzungsumfang des Fahrzeugs einmal dargelegt, kann für die folgenden Jahre von einem gleichartigen Nutzungsumfang ausgegangen werden. Ergeben sich allerdings wesentliche Änderungen bei dem Nutzungsumfang, so ist erneut eine Aufzeichnung zu erstellen. Dies ist beispielsweise der Fall, wenn sich Änderungen bei Art oder Umfang der Tätigkeit oder bei den Fahrten zwischen Wohnung und Betriebs- beziehungsweise Arbeitsstätte ergeben. Ein gesonderter Nachweis ist hingegen nicht erforderlich, wenn das Fahrzeug „typischerweise" überwiegend betrieblich genutzt wird. Dies ist beispielsweise der Fall, wenn sich aus der Tätigkeit ergibt, dass das Fahrzeug zu mehr als 50 Prozent betrieblich genutzt wird (so bei Landärzten oder Ärzten, die in großem Umfang Hausbesuche machen) oder die Fahrten zwischen Wohnung und Betriebs- beziehungsweise Arbeitsstätte sowie die Familienheimfahrten bereits mehr als 50 Prozent der Jahreskilometerleistung ausmachen.

Ist festgestellt, dass das Fahrzeug zu mehr als 50 Prozent betrieblich genutzt wird, wird es zwangsläufig zum sogenannten Betriebsvermögen gezählt. Das führt im Positiven dazu, dass sämtliche Ausgaben, die getätigt werden, als Betriebsausgaben den Gewinn mindern. Hierzu gehören die laufenden Betriebskosten, wie zum Beispiel Benzin, Wartung, TÜV, Kfz-Versicherung und Kfz-Steuern. Auch das Benzin, das getankt wird, wenn man eine Privatfahrt (zum Beispiel im Urlaub) tätigt, wird hiervon umfasst.

1-Prozent-Regelung oder Fahrtenbuch?

Wie bereits dargelegt, mindern also sämtliche Ausgaben als Betriebsausgaben den Gewinn. Es wird nicht unterschieden zwischen privaten und betrieblichen Ausgaben. Gleichwohl wird die private Nutzung berücksichtigt. Das Einkommensteuergesetz offeriert zwei Möglichkeiten, wie der private Nutzen Eingang in die Gewinnermittlung finden kann.

Zum einen kann der private Nutzen pauschal angesetzt werden. Dies erfolgt durch die sogenannte „1-Prozent-Methode". Hier muss außer der oben aufgeführten Aufzeichnung keine weitere formale Hürde genommen werden.

Diejenigen, die den genauen privaten Nutzen berücksichtigt haben wollen, können diesen nach der sogenannten „Fahrtenbuchmethode" ermitteln. Die Wahl für die eine oder andere Methode muss für das gesamte Jahr einheitlich getroffen werden. Bei einem Fahrzeugwechsel im Laufe des Jahres kann aber unterjährig auch eine andere Ermittlungsmethode gewählt werden. Wird keine Wahl getroffen, erfolgt die Berechnung zwingend nach der 1-Prozent-Regelung.

Bei der 1-Prozent-Regelung wird der Nutzungswert pro Monat mit einem Prozent des auf 100,00 Euro abgerundeten inländischen Bruttolistenpreises im Zeitpunkt der Erstzulassung zuzüglich der Kosten für – auch nachträglich eingebaute – Sonderausstattungen bemessen. Der Wert eines Autotelefons einschließlich Freisprecheinrichtung sowie der Wert eines weiteren Satzes Reifen einschließlich Felgen bleiben dabei außer Acht, erhöhen also den Wert des Fahrzeuges im Sinne der Regelung nicht. Maßgeblich sind nicht die tatsächlichen Anschaffungskosten des Fahrzeuges, sondern dessen inländischer Bruttolistenpreis zum Zeitpunkt der Erstzulassung laut Listenpreis der Hersteller. Dies führt dazu, dass Gebrauchtfahrzeuge ihren Reiz bei der Auswahl des Geschäftswagens verlieren, weil auch hier die Grundlage der Bruttolistenpreis, also der Neuwagenpreis und nicht der Gebrauchtwagenkaufpreis, ist. Andererseits kann dies auch dazu genutzt werden, Fahrzeuge als Firmenwagen zu wählen, die einen historisch geringen Anschaffungswert (wie zum Beispiel Young- und Oldtimer) haben.

Die Monatswerte sind nicht anzusetzen für volle Kalendermonate, in denen eine private Nutzung oder eine Nutzung zu Fahrten zwischen Wohnung und Betriebsstätte ausgeschlossen ist (zum Beispiel Krankenhausaufenthalt und Urlaub).

Werden mehrere Fahrzeuge auch privat genutzt, ist die Nutzungsentnahme grundsätzlich für jedes auch privat genutzte Kfz anzusetzen, unabhängig davon, ob es der Unternehmer selbst fährt oder seinem Ehepartner beziehungsweise Kind überlässt.

Fahrten von der Wohnung zum Betrieb sind mit der 1-Prozent-Regelung nicht abgegolten, sondern zusätzlich zu korrigieren: Fahrten zwischen Wohnung und Betrieb = 0,03 Prozent des Bruttolistenpreises × Entfernungskilometer × Monate

Berechnungsbeispiel:

Nutzung für Fahrten zwischen Wohnung und Praxis in A-Stadt: 0,03 % von 50.000 EUR × 30 km × 12 Monate =	5.400,00 EUR	
Abzüglich abzugsfähiger Fahrten zwischen Wohnung und Praxis in A-Stadt: 178 Tage × 30 km × 0,30 EUR =	1.602,00 EUR	3.798,00 EUR
Nutzung für Fahrten zwischen Wohnung und Praxis in B-Stadt × 40 Tage =	2.800,00 EUR	
Abzüglich abzugsfähiger Fahrten zwischen Wohnung und Betrieb in B-Stadt: 40 Tage × 100 km × 0,30 EUR =	1.200,00 EUR	+ 1.600,00 EUR
Dem Gewinn hinzuzurechnen insgesamt		**5.398,00 EUR**

Bei Gebrauchtfahrzeugen, abgeschriebenen Fahrzeugen sowie bei Kfz, bei denen keine größeren (Reparatur-)Kosten angefallen sind, kann es sein, dass der pauschale Korrekturwert für die private Nutzung höher ausfällt als die tatsächlich entstandenen Fahrzeugkosten. In diesem Fall ist die Gewinnkorrektur auf die Höhe der gebuchten Betriebsausgaben begrenzt.

Bei der Fahrtenbuchmethode sind die für das Fahrzeug insgesamt entstandenen Aufwendungen nachzuweisen. Aus dem Fahrtenbuch muss sich lückenlos das Verhältnis der Privatfahrten, der Fahrten zwischen Wohnung und Arbeitsstätte, der Familienheimfahrten und der sonstigen Fahrten ergeben. Ansonsten wird der pauschale Nutzungswert (1-Prozent-Methode) angesetzt. Die Fahrtenbuchmethode ist vor allem vorteilhaft, wenn das Fahrzeug nur in geringem Umfang für Privatfahrten genutzt wird, mehrere betriebliche Fahrzeuge durch eine oder mehrere Personen genutzt werden oder die Werte nach der 1-Prozent-Regelung die tatsächlich entstandenen Kosten für das Fahrzeug übersteigen.

Ein ordnungsgemäßes Fahrtenbuch enthält nach Auffassung der Finanzverwaltung mindestens die folgenden Angaben:

- Das amtliche Kennzeichen des Fahrzeugs, damit feststeht, für welches Fahrzeug das Fahrtenbuch geführt wird.
- Datum und Kilometerstand zu Beginn und am Ende jeder einzelnen betrieblich veranlassten Fahrt. Ein Fahrtenbuch mit gerundeten Kilometerangaben ist nicht ordnungsgemäß.
- Den Startort.
- Reiseziel und – bei Umwegen – darüber hinaus die Reiseroute.
- Reisezweck und aufgesuchte Geschäftspartner. Hierzu gehören die Angaben über den jeweils aufgesuchten Kunden oder Geschäftspartner oder des konkreten Gegenstands, wie zum Beispiel der Besuch einer Behörde, einer Zweigstelle oder einer Baustelle. Bloße Ortsangaben reichen aus, wenn sich der aufgesuchte Kunde oder Geschäftspartner aus der Ortsangabe zweifelsfrei ergibt. Dasselbe gilt, wenn sich dessen Name auf einfache Weise unter Zuhilfenahme von Unterlagen, die nicht ergänzt werden müssen, ermitteln lässt. Mehrere Teilabschnitte einer einheitlichen betrieblichen Reise können miteinander zu einer zusammengefassten Eintragung verbunden werden, wenn die einzelnen aufgesuchten Kunden oder Geschäftspartner im Fahrtenbuch in der zeitlichen Reihenfolge aufgeführt werden. Wird eine betriebliche Fahrt für private Erledigungen unterbrochen, ist dies im Fahrtenbuch zu dokumentieren. Der aufgesuchte Kunde oder Geschäftspartner ist auch dann genau zu bezeichnen, wenn diese Angabe in bestimmten Einzelfällen dem Datenschutz unterliegt. Allgemeine Angaben wie zum Beispiel „Kundenbesuch" genügen nicht, da sie eine private (Mit-)Veranlassung der Fahrt nicht objektiv nachprüfbar ausschließen.
- Anzahl und Gesamtbetrag der gefahrenen Kilometer.

Grundsätzlich werden also hohe Anforderungen an das Fahrtenbuch gestellt. Das Finanzamt darf das Fahrtenbuch nicht bereits wegen kleinerer Aufzeichnungsmängel (wenn beispielsweise die aufgezeichneten Kilometerstände nicht exakt mit denen der Werkstattrechnungen übereinstimmen) verwerfen, wenn es ansonsten plausibel ist und die zutreffende Aufteilung der Kosten gewährleistet. Insgesamt sollte jedoch besondere Sorgfalt an die Erfüllung der Pflichten gelegt werden. Zweifel gehen zulasten des Steuerpflichtigen und führen zwingend zur Anwendung der 1-Prozent-Methode.

Geschäftliche Nutzung zwischen 10 Prozent und 50 Prozent

Liegt die geschäftliche Nutzung zwischen 10 und 50 Prozent, so kann man wählen, ob das Fahrzeug vom Betriebs- oder Privatvermögen umfasst werden soll. Weist man das Fahrzeug dem Betriebsvermögen zu, handelt es sich um sogenanntes „gewillkürtes Betriebsvermögen".

Wenn der Anteil der betrieblich durchgeführten Fahrten durch ein ordnungsgemäß geführtes Fahrtenbuch ermittelt wird, können die auf den betrieblichen Anteil der Fahrten entfallenden Kosten als betrieblich angesetzt werden. Die betrieblichen Fahrten werden dann in Relation zur Gesamtfahrleistung beziehungsweise den insgesamt angefallenen tatsächlichen Kosten gesetzt. Der so ermittelte, auf die betrieblichen Fahrten entfallende Anteil an den Kosten kann als Betriebsausgabe in Abzug gebracht werden.

Verbleibt das Fahrzeug im Privatvermögen, können die Kosten für betriebliche Fahrten mit dem Privatfahrzeug ohne Einzelnachweis in Höhe von 0,30 Euro pro betrieblich gefahrenen Kilometer als Betriebsausgabe angesetzt werden.

▪▪ Abschreibung

Beim Kauf einer Praxis, beziehungsweise eines Anteils an einer Berufsausübungsgemeinschaft, bestimmt sich der Preis in der Regel nicht nur an dem Wert der Gegenstände, die in der Arztpraxis verwendet werden, sondern auch nach der Bindung der Patienten an die Praxis, da hieraus ja in Zukunft die Erträge erwirtschaftet werden. Diesen Wert nennt man gemeinhin auch Patientenstamm. Wie jedes andere Wirtschaftsgut auch unterliegt der Patientenstamm der „Abnutzung". Diese Abnutzung wird nicht dadurch bestimmt, dass am Ende der „Nutzungsdauer" die wirtschaftliche Unbrauchbarkeit steht. Vielmehr wird, wie es ja auch der Fall ist, angenommen, dass, je länger der „neue" Arzt in der Praxis behandelt, die Patienten in ihm immer mehr „ihren" Arzt sehen. Die Patientenbindung, also der Patientenstamm, geht demnach sukzessiv auf ihn über. Es wird weiter angenommen, dass dieser Prozess sich bei dem Erwerb einer Einzelpraxis schneller vollzieht (drei bis fünf Jahre) als bei dem Einstieg in eine aus mehreren Ärzten bestehenden Berufsausübungsgemeinschaft (6 bis 10 Jahre). Entsprechend wird die Abschreibung dieses Patientenstammes vorgenommen.

Vorsicht ist allerdings beim „Kauf einer Zulassung" geboten. Wird nicht eine komplette Praxis erworben, so hat das nicht nur Probleme im sozialrechtlichen, sondern auch im steuerlichen Bereich zur Folge. In diesem Fall wird davon ausgegangen, dass das hierfür zu zahlende Entgelt nicht abgeschrieben werden kann, da es sich ja nicht um einen übergehenden Patientenstamm handelt, sondern lediglich um eine Abrechnungsbefugnis.

14.2.2   Arten der Gewinnermittlung

▪   Einnahmen-Überschussrechnung

Wie zuvor bemerkt, ist man als Arzt regelmäßig freiberuflich tätig. Als sogenannter Freiberufler erhält man steuerlich gesehen ein paar Privilegien. Zum einen muss man grundsätzlich keine Gewerbesteuer zahlen, was auch dazu führt, dass man, anders als ein Gewerbetreibender, grundsätzlich auf eine vereinfachte Form der Gewinnermittlung zugreifen kann, die sogenannte Einnahmen-Überschussrechnung (EÜR).

Durch die Einnahmen-Überschussrechnung, auch 4/3-Rechnung genannt, wird der Gewinn als Überschuss der Betriebseinnahmen über die Betriebsausgaben ermittelt.

▪▪ Beispiel

Frau Dr. B untersucht im Dezember 2016 eine Privatpatientin. Die Krankenkasse zahlt für die Untersuchung Ende Januar 2017 500,00 Euro.

In der Einnahmenüberschussrechnung für das Jahr 2016 tauchen die 500,00 EUR nicht auf, da zu diesem Zeitpunkt noch keine Zahlung erfolgt ist, also keine Betriebseinnahme vorlag.

Es gibt aber auch Ausnahmen vom reinen Zahlungsprinzip: Zum Beispiel werden Ausgaben für Anlagevermögen (beispielsweise für ein PKW) nicht in voller Höhe, sondern lediglich in Höhe der Abschreibung als Betriebsausgabe verrechnet.

- **Betriebsvermögensvergleich**

Der Freiberufler kann seinen Gewinn aber nicht nur nach der Einnahmen-Überschussmethode ermitteln. Eine weitere Möglichkeit der Gewinnermittlung bildet der sogenannte Betriebsvermögensvergleich, auch „Bilanzierung" genannt. Hierbei wird rein formal gesehen nicht nur auf die Zahlungsflüsse abgestellt. Es wird das Betriebsvermögen, welches am Ende des Geschäftsjahres besteht, verglichen mit dem Betriebsvermögen, wie es am Anfang des Geschäftsjahres bestand. Zum Betriebsvermögen gehören als Aktiva das Anlagevermögen, Vorratsgegenstände (Verbandsmaterial etc.), Forderungen aus erbrachten Leistungen (Forderungen gegen die Kassenärztliche Vereinigung, Abrechnungsgesellschaften, Privatpatienten etc.), Forderungen gegenüber der Bank und der Kassenbestand. Als Passiva werden Rückstellungen (das sind Verbindlichkeiten, die in ihrer Höhe, ihrem Zeitpunkt oder in ihrem Bestehen noch nicht sicher sind) und Verbindlichkeiten (beispielsweise gegenüber dem Finanzamt, gegenüber Sozialversicherungsträgern und Banken) erfasst.

- - **Beispiel**

Frau Dr. B untersucht im Dezember 2016 eine Privatpatientin. Die Krankenkasse zahlt für die Untersuchung Ende Januar 2017 500,00 Euro.

In der Bilanz von Frau Dr. B für das Jahr 2016 tauchen die 500,00 Euro als Forderung gegenüber der Krankenkasse ergebniswirksam auf.

Die doppelte Buchführung bei einer Bilanz ist zwar aufwendiger als die einfache Aufstellung für eine Einnahmen-Überschussrechnung. Dafür ist sie aber auch wesentlich übersichtlicher und aussagekräftiger. Der Grund: In der Bilanz wird das gesamte Vermögen eines Unternehmens dargestellt. Sie gibt Auskunft darüber, woher das Vermögen stammt, ob aus eigenen oder fremden Mitteln. Die Bilanz ergibt darüber hinaus alle wichtigen Informationen, wenn Sie Ihre Zahlen noch für andere Zwecke als für das

Finanzamt vorlegen wollen. Das ist zum Beispiel beim Bankgespräch oder beim Antrag auf Fördermittel notwendig. Hier reicht die Einnahmen-Überschussrechnung meistens nicht aus. Oft wird zusätzlich eine Vermögensaufstellung gefordert sowie eine Aufstellung der Einnahmen und Ausgaben, die in den gefragten Zeitraum gehören und noch nicht geflossen sind.

- **Besonderheiten bei Personengesellschaften**

Steuerlich unterliegt eine Berufsausübungsgemeinschaft selbst nicht der Einkommensteuer. Es gilt hier das sogenannte „Transparenzprinzip". Die Gewinnanteile der beteiligten Ärzte werden über eine sogenannte „gesonderte und einheitliche Gewinnfeststellung von Besteuerungsgrundlagen" auf Ebene der Berufsausübungsgemeinschaft festgestellt. Hier ist der Gewinn der Gesellschaft zu ermitteln und nach dem vereinbarten Gewinnverteilungsschlüssel zu verteilen. Den so zugewiesenen Gewinn haben die Gesellschafter dann mit ihrem jeweiligen Steuersatz zu versteuern.

Der Begriff des Betriebsvermögens im Steuerrecht ist weit zu fassen. Zu ihm gehört auch das sogenannte Sonderbetriebsvermögen. Zum Sonderbetriebsvermögen zählen sämtliche Wirtschaftsgüter, die der Praxis oder dem Anteil an der Praxis dienen, jedoch nicht im Eigentum der Berufsausübungsgemeinschaft stehen. Vielmehr stehen diese im Eigentum der einzelnen Gesellschafter. Aber nicht nur unmittelbar in der Berufsausübungsgemeinschaft genutzte Gegenstände werden darunter gefasst, sondern auch Gegenstände, die mittelbar genutzt werden. Dazu zählt beispielsweise das eigene Auto, das zur Fahrt in die Praxis verwendet wird. Hat man als Gesellschafter zum Beispiel ein Auto, welches überwiegend für Fahrten zwischen Wohnsitz und Praxis genutzt wird und bei dem diese Fahrten und weitere betrieblich bedingte Fahrten mehr als 50 Prozent der Gesamtfahrleistung ausmachen, gehört dieses Auto zum Sonderbetriebsvermögen des Gesellschafters. Auch das Darlehen, welches der Anschaffung des Praxisanteils beziehungsweise der Gründung der Gemeinschaftspraxis dient(e) und welches noch nicht zurückgezahlt wurde, gehört zum Sonderbetriebsvermögen. Nicht zuletzt fällt hierunter auch das Praxisvermögen, wenn es bei einer Praxisgründung durch die Zusammenlegung von zwei Praxen oder der Aufnahme eines Arztes in eine bestehende Praxis nicht Eigentum der Gemeinschaftspraxis wurde, sondern vom ehemaligen Alleininhaber weiter gehalten wurde. Andere Beispiele können Bilder, Skulpturen und Schreibtische sein, die vom jeweiligen Partner selbst bezahlt wurden.

Kauft man sich in eine Berufsausübungsgemeinschaft ein, so entfällt ein Teil des Entgeltes in der Regel auf den von den bisherigen Gesellschaftern erschaffenen Patientenstamm. Als selbst erschaffener, also von den Altgesellschaftern nicht gekaufter Patientenstamm wird er nicht in der Buchhaltung der Berufsausübungsgemeinschaft erfasst. Vielmehr wird dieser vom neu hinzutretenden Gesellschafter im Rahmen einer Ergänzungsrechnung erfasst und steuerlich abgeschrieben.

14.3   Umsatzsteuer

Dem einen oder anderen erscheint es befremdlich, zumindest im Rahmen der Praxisübernahme im humanmedizinischen Bereich das Thema Umsatzsteuer anzusprechen. Leider ist es mittlerweile unablässig, sich mit diesem Thema zu beschäftigen.

14.3.1   Grundlagen der Umsatzsteuer

Zunächst soll ein Überblick über die Systematik der Umsatzsteuer gegeben werden. So unterliegen sämtliche Lieferungen und sonstigen Leistungen, die ein Unternehmer im Inland gegen Entgelt ausführt, der Umsatzsteuer. Als Unternehmer bezeichnet das Umsatzsteuergesetz jeden, der eine gewerbliche oder berufliche Tätigkeit ausübt. Gewerblich oder beruflich ist dabei jede nachhaltige Tätigkeit zur Erzielung von Einnahmen, auch wenn die Absicht, Gewinn zu erzielen, fehlt. Auch die Tätigkeit als Arzt dient der nachhaltigen Erzielung von Einnahmen und somit unterliegt auch er mit seiner Tätigkeit grundsätzlich den Regularien des Umsatzsteuergesetzes. Die Tätigkeit des Arztes wird für den Großteil seiner abrechenbaren Leistungen allerdings von der Umsatzsteuerpflicht ausgenommen. Hierfür gibt es im Umsatzsteuergesetz Befreiungsvorschriften. Wer nun denkt, dass man sich damit sämtlicher

Probleme entledigt hat, den belehren der deutsche und der europäische Gesetzgeber eines Besseren. Denn diese Befreiungsvorschriften sind begrenzt und insbesondere auch von der Auslegung europäischer Normen abhängig.

- ■   **Befreiung im Rahmen der Tätigkeit als niedergelassener Arzt**

■ ■ **Grundsätzliches**

Befreit sind Heilbehandlungen im Bereich der Humanmedizin, die im Rahmen der Ausübung der Tätigkeit als Arzt durchgeführt werden.

Folgendes 3-stufiges Grundschema liegt dem zu Grunde (❏ Abb. 14.1):

- ▬   1. Stufe: Liegt eine humanmedizinische Tätigkeit vor?
- ▬   2. Stufe: Welche Qualifikation hat der Leistende?
- ▬   3. Stufe: Welches therapeutische Ziel wird verfolgt?

■ ■ **Problembereiche in der laufenden Praxis**

Der historische Hintergrund der Befreiungsvorschrift zeigt, in welchem Rahmen diese gesehen werden muss. Grund für die Befreiung von der Umsatzsteuerpflicht war, dass der Gesetzgeber die Krankenkassen (als endgültige Kostenträger) von der Umsatzsteuerbelastung befreien wollte. Als richtungsweisend galt lange Zeit, dass alles, was nicht von der Krankenkasse ersetzt wird, auch nicht umsatzsteuerbefreit ist. Mittlerweile hat sich zwar eine an dem oben genannten Schema orientierte Rechtsauffassung durchgesetzt; ganz verflüchtigt hat sich die ursprüngliche Argumentationsschiene jedoch nicht, insbesondere auf Seiten der Finanzverwaltung. Hier gilt es, klar am Wortlaut des Gesetzes, gestützt auf die Rechtsprechung zu argumentieren. Hierdurch können jedoch nicht alle Tätigkeiten im ärztlichen Bereich unter die Befreiungsvorschrift subsumiert werden. Folgende Leistungen sind nicht umsatzsteuerbefreit:

- ▬   Kosmetische Operationen ohne Krankheitsbild
- ▬   Tätigkeiten als Sachverständiger
- ▬   Gutachten als Grundlage für Versicherungsabschlüsse
- ▬   Gutachten über die Berufstauglichkeit

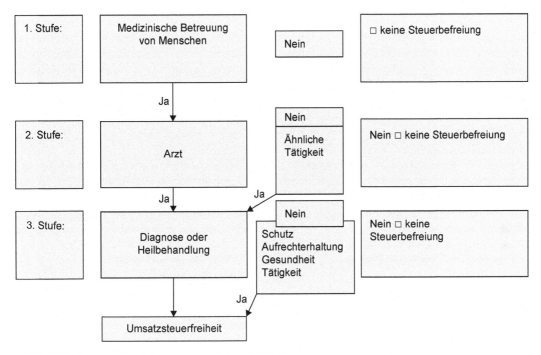

Abb. 14.1   3-stufiges Grundschema der Umsatzsteuerbefreiung

- Gutachten wegen Minderung der Erwerbsfähigkeit
- Gutachten zu Schadenersatzprozessen
- Gutachten, Zeugnisse über das Sehvermögen
- Blutgruppenuntersuchungen wegen Vaterschaft
- Zahnverschönerungen
- Individuelle Gesundheitsleistungen (IGeL) ohne Krankheitsbezug
- Anti-Aging

Problematisch sind Tätigkeiten, bei denen die Einordnung nicht eindeutig ausfällt. So ist zum Beispiel bei individuellen Gesundheitsleistungen jeweils eine Einzelfallabwägung zu treffen, ob die Behandlung einer Krankheit oder eine Prävention mit Krankheitsbezug vorliegt. An einem weiteren Bereich kann man aber auch den umgekehrten Fall erkennen. Bei schönheitschirurgischen Eingriffen, Liftings und Fettabsaugungen geht man zunächst einmal davon aus, dass bei diesen keine medizinischen Indikationen vorhanden sind. Umsatzsteuerlich kommt es aber gerade auf diese medizinische Indikation an. Daher sind auch Narbenkorrekturen und die Entfernung von Falten, wenn sie zu rein kosmetischen

Zwecken erfolgen, grundsätzlich nicht steuerbefreit möglich. Ausnahmen hiervon bilden ästhetische Operationen und Behandlungen, die dazu dienen, Personen zu behandeln oder zu heilen, bei denen aufgrund einer Krankheit, Verletzung oder eines angeborenen körperlichen Mangels ein Eingriff ästhetischer Natur erforderlich ist und die behandelte Person hieraus gesundheitliche Probleme psychologischer Art erfährt. Zur Feststellung dieser gesundheitlichen Probleme psychologischer Art ist nur entsprechendes Fachpersonal berufen. Dabei gehört der die ästhetische Operation durchführende Arzt, zum Beispiel ein Chirurg, anders als zum Beispiel psychologische Psychotherapeuten und auf Leiden psychologischer Art spezialisierte Fachärzte, nicht zu dem Fachpersonal, das medizinische Feststellungen zu gesundheitlichen Problemen psychologischer Art treffen kann. In Grenzfällen ist es dringend erforderlich, entsprechende Indikationslagen sauber zu dokumentieren, so beispielsweise bei einer Korrektur an der Nase wegen schlechter Belüftung der Nasennebenhöhlen.

Auch durch die Zusammenarbeit mit weiteren Leistungserbringern können sich umsatzsteuerliche

Probleme ergeben. So hatte in einem Fall ein Dermatologe eine selbständige Kosmetikerin beauftragt, eine von ihm selbst gegenüber der Kassenärztlichen Vereinigung abgerechnete Akne-Behandlung durchzuführen. Der Bundesfinanzhof sah diese Leistung gegenüber dem Patienten als nicht steuerbefreit an. Begründet hat er dies damit, dass sich aus der Abrechnungsfähigkeit gegenüber der Kassenärztlichen Vereinigung beziehungsweise der Krankenkasse nicht unbedingt die Steuerfreiheit der abgerechneten Leistung ergibt. Die Leistung wäre zumindest dann nicht steuerfrei, wenn der Subunternehmer nicht die Qualifikationsvoraussetzung der Befreiungsvorschrift (hier also als Arzt) erfüllt.

▪▪ Geräteüberlassung und Überlassung von OP-Räumen

Wenn zur ärztlichen Ausübung die Anschaffung eines teuren Gerätes notwendig ist, ist es vernünftig, dieses Gerät auch optimal zu nutzen. Sollte die bestmögliche Ausnutzung nicht durch die eigene Tätigkeit erfolgen, kann man durchaus darüber nachdenken, das Gerät entgeltlich einem Kollegen zu überlassen. Hier ist jedoch Vorsicht geboten. Die Vermietung von Geräten zur Behandlung von Patienten durch einen anderen Arzt stellt selbst sicherlich keine direkte Heilbehandlung dar. Sie ist zwar eine mit einer Heilbehandlung eng verbundene Tätigkeit, diese ist jedoch in diesem Fall nicht Bestandteil der Umsatzsteuerbefreiung und aus diesem Grund umsatzsteuerpflichtig.

Im chirurgischen Bereich bestehen oftmals Überlegungen, die vorhandenen Operationsräume an andere Ärzte zu vermieten. Aber auch hier sollte mit Bedacht vorgegangen werden, da auch diese Leistung keine direkte Heilbehandlung darstellt. Nun ist man vielleicht versucht zu argumentieren, dass ja auch sonst keine Umsatzsteuer anfällt, wenn man zum Beispiel eine Wohnung mietet. Vom Grundsatz her ist diese Überlegung, zumindest auf dauerhaft überlassene Geschäftsräume bezogen, richtig. Vermietet man aber OP-Räume, so beinhaltet der Vertrag in der Regel über den Raum hinaus weitere Dinge, die überlassen werden. Des Weiteren handelt es sich hierbei um eine kurzfristige Überlassung von Räumen, die ohnehin nicht steuerbefreit sind.

Überlässt ein Anästhesist, der ein „OP-Zentrum" betreibt, einem anderen Arzt Operationsräume nebst Ausstattung gegen Entgelt zur Durchführung von Operationen, an denen er selbst teilnimmt, ist die Raumüberlassung durch den Anästhesisten an den Operateur nicht als Heilbehandlung steuerfrei. Es kann insoweit aber eine einheitliche steuerfreie Heilbehandlungsleistung des Anästhesisten gegenüber den Patienten oder ein steuerfreier mit dem Betrieb einer anderen Einrichtung eng verbundener Umsatz vorliegen.

Beide und ähnlich gelagerte Fälle sind umsatzsteuerpflichtig, auch wenn durch die Überlassung kein Gewinn entsteht. Bei der Umsatzsteuer kommt es nämlich nicht auf die Erzielung eines Gewinns, sondern lediglich auf die Erzielung von Einnahmen an.

▪▪ Umsatzsteuer bei Praxisabgabe und Praxisübernahme

Spätestens hier wird der eine oder andere denken, dass ihn dies nicht betrifft. Das ist, nicht nur im laufenden Betrieb einer Praxis, sondern, wie sich noch zeigen wird, insbesondere auch beim Verkauf derselben ein Trugschluss, der den Praxisabgeber in manchen Fällen teuer zu stehen kommen kann. Aber auch für den Praxisübernehmer kann dies unerfreuliche Folgen haben. Verantwortlich hierfür zeichnen sich mehrere Regelungen im Umsatzsteuergesetz, die sich mit der Steuerbefreiung eines bestimmten Sachverhaltes beschäftigen.

Grundsätzlich betrachtet stellt das Umsatzsteuergesetz jeden entgeltlichen sogenannten Leistungsaustausch als der Umsatzsteuer zu unterwerfend dar. Hiervon ausgenommen ist zum Beispiel die Veräußerung eines gesamten Unternehmens, so auch die Veräußerung einer kompletten Praxis. Voraussetzung ist dabei jedoch, dass ein komplettes Unternehmen oder aber ein organisatorisch eigenständig geführter Teil des Unternehmens veräußert wird. Genau hier stellt sich ein Problem dar. Nicht privilegiert sind demnach Fälle, in denen nicht das gesamte Unternehmen oder ein organisatorisch gesondert geführter Teil Verkaufsobjekt ist. Dies kann dann passieren, wenn nur „der Sitz", das heißt der Versorgungsauftrag, übertragen werden soll. Dieser ist zwar ein wertbestimmender Faktor bei der Veräußerung der Praxis, stellt jedoch nicht „das Unternehmen" dar. Es ist daher immer darauf zu achten, dass die komplette Praxis veräußert wird. Ist dies nicht der Fall, so besteht die Gefahr, dass der Verkauf als umsatzsteuerpflichtig behandelt wird. Dies bedeutet, dass vom Kaufpreis dann auch noch die Umsatzsteuer an das Finanzamt abgeführt werden muss. Der Vollständigkeit halber sei darauf hingewiesen, dass es eine Umsatzsteuerbefreiungsnorm gibt, die besagt, dass die Veräußerung von Gegenständen, die ausschließlich für umsatzsteuerfreie Tätigkeiten (wie zum Beispiel die rein heilberufliche Tätigkeit) verwendet wurden, selbst auch steuerfrei sind. Es ist jedoch nicht sicher, ob unter den Begriff „Gegenstände" auch die Zulassung zur vertragsärztlichen Versorgung zu fassen ist. Misslich ist die Situation insbesondere deshalb, da der kaufende Arzt auch bei einem ordnungsgemäßen Ausweis der Steuer in der Regel die gezahlte Steuer nicht beim Finanzamt geltend machen kann.

■■ Beispiel

Der Praxisabgeber wird sich mit dem kaufenden Medizinischen Versorgungszentrum einig, dass für die Überlassung des Versorgungsauftrages ein Kaufpreis von 100.000,00 Euro zu zahlen ist. Wird hier ansonsten nichts übertragen, so unterliegt der Kaufpreis der Umsatzversteuerung. Von den 100.000,00 Euro müssen 19 Prozent Umsatzsteuer an das Finanzamt abgeführt werden. Das bedeutet, dass der Gewinn aus der Veräußerung um 15.966,00 Euro sinkt.

Ebenso problematisch sind Fälle, in denen der Praxisabgeber die Privatpatienten weiterbehandeln will und lediglich der „Kassenpatientenanteil" veräußert werden soll.

Die Rechtsprechung sieht auch Fälle als problematisch an, bei denen die Praxis als gesamtes veräußert wurde, jedoch unmittelbar nach Übertragung der Praxis diese in andere Praxisräume verlegt wird.

■ Krankenhausbehandlungen und ärztliche Heilbehandlungen

Nun mag man sich wundern, warum in einem Buch über die Übernahme von Arztpraxen das Thema Krankenhausbehandlungen auftaucht. Nach dem Willen des Umsatzsteuergesetzgebers fallen unter diese Befreiungsvorschrift eben auch Medizinische Versorgungszentren. Interessant ist diese Vorschrift auch deshalb, weil hier die „… ärztliche Behandlung … sowie damit eng verbundene Umsätze …" befreit werden. Wenn man sich nun vergegenwärtigt, was eben bei den niedergelassenen Ärzten über

die Vermietung von Geräten und OP-Räumen gesagt wurde, so kommt man schnell auf die Idee, dass eben diese als „eng damit verbundene" Tätigkeit zu bezeichnen ist und somit für das Medizinische Versorgungszentrum umsatzsteuerfrei zu behandeln ist.

■ Praxisgemeinschaft

Das Umsatzsteuergesetz befreit auch Leistungen von Gemeinschaften gegenüber ihren Mitgliedern, wenn diese Ärzte sind, soweit diese Leistungen für unmittelbare Zwecke der Ausübung der heilbehandelnden Tätigkeit verwendet werden und die Gemeinschaft lediglich die genaue Erstattung des jeweiligen Anteils an den gemeinsamen Kosten fordert.

Gemeint sind hier unter anderem Praxis- oder Laborgemeinschaften. Die Leistungen bestehen unter anderem in der Zurverfügungstellung von medizinischen Einrichtungen, Apparaten und Geräten. Des Weiteren führen die Gemeinschaften beispielsweise mit eigenem medizinisch-technischem Personal Laboruntersuchungen, Röntgenaufnahmen und andere medizinisch-technische Leistungen an ihren Mitgliedern aus.

Da diese nicht unmittelbar am Patienten tätig werden und somit nicht selbst unter die ursprüngliche Befreiungsnorm fallen, wollte der Gesetzgeber eine Möglichkeit schaffen, auch deren Leistungen gegenüber den beteiligten Ärzten als umsatzsteuerfrei zu behandeln und dadurch sowohl Verwaltungsaufwand als auch Kosten zu sparen. Dieses Ziel wurde jedoch nicht, zumindest nicht ohne Hindernisse, erreicht. Folgende Probleme gilt es zu erkennen und in der Praxis dann auch zu umschiffen.

■■ Leistungen an die Mitglieder

Zunächst spricht das Gesetz von der Befreiung von Leistungen der Gemeinschaft an ihre Mitglieder. Das bedeutet, dass das Mitglied (beziehungsweise der Gesellschafter) der Gemeinschaft auch der Leistungsempfänger ist.

Folgender Fall soll dies verdeutlichen:

Die Ärzte A und B sind, wie auch die Berufsausübungsgemeinschaft D&E und Arzt F, an einer Laborgemeinschaft beteiligt. Diese erbringt Leistungen für die Berufsausübungsgemeinschaft bestehend aus A, B und C sowie der Berufsausübungsgemeinschaft bestehend aus D und E, dem Arzt F und dem Arzt G.

Umsatzsteuerfrei sind lediglich die Leistungen gegenüber der Berufsausübungsgemeinschaft A, B und C soweit sie auf Leistungen an A und B entfallen. Leistungen an den Arzt C als Mitglied der Berufsausübungsgemeinschaft A, B und C sind dagegen umsatzsteuerpflichtig. Die Leistungen gegenüber der Berufsausübungsgemeinschaft D&E sowie dem Arzt F sind unproblematisch umsatzsteuerfrei, da diese ja Gesellschafter der Praxisgemeinschaft sind. Unproblematisch umsatzsteuerpflichtig sind jedoch die Leistungen gegenüber dem Arzt G, der wie Arzt C kein Gesellschafter der Praxisgemeinschaft ist.

Die Anwendung der Steuerbefreiung setzt allerdings nicht voraus, dass die Leistungen stets allen Mitgliedern gegenüber erbracht werden. Es ist also nicht schädlich, wenn die Leistungen vorübergehend oder dauerhaft einem Mitglied nicht zur Verfügung gestellt werden.

▪▪ Für unmittelbare Zwecke der Erbringung von Heilberufeleistungen

Unmittelbar in diesem Sinne werden die Leistungen verwendet, wenn die Mitglieder sie „direkt am Patienten" erbringen. Unterhält die Laborgemeinschaft beispielsweise ein MRT und überlässt es den Mitgliedern zur Untersuchung von Patienten, ist dies unproblematisch. Auch wenn Mitarbeiter der Praxisgemeinschaft hierzu benötigt werden, befinden wir uns immer noch bei der Überlassung für unmittelbare Zwecke. Beschafft und überlässt die Gemeinschaft ihren Mitgliedern Praxisräume, ist dieser Umsatz nicht nach in diesem Sinne befreit. Vielmehr handelt es sich hierbei um Leistungen, die in der Regel unter die Steuerbefreiung für die Vermietung von Grundstücken fallen und daher per se steuerfrei sind. Bei der Überlassung von EDV sind folgende Konstellationen zu unterscheiden. Soweit die EDV Patientendaten enthält, die zur Behandlung benötigt werden, ist dies unproblematisch. Übernimmt die Gemeinschaft für ihre Mitglieder zum Beispiel die Buchführung, Rechtsberatung oder die Tätigkeit einer ärztlichen Verrechnungsstelle, handelt es sich um Leistungen, die nur mittelbar zur Ausführung von steuerfreien Heilbehandlungsleistungen bezogen werden und deshalb nicht von der Umsatzsteuer befreit sind. Dies gilt auch für die Leistungen von Reinigungskräften, die bei der Praxisgemeinschaft angestellt sind. Die Tätigkeit von letzteren ist

in vollem Umfang umsatzsteuerpflichtig. Dies hat seine Grundlage in der europäischen Mehrwertsteuerrichtlinie, die besagt, dass die Steuerfreiheit bei ärztlichen Tätigkeiten keine Wettbewerbsverzerrung darstellen darf. Tritt die Laborgemeinschaft also in den Wettbewerb mit anderen Anbietern, kann sie nicht auf die Privilegierung der Mehrwertsteuerbefreiung bestehen.

▪▪ Genaue Erstattung des jeweiligen Anteils der Kosten

Was hierunter zu verstehen ist, lässt sich dem Gesetz nicht entnehmen. Auch die Finanzverwaltung hat sich hierzu noch nicht offiziell geäußert. Es ist aber zu vermuten, dass durch die Finanzverwaltung eher strenge Maßstäbe an die Auslegung gesetzt werden. So ist es möglich, dass eine Aufteilung nach Köpfen, nach der Beteiligungsquote oder dem Umsatzschlüssel der Mitglieder nicht ausreichen wird.

▪ Besondere Versorgung

Bei der Überprüfung von Verträgen über integrierte Versorgung ist genau nachzuprüfen, welche Bestandteile für die Leistungen im Rahmen des Vertrages vergütet werden. Auch hier sind nur die unmittelbaren Heilbehandlungsleistungen steuerfrei. Beinhaltet der Vertrag auch die Verabreichung von Heilhilfsmitteln, so ist zu überprüfen, ob diese der unmittelbaren Behandlung einer Krankheit dienen, da diese Abgabe andernfalls steuerpflichtig ist.

14.3.2   Folgen der Umsatzsteuerpflicht

Für den Fall, dass einzelne Leistungen in der Praxis als umsatzsteuerpflichtig anzusehen sind, stellt sich die Frage, welche Folgen sich hieraus ergeben.

▪ Kleinunternehmerregelung

Nicht in jedem Fall, in dem umsatzsteuerpflichtige Leistungen bestehen, ist man verpflichtet, Umsatzsteuer auszuweisen und diese an das Finanzamt abzuführen. Das Umsatzsteuergesetz hält für Bagatellfälle die Möglichkeit bereit, an sich steuerpflichtige Umsätze wie steuerfreie Umsätze zu behandeln. Wann ein Bagatellfall vorliegt, hängt von zwei Voraussetzungen ab und wird negativ abgegrenzt. Kleinunternehmer ist jeder, der im Vorjahr umsatzsteuerpflichtige Umsätze getätigt hat, die weniger als 17.500,00 Euro betragen haben, und im laufenden Jahr umsatzsteuerpflichtige Umsätze tätigt, die voraussichtlich 50.000,00 Euro nicht überschreiten.

Bei einer Neugründung ist allein auf den voraussichtlichen Umsatz des laufenden Kalenderjahres abzustellen. Maßgeblich ist daher hier die Grenze von 17.500,00 Euro und nicht die Grenze von 50.000,00 Euro. Es kommt somit nur darauf an, dass nach den Verhältnissen des laufenden Kalenderjahres voraussichtlich die Grenze von 17.500,00 Euro nicht überschritten wird. Bei einer Gründung, die nicht am 1.1. eines Jahres stattfindet, sind die 17.500,00 Euro auf das Kalenderjahr zu verteilen. Je nachdem, wann die Gründung erfolgte, sind die anteiligen Werte maßgebend.

Werden beide Grenzen eingehalten, dann tritt der Arzt umsatzsteuerlich nicht in Erscheinung. Wenn er will, kann er jedoch auf die Anwendung der „Kleinunternehmerregelung" verzichten und sich wie jemand behandeln lassen, der die Grenzen überschreitet.

In diesem Zusammenhang sei noch auf Folgendes hingewiesen: Das Umsatzsteuergesetz geht bei sämtlichen Regelungen von einem einheitlichen Unternehmerbegriff aus. Das bedeutet, egal in welcher Beziehung die einzelne Person umsatzsteuerlich zu Tage tritt, es werden sämtliche Leistungen als von dieser Person erbracht angesehen.

▪▪ **Beispiel**

Frau Dr. B ist Augenärztin und mit Herrn B verheiratet. Neben ihrer Tätigkeit als Augenärztin verkauft sie auch Kontaktlinsen. Im Erstjahr ihrer freiberuflichen Tätigkeit verkauft sie Kontaktlinsen für 12.000,00 Euro. Neben der Praxistätigkeit ist Frau Dr. B noch als Gerichtsgutachterin tätig. Hierfür erhält sie jährlich Honorare in Höhe von 5.000,00 Euro. Frau Dr. B unterhält auf ihrem Hausdach eine Photovoltaikanlage. Diese erwirtschaftet 2.000,00 Euro.

Für umsatzsteuerliche Zwecke werden beide Tätigkeiten als durch die Unternehmer ausgeführt betrachtet. Da sämtliche Umsätze Frau Dr. B zuzuordnen sind, werden die Umsätze des Kontaktlinsenverkaufs, die Umsätze der Tätigkeit als Gerichtsgutachterin wie auch der Photovoltaikanlage zusammengezählt. Insgesamt überschreitet sie die

Grenze von 17.500,00 Euro und kann demnach nicht die Kleinunternehmerregelung in Anspruch nehmen.

Hier wäre es möglich, den Kontaktlinsenverkauf mit einer anderen Person zusammen durchzuführen. Dann entstünde durch die Zusammenarbeit eine Gesellschaft bürgerlichen Rechts (GbR), die wiederum als eigenständige Unternehmerin am Markt auftreten könnte. Dies gilt auch für die Photovoltaikanlage. Diese könnte Frau Dr. B zusammen mit Herrn B betreiben. Auch hier würde mit der Zusammenarbeit eine Gesellschaft bürgerlichen Rechts entstehen, die wiederum selbständige Unternehmerin wäre. Bei Inanspruchnahme dieser Möglichkeit würden die Umsätze der Gesellschaft bürgerlichen Rechts zugewiesen und nicht Frau Dr. B. Übrig blieben nur die Honorarumsätze, die aber weit weg von der Grenze in Höhe von 17.500,00 Euro liegen.

▪ **Umsatzsteuerausweis/Abführung**

Werden die Umsatzgrößen überschritten, so muss Umsatzsteuer an das Finanzamt abgeführt werden. Die Höhe der Umsatzsteuer bemisst sich rein nach dem Entgelt, das für die Leistung eingenommen wurde. Wurde eine Rechnung erstellt, ohne Umsatzsteuer auszuweisen, so sieht das Umsatzsteuergesetz in dem Zahlbetrag das Entgelt, also den Bruttobetrag, in welchem die abzuführende Umsatzsteuer enthalten ist. Auf Grundlage dieses Zahlbetrages wird dann die Umsatzsteuer ermittelt.

▪▪ **Beispiel**

Für eine IGeL hat Frau Dr. B 100,00 Euro vereinnahmt. Im Rahmen einer Betriebsprüfung wurde festgestellt, dass aufgrund von Verbandstätigkeit, Photovoltaikanlage und umsatzsteuerpflichtiger Umsätze in ihrer Einzelpraxis ihre umsatzsteuerpflichtigen Umsätze seit Jahren über 17.500,00 Euro lagen. Das Finanzamt ermittelt nun auch aus den 100,00 Euro die Umsatzsteuer. Diese beträgt 15,97 Euro und muss an das Finanzamt abgeführt werden.

Das Problem liegt in zwei Dingen: Zum einen ist es vielfach nicht möglich, die Preise derart nachzuverhandeln, dass in unserem Fall Frau Dr. B nachträglich auf die Patienten zugeht und aus 100,00 Euro 119,00 Euro macht. Dies führt in der Folge zum zweiten Problem: Der Gewinn aus den individuellen Gesundheitsleistungen (IGeL) sinkt um 15,97 Prozent.

- **Vorsteuer**

Als Vorsteuer bezeichnet man die Umsatzsteuer, die in Rechnungen enthalten ist, die der Unternehmer von anderen Unternehmern erhält. Im Gegenzug zur Umsatzsteuerpflicht hat der Unternehmer dann die Möglichkeit, diese Vorsteuer aus Leistungen, die er benötigt hat, um die umsatzsteuerpflichtigen Leistungen auszuführen, von seiner Umsatzsteuerpflicht abzuziehen.

- - **Beispiel**

Zur Ausführung der IGeL hat sich Frau Dr. B ein Gerät angeschafft. Dieses Gerät hat sie inklusive ausgewiesener Umsatzsteuer 1.190,00 Euro gekostet. Die enthaltene Steuer in Höhe von 190,00 Euro kann Frau Dr. B von ihrer Umsatzsteuerpflicht abziehen. Ein möglicher Vorsteuerüberschuss würde ihr ausgezahlt werden.

Ein Vorsteuerabzug besteht für den Anteil an den umsatzsteuerfreien Umsätzen nicht. Das gilt auch für den Fall, dass die Kleinunternehmerregelung in Anspruch genommen wird. So kann für Leistungen, die die Heilbehandlungen betreffen, kein Vorsteuerabzug geltend gemacht werden. Leistungen, die beide Bereiche betreffen – wie zum Beispiel die EDV – müssen angemessen aufgeteilt werden.

- **Rechnung**

Wenn Umsatzsteuerpflicht besteht, ist sowohl bei den umsatzsteuerpflichtigen Leistungen, die von einem selbst erbracht werden, als auch bei Leistungen, die man zur Durchführung der umsatzsteuerpflichtigen Leistungen erhält, die also im Rahmen des Vorsteuerabzuges geltend gemacht werden, darauf zu achten, dass ordnungsgemäße Rechnungen vorliegen. Folgende Inhalte müssen grundsätzlich enthalten sein:
- vollständiger Name und Anschrift des leistenden Unternehmers,
- vollständiger Name und Anschrift des Leistungsempfängers,
- vom Finanzamt erteilte Steuernummer **oder** Umsatzsteuer-Identifikationsnummer des leistenden Unternehmers,
- Ausstellungsdatum,
- Rechnungsnummer,
- Menge und Art der gelieferten Gegenstände beziehungsweise Art und Umfang der sonstigen Leistung,

- Zeitpunkt der Lieferung oder sonstigen Leistung (Monatsangabe reicht),
- Entgelt, nach Steuersätzen und Steuerbefreiungen aufgeteilt, und darauf entfallender Steuerbetrag,
- im Voraus vereinbarte Minderungen des Entgelts wie Rabatte, Boni, Skonti etc.,
- anzuwendender Steuersatz (19 oder 7 Prozent) oder im Fall einer Steuerbefreiung ein entsprechender Hinweis.

- **Umsatzsteuervoranmeldungen**

Steht schon fest, dass umsatzsteuerpflichtige Leistungen von über 17.500,00 Euro im Gründungsjahr erbracht werden, so muss man als Existenzgründer Umsatzsteuer-Voranmeldungen auf elektronischem Weg abgeben. Die abzuführende Steuer wird als Unterschiedsbetrag zwischen der eingenommenen Umsatzsteuer und der an Lieferanten gezahlten Umsatzsteuer berechnet. Für das Jahr der Neugründung und das folgende Jahr besteht eine monatliche Abgabeverpflichtung. Später richtet sich der Voranmeldungszeitraum nach der Umsatzsteuerschuld des Vorjahres.

Vorjahressteuer	Anmeldungszeitraum
bis 1.000,00 EUR	jährlich
1.000,00 bis 7.500,00 EUR	vierteljährlich
über 7.500,00 EUR	monatlich

Eine Dauerfristverlängerung für die Abgabe der Umsatzsteuer-Voranmeldungen sollten Sie nicht sofort stellen, sonst werden mögliche hohe Vorsteuerbeträge erst einen Monat später ausbezahlt. Achten Sie auf ordnungsgemäße Rechnungen, sonst verlieren Sie die Vorsteuer.

14.4 Gewerbesteuer

14.4.1 Freiberuflichkeit und Gewerblichkeit

- **Das Grundproblem**

Grundsätzlich sind die aus der ärztlichen Tätigkeit entstammenden Einkünfte als sogenannte freiberufliche Einkünfte zu qualifizieren. Zu unterscheiden ist die freiberufliche beziehungsweise selbständige Tätigkeit im Wesentlichen von der gewerblichen

Tätigkeit. Historisch bedingt wurde davon ausgegangen, dass Freiberufler vorwiegend eigene geistige Arbeit verrichten und die durch eine qualifizierte Ausbildung erworbenen Kenntnisse im Vordergrund stehen, während für Gewerbetreibende der Kapitaleinsatz und handwerkliche Fähigkeiten bestimmend waren. Außerdem ist Voraussetzung, dass die Arbeitsergebnisse des Freiberuflers ihm unmittelbar zuzuschreiben sind, weil er leitend und eigenverantwortlich aufgrund eigener Fachkenntnisse tätig wird. Dies erfordert, dass die Unternehmensstruktur in höchstem Maße personenbezogen ist. Umgangssprachlich wird auch von der sogenannten Stempel- oder Prägetheorie gesprochen. Sämtliche Tätigkeiten im Unternehmen müssen den Stempel beziehungsweise die Prägung des Freiberuflers enthalten. Probleme können sich dann ergeben, wenn Vermischungsfälle vorliegen, wenn man also sowohl freiberuflich als auch gewerblich tätig wird, wenn die Stempeltheorie nicht durchgeführt wird oder wenn bei der Zusammenarbeit mit anderen Beteiligten diese selbst gewerblich tätig sind.

Dies ist insbesondere dann problematisch, wenn die gewerblichen Einkünfte in einer Berufsausübungsgemeinschaft anfallen. Hier besteht dann das Risiko, dass nicht nur die als gewerblich angesehenen Einnahmen entsprechend behandelt werden, sondern auch die eigentlich als freiberuflich eingestuften, also die ärztlichen Einnahmen, als gewerblich behandelt werden. Letztere werden nach steuerlichen Maßstäben von den gewerblichen Einnahmen „infiziert". Man spricht landläufig von der Infektionstheorie. Hier gibt es jedoch auch Bagatellgrenzen. Einkünfte einer Berufsausübungsgemeinschaft, die hauptsächlich Einkünfte aus freiberuflicher Arbeit erzielt und daneben in geringem Umfang eine gewerbliche Tätigkeit ausübt, sind dann nicht insgesamt zu gewerblichen Einkünften umzuqualifizieren, wenn die gewerblichen Umsätze drei Prozent der Gesamtnettoumsätze und zusätzlich den Betrag von 24.500,00 Euro im Veranlagungszeitraum nicht übersteigen.

- **Einzelfälle**

- - **Gewerbesteuerrisiko aus der Tätigkeit**
Aber wie kann es nun zu solchen gewerblichen Einkünften kommen? Zunächst ist es möglich, dass sogenannte originär gewerbliche Einnahmen anfallen. Originär gewerbliche Einnahmen sind solche,

die auch von anderen Personen, also Nichtmedizinern, vereinnahmt werden können. So sind dies zum Beispiel bei Augenärzten der Verkauf von Kontaktlinsen, bei anderen Ärzten der Verkauf von Nahrungsergänzungsmitteln beziehungsweise von Heilhilfsmitteln.

- - **Gewerbesteuerrisiko aus der Anstellung**
Es ist grundsätzlich so, dass der Arzt in eigener Niederlassung nicht sämtliche ärztliche Tätigkeiten selbst erbringen muss. Er kann sich bei der Erbringung auch fachlich vorgebildeten Personals bedienen. Voraussetzung ist jedoch auch hier, dass jede Handlung, die das Personal erbringt, dem Praxisinhaber beziehungsweise den Praxisinhabern zugerechnet wird. Dies erscheint dann problematisch, wenn eine Überwachung der Tätigkeit nicht mehr oder nicht mehr ohne Weiteres gewährleistet ist. Hier gibt es verschiedene Fallgruppen zu beachten.

Fachfremder Angestellter   Zum einen kann von keiner ordnungsgemäßen Überwachung ausgegangen werden, wenn der für den Arzt Tätige selbst auf einem für den Arbeitgeber fachfremden Gebiet tätig ist. So ist es beispielsweise schädlich, wenn ein Hausarzt einen Anästhesisten beschäftigt.

Vielzahl von Angestellten   Problematisch ist es auch, wenn der Arzt nicht die Möglichkeit hat, die Angestellten zu überwachen, da es zu viele Mitarbeiter sind.

Gewerbesteuerrisiko aus der räumliche Trennung
Auch die Überwindung von räumlichen Entfernungen kann problematisch werden, dann nämlich, wenn hierdurch nicht mehr gewährleistet ist, dass die Leistung des angestellten Arztes dem Dienstherrn nicht mehr zugeschrieben werden kann. Diese Problematik droht insbesondere bei ausgelagerten Praxisräumen oder Zweigpraxen. In diesen Fällen ist zu gewährleisten und zu dokumentieren, dass die wesentlichen diagnostischen Tätigkeiten mit dem Arbeitgeber beziehungsweise den Arbeitgebern abgesprochen wurden.

Gewerbesteuerrisiko aus der Kooperation   Zuletzt kann sich auch aus einer „unglücklich" gewählten Art der Zusammenarbeit ein Problem ergeben. Zum einen wäre hier der Fall zu erwähnen, dass die

Gemeinschaftspraxis an einer gewerblich tätigen Gesellschaft beteiligt ist und hieraus Einnahmen erzielt. Hat eine augenärztliche Gemeinschaftspraxis beispielsweise einen Anteil an einer Gesellschaft, die Kontaktlinsen verkauft, kann dies zu Problemen führen. Ein weiteres Problem kann die sogenannte „Nullbeteiligung" darstellen. Wird beispielsweise ein neuer Gesellschafter in einer Berufsausübungsgemeinschaft aufgenommen, stellt sich die Frage, inwieweit dieser am Kapital, am Ergebnis beziehungsweise an den Entscheidungsprozessen der Berufsausübungsgemeinschaft beteiligt werden soll. Zum einen stellt sich die Frage bei dem neu eintretenden Gesellschafter, der, wenn er sich einkauft, ja den Praxisanteil finanzieren muss. Zum anderen stellt sich die Frage auch bei den bereits vorhandenen „Alt"-Gesellschaftern. Letztere sind oftmals geneigt, dem neu eintretenden Gesellschafter nicht sämtliche Rechte eines Gesellschafters einzuräumen. Hier ist jedoch Vorsicht geboten. Stellt sich der Gesellschafter nach außen nicht anders dar als ein Angestellter, wird er steuerlich auch als solcher behandelt. Wann ein Gesellschafter auch als solcher angesehen wird, ist umstritten. Das Steuerrecht erfordert hier die Stellung als sogenannter Mitunternehmer. Ähnlich wie im Sozialrecht setzt die Stellung als Mitunternehmer zwei Dinge voraus: Zum einen muss die Mitunternehmerinitiative vorliegen. Ein Gesellschafter muss demnach in die Entscheidungsprozesse eingebunden sein. So ist der Mitunternehmer auch bei der Einstellung von Personal oder der Anschaffung von Praxisgeräten zu beteiligen. Zum anderen ist es erforderlich, dass das Mitunternehmerrisiko vorliegt. Dieses wird gemessen an der Beteiligung am Erfolg der Praxis. Kriterien hierfür sind unter anderem die Beteiligung am Gewinn sowie am Wert der Praxis. Erhält der Neugesellschafter eine reine Umsatzbeteiligung, so ist er in diesem Sinne nicht am Praxiserfolg beteiligt, da der Umsatz nur die Praxiseinnahmen, nicht aber die Praxisausgaben und somit nicht den wirklichen Praxiserfolg berücksichtigt. Ein weiteres Kriterium für das Vorliegen oder Nichtvorliegen eines Mitunternehmerrisikos ist die Beteiligung am Praxiswert. Ein wertbestimmender Faktor hierbei ist der Patientenstamm. Wird der Neugesellschafter dauerhaft von der Partizipierung hieran ausgeschlossen, spricht dies gegen das Innehaben eines Mitunternehmerrisikos. Nun mag man versuchen

sein zu sagen, dass dies doch für die Beurteilung der Einkünfte als freiberuflich dahinstehen kann. Dies sieht das oberste Finanzgericht, der Bundesfinanzhof, anders. Wird beispielsweise ein neuer Gesellschafter aufgenommen, der zwar eigenverantwortlich tätig ist, jedoch nicht am Vermögen und dem Gewinn der Gesellschaft beteiligt ist, so ist der neue Gesellschafter unter Umständen nicht als Mitunternehmer anzusehen, sondern als Angestellter. Die eigenverantwortliche Tätigkeit schließt aber, so der Bundesfinanzhof, die Überwachung im vorliegenden Fall aus. Die fehlende Überwachung führt dann dazu, dass die Tätigkeit des „Angestellten" nicht mehr in erforderlichem Maß dem Dienstherrn zugeschrieben werden kann. Dieses Fehlen der Stempeltheorie würde vorliegend zur Gewerblichkeit der entsprechenden und durch die Infektion der Einkünfte der gesamten Praxis führen.

■ ■ **Praxisgemeinschaft**

Bei Kostentragungsgemeinschaften ist weiter zu beachten, dass aus solchen keine Gewerbesteuerrisiken entstehen. Gewerbesteuerlich problematisch wird das Gesamtkonstrukt, wenn die Ressourcen, die in der Kostentragungsgemeinschaft gebündelt werden, zum Beispiel auch Dritten zugängig gemacht werden und hierfür ein Gewinnaufschlag verlangt wird. Beispiel hierfür wäre die Überlassung von Geräten wie einem Computertomographen oder von Operationsräumen. Wird hierbei zusätzlich zum Gewinnaufschlag noch geschultes Personal überlassen, ist diese Überlassung grundsätzlich als gewerbesteuerpflichtig anzusehen.

14.4.2 Folgen der Feststellung der Gewerblichkeit

■ **Bilanzierung**

Folge der gewerbesteuerlichen Einordnung ist zum einen, dass man die Privilegien, die man als Freiberufler genießt, verliert. So ist es nicht mehr ohne weiteres möglich, seinen Gewinn in der einfachen Form als Einnahmen-Überschussrechnung zu ermitteln. Dies kann als „Gewerbetreibender" nur erfolgen, wenn gewisse Bagatellgrenzen nicht überschritten werden. Voraussetzung ist, dass in zwei aufeinanderfolgenden Geschäftsjahren höchstens

500.000,00 Euro Umsatz und höchstens 50.000,00 Euro Gewinn erwirtschaftet werden. Überschreiten Sie die Umsatz- oder Gewinngrenze, so müssen Sie eine Bilanz erstellen.

- **Abschreibung „Patientenstamm"**

Nach neuerer Rechtsprechung führt die Feststellung der Gewerblichkeit einer Praxis auch dazu, dass ein beim Kauf der Praxis gezahlter Mehrwert für den Erwerb der Patientenbindungen an die Praxis nicht mehr als freiberuflicher Patientenstamm angesehen wird. Die Gerichte gehen davon aus, dass es sich dann auch um einen gewerblichen Firmenwert handelt. Dieser ist nicht, wie der Patientenstamm, zwischen drei und sechs Jahren abzuschreiben, sondern zwingend auf 15 Jahre. Folge hiervon ist, dass durch die Streckung der Abschreibung in den einzelnen Jahren geringere Abschreibungen geltend gemacht werden können und somit ein höherer Gewinn entsteht.

- **Gewerbesteuerpflicht**

Eine weitere Folge der Feststellung der Gewerblichkeit ist, dass die als gewerblich einzustufenden Einkünfte der Gewerbesteuer unterliegen.

Die Höhe der Gewerbesteuer kann von Gemeinde zu Gemeinde sehr unterschiedlich ausfallen, da die Gemeinden diese im Wesentlichen selbst festlegen. Hierdurch ist die Gewerbesteuer auch häufig ein Faktor bei der Standortwahl von Unternehmen. Um Steueroasen zu vermeiden, hat der Gesetzgeber festgelegt, dass jede Gemeinde einen Hebesatz von mindestens 200 Prozent anwenden muss. Die Berechnung der Gewerbesteuer erfolgt auf Basis des Gewerbeertrages. Aus diesem heraus wird der Gewerbesteuermessbetrag ermittelt. Der Gewerbesteuermessbetrag berechnet sich aus dem Gewerbeertrag mit Hinzurechnungen und Kürzungen multipliziert mit der Steuermesszahl, die auf 3,5 Prozent festgesetzt ist. Für die Berechnung wird der Gewerbeertrag auf 100,00 volle Euro abgerundet. Zusätzlich hat der Gesetzgeber einen Freibetrag für natürliche Personen und Personengesellschaften von 24.500,00 Euro eingeräumt. Nachdem der Steuermessbetrag festgesetzt worden ist, wird dieser mit dem Hebesatz der jeweiligen Gemeinde multipliziert. Von der Einkommensteuer abgezogen wird das 3,8-fache des Gewerbesteuermessbetrags. Diese Anrechnung beschränkt sich jedoch auf die im Erhebungszeitraum tatsächlich

gezahlte Gewerbesteuer. Bis zu einem Hebesatz von ca. 390 Prozent wirkt sich die Gewerbesteuer somit nicht negativ auf die steuerliche Gesamtbelastung aus.

Steuerlich ist es egal, ob eine Berufsausübungsgemeinschaft oder ein Medizinisches Versorgungszentrum in Form einer Gesellschaft bürgerlichen Rechts oder einer Partnerschaftsgesellschaft betrieben wird.

14.5 Körperschaftsteuer

Wenn darüber nachgedacht wird, die ärztliche Tätigkeit im Rahmen einer Kapitalgesellschaft auszuführen, wird dies regelmäßig in Form einer GmbH passieren. Die GmbH muss bei ihrer Gründung ein Mindeststammkapital von 25.000,00 Euro haben, von dem zur Zeit der Gründung mindestens die Hälfte, also 12.500,00 Euro, eingezahlt sein muss. Die Einzahlung des Stammkapitals kann durch Barmittel erfolgen. Eine weitere Möglichkeit ist auch hier die Einbringung der ehemaligen Praxis beziehungsweise Berufsausübungsgemeinschaft in die neu zu gründende GmbH. Für die Einbringung der Anteile an der Berufsausübungsgemeinschaft erhält dann jeder künftige GmbH-Gesellschafter Gesellschaftsanteile der neu gegründeten GmbH. Auch die Gründung einer Unternehmergesellschaft (haftungsbeschränkt), also einer UG, kann in Betracht kommen. Diese ist zwar ebenfalls eine GmbH und somit im steuerlichen Sinne körperschaftsteuerpflichtig, hier muss jedoch kein Stammkapital in Höhe von 25.000,00 Euro aufgebracht werden.

Die laufende Besteuerung der GmbH funktioniert anders als bei einer Personengesellschaft. Der Steuergesetzgeber geht bei einer Kapitalgesellschaft grundsätzlich von deren Eigenständigkeit aus. Das bedeutet, dass die GmbH beziehungsweise deren Gewinn selbst besteuert wird. Die relevanten Steuern sind hier die Körperschaft- und Gewerbesteuer. Wird für ein Medizinisches Versorgungszentrum die Rechtsform einer juristischen Person gewählt, unterliegen die Gewinne der Gesellschaft der 15-prozentigen Körperschaftsteuer. Zusätzlich fällt auch eine Gewerbesteuer an. Die Höhe richtet sich nach den örtlich geltenden Hebesätzen. Da das Arztgehalt bei einer GmbH jedoch als gewinnmindernde Ausgabe Berücksichtigung findet, ist es möglich, die Steuern der GmbH auf ein Minimum zu reduzieren. Erwähnt sein sollte aber auch, dass eine GmbH bilanzierungspflichtig ist und die Jahresabschlüsse veröffentlicht, zumindest aber beim Handelsregister hinterlegt werden müssen.

Werden die Gewinne an die Gesellschafter ausgeschüttet, so können sie im Rahmen des sogenannten Teileinkünfteverfahrens zu 60 Prozent den persönlichen Steuersätzen der Gesellschafter unterworfen werden. Anschaffungskosten der GmbH-Anteile können steuerlich nicht wie bei der Personengesellschaft im Rahmen einer Abschreibung gewinnmindernd berücksichtigt werden. Auch ist zu berücksichtigen, dass die Finanzierungskosten, also Darlehenszinsen, nicht oder nur teilweise steuerlich geltend gemacht werden können.

14.6   Übergabestrategien

14.6.1   Gründung einer Übergangs-Berufsausübungsgemeinschaft

Aus unterschiedlichen Gründen kann es sinnvoll sein, die Praxis beziehungsweise den Praxisanteil nicht sofort zu kaufen, sondern nach Zwischenlösungen zu suchen. So kann die Position des Nachfolgers im Nachbesetzungsverfahren verbessert werden, wenn er übergangsweise als Angestellter beim Praxisabgeber arbeitet. Zugleich wird beiden Parteien auch die Gelegenheit geboten, zu sehen, ob der potenzielle Nachfolger auch wirklich passt. Nicht zuletzt dient die längere Arbeitszeit jedoch auch dem gleitenden Übergang zwischen Alt- und Neuinhaber und somit der Patientenbindung und dementsprechend auch der Werterhaltung der Praxis.

Soll in eine bereits bestehende Praxis ein neuer Arzt aufgenommen werden, so gründen die beiden Partner eine Berufsausübungsgemeinschaft. Hierbei gibt es für den neu Eintretenden nun, je nach Zielrichtung der Aufnahme, mehrere Möglichkeiten. Zunächst könnte der neu eintretende Arzt dem Praxisinhaber die Hälfte der Praxis abkaufen. Es ist aber auch möglich, dass sich beide einigen, der Berufsausübungsgemeinschaft gleich hohe Werte zur Verfügung zu stellen. Dann bringt der Praxisinhaber seine bisherige Einzelpraxis in die neue Berufsausübungsgemeinschaft ein und der eintretende Arzt

beispielsweise Geld in Höhe des Wertes der Einzelpraxis. Beide Modelle können kombiniert werden. Der Kaufpreis kann in Stufen (also nacheinander) gezahlt werden oder es kann vereinbart werden, dass der neu eintretende Arzt, zunächst unter Verzicht eines gewissen Anteils am Gewinn, sich quasi „schleichend" einkauft. Begrenzt möglich ist es auch, den neu eintretenden Arzt nicht am Vermögen zu beteiligen (sogenannte Nullbeteiligung). Diese muss aber gut durchdacht sein und kann keine dauerhafte Struktur bilden. Die Nullbeteiligung führt bei langfristiger Handhabung unter Umständen dazu, dass sowohl aus Sicht der Kassenärztlichen Vereinigung als auch aus Sicht des Finanzamtes von einer versteckten Anstellung ausgegangen wird. Folge ist, dass im Rahmen der Abrechnung nicht mehr von einem Gesellschafter ausgegangen wird und unter Umständen Abrechnungsbetrug angenommen wird. Das heißt, dass Einnahmen über den Zeitraum der Geltung der Nullbeteiligung zurückgezahlt werden müssen und ein Strafverfahren eingeleitet wird. Steuerlich kann diese Nullbeteiligung dazu führen, dass rückwirkend Lohnsteuer abgeführt werden muss und die gesamte Praxis als Gewerbebetrieb angesehen wird. Das wiederum führt dazu, dass die Praxis rückwirkend gewerbesteuerpflichtig wird. Es ist daher dringend von solchen Konstellationen abzuraten.

▪ **Aufnahme gegen Geldeinlage**

Wird der Juniorpartner unter der Maßgabe aufgenommen, einen dem Praxiswert entsprechenden Geldbeitrag zu leisten, geht das Steuerrecht davon aus, dass eine Gemeinschaftspraxis gegründet wird, in die der Altpraxisinhaber seine Praxis einbringt und der Neupartner sein Geld.

▪▪ **Beispiel**

Der abgabewillige Senior führt seit Jahren eine Einzelpraxis. In einem Gutachten wurde die gesamte Praxis mit einem Praxiswert von 300.000,00 Euro bewertet. Nun soll der Junior mit demselben Anteil an der künftigen Gemeinschaftspraxis beteiligt werden wie der Senior. Der Senior bringt seine Praxis in eine neu gegründete Gemeinschaftspraxis ein. Um in derselben Höhe beteiligt zu sein, muss der neu eintretende Arzt ebenfalls einen Betrag in Höhe von 300.000,00 Euro auf das Konto der neuen

Berufsausübungsgemeinschaft einzahlen. In der vorliegenden Konstellation ist es äußerst wichtig, dass das vom Junior eingezahlte Geld zur dauerhaften Verwendung in der Gemeinschaftspraxis verbleiben muss und nicht entnommen werden darf. Anderenfalls kann hierin schnell ein Umgehungsgeschäft gesehen werden. Der Senior erhält also keine Kaufpreiszahlung, über die er allein verfügen kann.

Der Vorteil dieser Lösung für den Senior besteht darin, dass er zunächst keinen Veräußerungsgewinn versteuern muss. Nachteilig ist, dass der Junior den dem Praxiswert entsprechenden Geldwert aufbringen muss. Dies dürfte dann vorteilhaft sein, wenn ohnehin größere Investitionen aufgrund des Eintritts des Juniors anstehen.

In Bezug auf den Wertansatz der eingebrachten Einzelpraxis in der neugegründeten Gemeinschaftspraxis besteht ein Wahlrecht. So kann die Berufsausübungsgemeinschaft den Patientenstamm als Wirtschaftsgut in den Büchern führen. Dies würde bei der neuen Gemeinschaftspraxis zu einem erhöhten Abschreibungspotenzial führen, also eine Möglichkeit, den Gewinn der Praxis zu senken. Hier ist jedoch zu beachten, dass diese Möglichkeit mit einem hohen Preis erkauft werden muss. Wenn die Gemeinschaftspraxis zum Beispiel den Patientenstamm als Position ausweisen will, hat dies zur Folge, dass der Arzt, der diesen Patientenstamm mitbringt, diesen in dem Jahresabschluss, der der Neugründung der Praxis vorangeht, ebenfalls ausweisen muss. Dies kann aber nur durch eine gewinnerhöhende Buchung geschehen. Die höhere Abschreibung bei der Gemeinschaftspraxis wird durch die Gewinnerhöhung beim einbringenden Arzt erkauft. Diese Gewinnerhöhung kann der Arzt zwar durch eine sogenannte Ergänzungsbilanz wieder neutralisieren, dies muss jedoch bereits in demselben Abschluss vor dem Zusammenschluss geschehen. Wichtig zu wissen ist hierbei, dass das Wahlrecht, ob der Patientenstamm in die Bilanz der Gemeinschaftspraxis kommt oder nicht, bei der Gemeinschaftspraxis liegt und der einbringende Arzt hierbei nicht alleine bestimmen kann. Um zu verhindern, dass zu seinem Nachteil und zum Vorteil der anderen entschieden wird, sollten in die bei dem Zusammenschluss zu schließenden Verträge entsprechende Regelungen aufgenommen werden.

Beim späteren Erwerb des Anteils des Seniors muss der Junior bei unveränderten Wertannahmen weitere 300.000,00 Euro zahlen. Diese Zahlung erfolgt direkt an den Senior und ist bei diesem, entsprechend den Regeln über den Verkauf einer Einzelpraxis, zu versteuern. Der Erwerber finanziert im ersten Schritt also keinen Kaufpreis, sondern die zusätzlichen Praxisinvestitionen. Erst in einem zweiten Schritt wird der Kaufpreis für die frühere Einzelpraxis des Seniors gezahlt. Die steuerliche Behandlung erfolgt entsprechend.

Problematisch ist bei diesem Modell, dass nicht immer die Möglichkeit zu entsprechend hohen und betriebswirtschaftlich sinnvollen Investitionen besteht. Erfolgen diese Investitionen nicht, fehlt den Partnern die Abschreibung.

- **Aufnahme gegen Kaufpreiszahlung**

Bei einem angenommenen Praxiswert von 300.000,00 Euro veräußert der Senior einen 50-Prozent-Anteil seiner Praxis an den Junior gegen Zahlung eines Kaufpreises von 150.000,00 Euro. Die Kaufpreiszahlung erfolgt in das Privatvermögen des Seniors zu dessen freier Verfügung.

Der Senior erzielt einen Veräußerungsgewinn in Höhe von 150.000,00 Euro abzüglich der Hälfte der Buchwerte seiner Einzelpraxis und eventueller Veräußerungskosten. Der Junior hat in Höhe seiner Kaufpreiszahlung zusätzliches Abschreibungsvolumen generiert.

Der große Nachteil dieser Lösung besteht darin, dass die Steuerbegünstigung des Seniors bezüglich des Veräußerungsgewinns wegfällt, da diese nur unter der Voraussetzung besteht, dass der Senior nach der Übertragung keine selbständige Tätigkeit mehr ausübt. Der Veräußerungsgewinn unterläge damit dem vollen Steuersatz. Erst bei der späteren Veräußerung der zweiten Praxishälfte stehen dem Senior die Steuervergünstigungen zu.

Etwas anderes kann sich dann ergeben, wenn durch einen Verkauf in zwei Stufen ein ansonsten wegen Überschreitens der Kappungsgrenze entfallener Freibetrag (Berechnungsbeispiel folgt) doch noch realisiert werden kann. Der Freibetrag bezieht sich stets auf die gesamte Einzelpraxis beziehungsweise den gesamten Gemeinschaftspraxisanteil.

Die Praxis ist 300.000,00 Euro wert. Wird sie im Ganzen veräußert, so steht dem Veräußerer kein Freibetrag zur Verfügung. Veräußert er aber zunächst nur die Hälfte der Praxis, also 150.000,00

Euro – und zum Schluss wieder 150.000,00 Euro – so kann der Praxisinhaber bei dem zweiten Veräußerungsgeschäft einen Freibetrag geltend machen.

▪ Aufnahme in Stufen

Eine weitere Übertragungsoption ist das sogenannte Stufenmodell. In der ersten Stufe wird dem Junior nur eine Minibeteiligung von zum Beispiel fünf Prozent verkauft. Hier wird die später noch näher zu erläuternde Steuervergünstigung des Veräußerungsgewinnes vom Verkäufer nicht in Anspruch genommen. Bei dem geringen Kaufpreis fällt der Nachteil der vollen Steuerpflicht nicht so ins Gewicht.

Nach mindestens einem Jahr erhöht der Junior seine Beteiligung auf 50 beziehungsweise 100 Prozent. Bleibt der Senior in der Praxis, kann die Steuervergünstigung nur gewährt werden, wenn der hälftige Praxisanteil im steuerlichen Sinn ein Teilbetrieb ist. Die halbe Praxis muss dann wie eine selbständige Praxis geführt werden und eine eigene Organisation haben. In der Praxis kommt dies nur bei getrennten Praxisräumen vor.

Da Freibetrag und halber Steuersatz nur einmal im Leben gewährt werden, stehen diese beim Verkauf der zweiten Praxishälfte dann nicht mehr zur Verfügung. Es verbleibt nur die Möglichkeit, die sogenannte Fünftelungsregelung anzuwenden.

Weiterhin muss darauf hingewiesen werden, dass die Anerkennung des Zweistufenmodells voraussetzt, dass der Junior nicht bereits von Anfang an ein Ankaufsrecht oder eine Ankaufspflicht für den zweiten Anteil hat, da sonst die Gefahr besteht, dass die Finanzverwaltung einen Gestaltungsmissbrauch annimmt und die steuerlichen Vorteile nicht gewährt.

Eine weitere Einschränkung ergibt sich aus der Tatsache, dass die steuerliche Begünstigung des Veräußerungsgewinnes auf der zweiten Stufe voraussetzt, dass eventuell vorhandenes steuerliches Sonderbetriebsvermögen anteilig mit übertragen wird. Befinden sich also zum Beispiel die Praxisräume im Betriebsvermögen des Seniors und werden von diesem an die Gemeinschaftspraxis vermietet, so müssen im vorliegenden Beispiel in der zweiten Stufe auch 45 Prozent der Immobilie an den Junior

verkauft werden. Dies ist eine in der Praxis oft nicht gewollte Voraussetzung.

▪ Aufnahme gegen Gewinnverzicht

Ein weiteres probates Mittel, einen möglichen Nachfolger in die Praxis einzubinden, stellt die Möglichkeit dar, den Nachfolger in die Praxis aufzunehmen und zunächst nicht voll am Gewinn zu beteiligen. Bei einem Wert des 50-prozentigen Praxisanteils von 400.000,00 Euro und einem erwarteten Praxisgewinn von durchschnittlich 200.000,00 Euro könnte zum Beispiel vereinbart werden, dass der Senior fünf Jahre lang 60 Prozent und der Junior 40 Prozent Gewinnanteil erhält. Erst danach würde die Gewinnverteilung 50:50 betragen. Damit bekäme der Senior bei 120.000,00 Euro jeweils 40.000,00 Euro mehr Gewinnanteil, in fünf Jahren also 200.000,00 Euro. Dies entspräche dem anteiligen Kaufpreis. Der Veräußerer verfügt über zusätzliche Liquidität, muss aber keinen Veräußerungsgewinn versteuern. Stattdessen versteuert er die zusätzlichen Gewinnanteile in den Folgejahren mit den dann geltenden Steuersätzen. Nachteilig ist, dass die Versteuerung zum vollen Steuersatz erfolgen muss und kein Freibetrag gewährt wird.

Wichtig ist, dass keine festen jährlichen Vorabgewinnanteile festgelegt werden dürfen. Nur der Prozentsatz der Gewinnbeteiligung darf verändert werden. Das bedeutet, dass der genaue Kaufpreis bei Vertragsabschluss noch nicht feststeht. Dies ist erst nach Ablauf der Phase der geänderten Gewinnverteilung der Fall. Würden feste jährliche Vorabgewinnanteile festgelegt, würde ein Verkauf mit Ratenzahlung vorliegen, der zur sofortigen Versteuerung des gesamten Kaufpreises führen würde.

Insgesamt ist bei der Aufnahme von Nachfolgern zu beachten, dass diese als vollwertige Partner fungieren müssen. Dies ist insbesondere zu beachten bei der Teilhabe am Vermögen, an Gewinn und Verlust, an den stillen Reserven und an den Mitbestimmungsrechten. Es gibt diesbezüglich einen gewissen Spielraum; auch können Rechte nach und nach gewährt werden. Insgesamt sollte jedoch jeder aufgenommene Partner in absehbarer Zeit gleichwertige Rechte haben. Bei krassen und dauerhaften Unterschieden droht ansonsten Ungemach. So sind in den letzten Jahren Urteile ergangen, die bei entsprechenden Konstellationen Scheingesellschafter annahmen. Dies hatte in einem verhandelten Fall die Folge, dass immense Summen an die örtliche Kassenärztliche Vereinigung zurückgezahlt werden mussten. In einem anderen Fall wurde geurteilt, dass es sich dann um eine insgesamt als gewerbesteuerpflichtig anzusehende Berufsausübungsgemeinschaft handelt.

14.6.2 Steuerliche Besonderheiten aufgrund des Versorgungsstärkungssgesetzes

■ **Steuerliche Überlegungen bei der Gründung eines Medizinischen Versorgungszentrums**

Auf die zulassungsrechtlichen Aspekte der Gründung eines Medizinischen Versorgungszentrums (MVZ) wurde bereits eingegangen. Steuerlich gesehen stellen sich hier diverse Fragen, unter anderem, in welche Form des Medizinischen Versorgungszentrums man sich begeben möchte. Wie bereits vorab beschrieben, ist der Begriff des Medizinischen Versorgungszentrums ein rein sozialrechtlich geprägter Begriff, der keine Rückschlüsse auf die Rechtsform zulässt. Ein Medizinisches Versorgungszentrum kann demnach als Personengesellschaft (so auch die meisten Gemeinschaftspraxen, beziehungsweise neuerdings auch Berufsausübungsgemeinschaften), Genossenschaft oder GmbH gegründet werden. Nicht möglich ist die Gründung eines Ein-Personen-MVZ. Die nächste Frage, auf die eingegangen wird, ist, welches die Ausgangsbasis der Überlegungen ist, also: Woher komme ich als MVZ-Interessierter? Denn wie schon ein bekannter Rechtshistoriker im Vorwort zu seinem Standardwerk verlauten ließ: „Wer nicht weiß, woher er kommt, weiß auch nicht, wohin er geht." Möglich ist, dass man zunächst als Einzelpraxis niedergelassen war. Dies würde voraussetzen, dass man sich auf die Suche nach einem Kollegen macht, mit dem man sich eine Zusammenarbeit vorstellen kann. Ist man bereits in einer Berufsausübungsgemeinschaft verbunden, stellen sich diese Fragen natürlich erst einmal nicht.

■ **Gründung einer MVZ-Personengesellschaft**

Die Gründung einer MVZ-Personengesellschaft setzt zunächst voraus, dass mindestens zwei Personen gefunden werden, die das Medizinische Versorgungszentrum gemeinsam gründen. Nun gibt es viele Möglichkeiten, wie eine MVZ-Personengesellschaft gegründet werden kann.

■ ■ **Alternative „Alt/Jung"**

Zunächst soll die Alternative durchdacht werden, wenn ein Praxisabgeber und ein Praxisübernehmer gemeinsam eine Praxis eröffnen wollen. Folgender Grundfall dient zur praktischen Erläuterung: Der abgabewillige Arzt Dr. Sen hat in Dr. Jun einen übernahmewilligen Kollegen gefunden. Dr. Sen betrieb lange Jahre eine Einzelpraxis. Die Kassenärztliche Vereinigung kommt in ihrem Praxiswertgutachten auf einen Wert der Praxis in Höhe von 200.000,00 Euro. Nun stellt sich die Frage, wie die Gründung der Berufsausübungsgemeinschaft verlaufen soll.

Es besteht zunächst die Möglichkeit, dass Dr. Sen seine Praxis in die Gesellschaft einbringt. Dies kann in zwei Varianten geschehen.

Dr. Sen kann die Praxis grundsätzlich in das Gesamtheitsvermögen einer neu gegründeten Berufsausübungsgemeinschaft gegen Gewährleistung von Gesellschafterrechten einbringen.

Er kann seine Praxis jedoch auch in seinem Privatvermögen behalten und sie der neu gegründeten Berufsausübungsgemeinschaft zur Verfügung stellen. Die Frage, die sich hier sofort stellt, ist die nach dem Entgelt, welches er für die Überlassung verlangen kann, da die neu gegründete Berufsausübungsgemeinschaft nur aufgrund der Überlassung überlebt. Üblicherweise wird diese Überlassung als Gesellschafterbeitrag gesehen. Dieser Beitrag ist dann in der Regel höher als der Beitrag des Gesellschafters, der „lediglich" seine Arbeitskraft zur Verfügung stellt. Demnach ist auch die Gewinnverteilung entsprechend anzupassen. Hier ist aber Vorsicht geboten. Bei der Vereinbarung ist tunlichst darauf zu achten, dass nicht etwa vom „Entgelt" die Rede ist, welches für die Überlassung der Praxis gezahlt wird. Dieser Begriff lässt regelmäßig darauf schließen, dass es sich bei der gewählten Konstellation um eine Art verkappte „Vermietung" der vorherigen Einzelpraxis an die neue Berufsausübungsgemeinschaft handelt. Dies ist zu vermeiden, da diese Vermietung umsatzsteuerpflichtig ist, was zur Folge hat, dass von dem vereinbarten Entgelt 19 Prozent an den Staat fließen, welche die Berufsausübungsgemeinschaft als Leistungsempfängerin nicht steuermindernd geltend machen kann.

Ist diese Formulierungshürde überwunden, ist zu klären, ob und inwieweit der neu aufzunehmende Gesellschafter ebenfalls einen (über die reine Arbeitsleistung hinausgehenden) Beitrag zur Gründung und zum Betrieb der Berufsausübungsgemeinschaft leistet. Grundsätzlich ist es möglich, dass Dr. Jun in die Berufsausübungsgemeinschaft einsteigt, ohne auch nur einen Cent zu bezahlen, er also der neu gegründeten Berufsausübungsgemeinschaft lediglich seine Arbeitskraft zur Verfügung stellt. Entsprechend geringer ist Dr. Jun dann natürlich auch am Gewinn zu beteiligen. Wichtig ist hier jedoch die bereits zuvor angesprochene Problematik, dass die sogenannte Nullbeteiligung nicht auf Dauer gelebt werden kann. Hintergrund ist hier, dass auch der neu hinzutretende Arzt ab einem gewissen Zeitpunkt mit der Praxis identifiziert wird, die Patienten ihn also unmittelbar mit der Praxis in Verbindung bringen. Daraus folgt, dass er einen immer höheren Anteil am Patientenstamm erwirbt. Dies muss sich grundsätzlich auch bei der Gewinnverteilung, spätestens jedoch im Rahmen der Ermittlung eines möglichen Ausscheidensanspruches widerspiegeln. Außerdem ist zu beachten, dass Dr. Jun nicht als verkappter Angestellter fungiert. Erhält er beispielsweise eine feste, gewinnunabhängige oder rein umsatzabhängige Vergütung, hat er kein Mitspracherecht bei der Organisation der Praxis. So kann es schnell dazu kommen, dass sowohl sozialrechtlich als auch steuerrechtlich nicht von einer sogenannten „Mitunternehmerschaft", also von einer gleichrangigen Partnerschaft ausgegangen, sondern eine Arbeitnehmerstellung von Dr. Jun angenommen wird. Dies hat zur Folge, dass sozialversicherungsrechtlich unter Umständen keine Berufsausübungsgemeinschaft vorliegt und sämtliche Abrechnungen demnach falsch sind. Die Finanzgerichte gehen in diesen Fällen sogar davon aus, dass Dr. Jun nicht überwacht wurde und die Tätigkeit von Dr. Sen somit gewerblich sei. Dies führt wiederum dazu, dass Gewerbesteuer anfällt und, wenn es sich bei

der Restpartnerschaft um eine Berufsausübungsgemeinschaft handelt, dies unter Umständen gar für den gesamten Gewinn. Insgesamt ist dies also eine sehr nachteilige Entwicklung, die nur durch eine sinnvolle Konstruktion des Einstieges verhindert werden kann.

Andernfalls kann Dr. Jun aber auch einen dem Praxiswert der „Altpraxis" entsprechenden Anteil an Geldvermögen in die Praxis einbringen und einen gleichen Anteil am Gewinn beanspruchen.

■ ■ **Alternative „Alt/Alt"**

Ist geplant, eine bereits bestehende Berufsausübungsgemeinschaft in ein Medizinisches Versorgungszentrum in Form einer Personengesellschaft zu überführen, so bestehen die Probleme lediglich im sozialrechtlichen beziehungsweise zulassungsrechtlichen Bereich. Rein steuerrechtlich betrachtet ändert sich an der Konstellation nichts, da sich lediglich der sozialrechtliche Status ändert.

■ **Gründung einer MVZ-Kapitalgesellschaft**

Regelmäßig wird die MVZ-Kapitalgesellschaft eine GmbH sein. Die GmbH muss bei ihrer Gründung ein Mindeststammkapital von 25.000,00 Euro haben, von dem zur Zeit der Gründung mindestens die Hälfte, also 12.500,00 Euro, eingezahlt sein muss. Die Einzahlung des Stammkapitals kann durch Barmittel erfolgen. Eine weitere Möglichkeit ist auch hier die Einbringung der ehemaligen Praxis beziehungsweise Berufsausübungsgemeinschaft in die neu zu gründende GmbH. Für die Einbringung der Anteile an der Berufsausübungsgemeinschaft erhält dann jeder künftige GmbH-Gesellschafter Gesellschaftsanteile der neu gegründeten GmbH. Auch die Gründung einer Unternehmergesellschaft (haftungsbeschränkt), kann in Betracht kommen.

14.7   Besonderheiten bei Praxis-, Apparate- und Laborgemeinschaften

Die Praxisgemeinschaft ist zu trennen von der Berufsausübungsgemeinschaft. In einer Praxisgemeinschaft üben die Ärzte ihren Beruf gerade nicht zusammen, sondern getrennt aus. Die Praxisgemeinschaft ist somit eine reine Kostenteilungsgemeinschaft.

Es ist anzumerken, dass keine Gewinnfeststellung im eigentlichen Sinne erfolgt, da ja keine Einnahmen generiert werden sollen. Daher sind bei den Kostentragungsgemeinschaften auch lediglich die anteiligen Kosten gesondert festzustellen.

14.8 Schenkung an das Kind als Praxisübernehmer

Die Schenkung hat als unentgeltliche Übertragung grundsätzlich keine einkommenssteuerlichen Gewinnauswirkungen. Die Einkommensquelle des Elternteils geht als Gesamtobjekt auf das Kind über. Das Kind tritt dann in die Fußstapfen der Mutter oder des Vaters und führt auch einkommensteuerlich die Praxis als Nachfolger fort. Selbst wenn, zum Beispiel zur Finanzierung von Praxisinventar, Darlehen aufgenommen wurden und diese dann vom Kind übernommen werden, führt dies nicht zu einer entgeltlichen Praxisübernahme.

Ebenso wenig ist eine entgeltliche Praxisübernahme anzunehmen, wenn die Praxis übertragen wird und das Kind dem Elternteil die Zahlung einer privaten Versorgungsleistung zusagt. Wird eine Praxis an ein Kind übertragen und sichert dieses dem Übertragenden die Zahlung von Geldbeträgen zu, so wird in der Regel vermutet, dass es sich hierbei um Versorgungsleistungen handelt. Die Zahlungen sind wiederkehrende Bezüge und Sonderausgaben.

Eine Schenkungsteuer fällt in der Regel nicht an, da zusätzlich zu den allgemeinen Freibeträgen noch der Freibetrag für das Betriebsvermögen und der Bewertungsabschlag greifen.

14.9 Praxisübergang aufgrund Todes des Praxisabgebers

Wird die Praxis von einem Erben fortgeführt, der selbst Arzt ist, erzielt dieser Einkünfte aus freiberuflicher Tätigkeit. Erfüllt er diese Voraussetzung nicht, so kann er die Praxis nicht fortführen. Die Praxis des Verstorbenen gilt sodann mit dessen Todestag als aufgegeben. Wird sie von einem Vertreter fortgeführt, so liegen Einkünfte aus einem Gewerbebetrieb vor. Wird die Praxis von einer Erbengemeinschaft fortgeführt, an der ein „Nichtarzt" beteiligt ist, dann erzielt die Erbengemeinschaft in vollem Umfang gewerbliche Einkünfte. Dies führt zur Gewerbesteuerpflicht des gesamten Praxisgewinnes.

Vereinbaren die Erben jedoch innerhalb von 6 Monaten nach dem Erbfall, dass allein der Arzt-Miterbe die Praxis übernimmt, so erzielt dieser von Anfang an freiberufliche Einkünfte. Von einer Umwandlung in gewerbliche Einkünfte wird dann abgesehen.

Serviceteil

© Springer-Verlag GmbH Deutschland 2017
G. Bierling, H. Engel, A. Mezger, D. Pfofe, W. Pütz, D. Sedlaczek, *Arztpraxis - erfolgreiche Übernahme*,
Erfolgskonzepte Praxis- & Krankenhaus-Management, DOI 10.1007/978-3-662-54570-6

Stichwortverzeichnis

Ihr Bonus als Käufer dieses Buches

Als Käufer dieses Buches können Sie kostenlos das eBook zum Buch nutzen.
Sie können es dauerhaft in Ihrem persönlichen, digitalen Bücherregal
auf **springer.com** speichern oder auf Ihren PC/Tablet/eReader downloaden.

Gehen Sie bitte wie folgt vor:

1. Gehen Sie zu **springer.com/shop** und suchen Sie das vorliegende Buch
    (am schnellsten über die Eingabe der eISBN).
2. Legen Sie es in den Warenkorb und klicken Sie dann auf:
    zum Einkaufswagen/zur Kasse.
3. Geben Sie den untenstehenden Coupon ein. In der Bestellübersicht wird
    damit das eBook mit 0 Euro ausgewiesen, ist also kostenlos für Sie.
4. Gehen Sie weiter **zur Kasse** und schließen den Vorgang ab.
5. Sie können das eBook nun downloaden und auf einem Gerät Ihrer Wahl lesen.
    Das eBook bleibt dauerhaft in Ihrem digitalen Bücherregal gespeichert.

EBOOK INSIDE

eISBN
Ihr persönlicher Coupon

Sollte der Coupon fehlen oder nicht funktionieren, senden Sie uns bitte
eine E-Mail mit dem Betreff: **eBook inside** an **customerservice@springer.com**.

978-3-662-54570-6
caKPh2bEPhA5KkJ